KB145474

이아림
소방공무원 영어
기출문제집

소방직 기출 공채/경채

| 6개년 문제수록(2015-2020) |

소방공무원 영어「소방직 기출(공채)/소방직 기출(경채)」시험에
최신 기출문제 완벽 분석!
기출 변형 문제풀이를 통한 **출제 예상범위**를 확대하여
2021년도 소방 영어 시험 **완벽 대비!**

　어떤 시험을 준비하든 필수적으로 봐야 하는 것은 기출문제입니다. 기출문제를 통해 시험이 어떤 유형으로, 어떻게 출제되는지를 알 수 있기 때문입니다. 그러나 소방공채와 특채의 경우 시험 문제가 공개되지 않아 공부하는 데 어려움이 있었을 것이라 생각됩니다. 이러한 수험생들을 위해 본 도서에는 2015~2020년도의 공채 7회분, 특채 5회분, 총 12회분의 기출문제가 수록되어 있습니다. 각 기출문제에는 시간 관리를 하며 문제를 푸는 연습을 할 수 있도록 연습용 OMR 카드도 수록해 두었습니다.

　또, 소방영어를 공부하는 수험생들이 공통적으로 겪는 어려움 중 하나가 '단어 암기'가 되어 있지 않아 영어 지문을 봐도 무슨 내용인지 모르고, 결국 문제를 풀지 못한다는 것입니다. 이러한 단어에 대한 어려움을 예방하고자 Part 2는 5년 동안 출제되었던 핵심 단어를 정리해 놓은 '어휘노트'로 구성하였습니다. 이를 활용하여 각 회차별 주요 어휘를 먼저 공부하고 문제를 풀어보시길 추천드립니다.

　시간에 맞추어 20문제를 푼 후에 해야 할 가장 중요한 일은 "분석"입니다. 내가 고른 답이 왜 정답이 아닌지, 내가 무엇을 몰라 틀렸는지, 이러한 유형을 맞히기 위해서는 어떤 것을 공부해야 하는지, 지문의 전개 방식은 어떻게 되는지, 만약 이것이 정답이었다면 지문은 어떻게 전개되었을지, 이 문제를 풀기 위해 알아야 할 문법은 어떤 것인지 등을 시험을 준비하는 수험생들에게 도움이 될 수 있도록 최대한 자세하게 풀이하였습니다.

우리가 신문을 읽을 때에도 헤드라인을 먼저 보고 기사를 읽는 것과 그저 무작정 기사를 읽는 것은 '속도'와 '이해도' 면에서 차이가 생깁니다. 본서의 "예측독해"는 키워드 분석을 통해 마치 신문의 헤드라인처럼, '지문이 어떻게 전개될 것이며 이 보기가 정답이 되려면 이렇게 되었을 것이다, 이 글은 분석, 묘사, 예시, 시간 순서, 대조, 비유, 서사 중 무엇이다, 글의 전개 방식과 구조는 이러하다, 주제문을 찾는 연결고리는 무엇이다' 등 학생들이 100분이라는 제한된 시간 속에서 시험을 치를 때 속도와 정확성을 올리는 데 도움이 될 수 있도록 하였습니다. 이렇게 예측독해를 통한 독해 방법이 습관화되면 글의 큰 흐름을 놓치지 않고 글을 읽어 가는 데 굉장히 유리합니다. 총 12회분의 풀이를 보며 이 방법을 습득하고 적절히 활용하시길 바랍니다.

합격에 대한 간절한 마음과 바람으로 하루하루 공부하고 있을 수험생 여러분들께 힘찬 격려와 응원을 보냅니다. 이 도서가 여러분들의 소망을 이루시는 데 큰 도움이 되었으면 좋겠습니다.

저자 **이 아 림** 드림

» 이 책의 구성

01 6개년 어휘노트

평소 단어 공부를 열심히 하지 않았던 학생들은 영어 지문을 읽고 정답을 고르는 데 어려움을 겪게 됩니다. 이를 돕기 위해 지난 6년간의 공채 및 특채 영어시험에 나왔던 단어들을 한곳에 모아 정리했습니다. 단어 공부가 되어 있지 않은 학생들은 풀고자 하는 시험 회차의 단어를 먼저 외운 후 문제를 풀어 보시기를 권합니다. 단어 공부를 충분히 해 둔 수험생들 또한 어휘노트를 통해 소방공무원 영어시험에서 요구하는 단어의 수준을 파악할 수 있습니다.

02 예측독해

실제 소방공무원 영어시험은 시간 싸움입니다. 문제를 정확하면서도 빠르게 푸는 것이 가장 중요한데, 이를 위한 가장 유용한 방법은 '예측독해'입니다. 예측독해는 키워드 분석을 통해 어떤 내용이 전개될 것인지를 생각해보고 지문의 전개 방식을 파악, 다음 내용을 예측함으로써 글의 흐름을 놓치지 않고 보다 빠르고 정확하게 글을 읽는 것입니다. 따라서 키워드를 통한 보기 분석과 함께, 각 보기가 정답이 되기 위해서는 어떠한 방식으로 글이 전개될 것인지를 가정하여 상세히 해설해 두었습니다. 또한 중요한 키워드에는 하이라이트로 강조를, 주제문에는 볼드 처리를 하여 수험생들이 그 지문의 핵심 내용이 무엇인지 쉽게 파악할 수 있도록 하였습니다.

문제를 분석하며 공부할 때에는 내가 고른 답이 왜 오답인지, 왜 이 답을 고르게 되었는지 정확하게 알아야 다음에 유사한 전개 방식의 지문이 나왔을 경우 올바른 답을 고를 수 있습니다. 수박 겉핥기식이 아닌 철저한 분석과 복습이 중요한 만큼, 풀이도 최대한 자세히 작성하였습니다. 총 12회분의 풀이를 보며 예측독해 방법을 습득·활용한다면 수험생 여러분들께 큰 도움이 될 것입니다.

03 실제 시험 포멧+OMR 카드

실제 시험장의 분위기를 익히고 적절히 시간 관리를 할 수 있도록 전체적인 디자인을 실제 시험지 포맷과 동일하게 하였으며, 마킹 연습용 OMR 카드를 함께 수록했습니다. 이를 활용하여 실제 시험에 필수적인 시간 관리 능력을 향상시킬 수 있습니다.

04 문법개념 짤막 강의

문법에 대한 기초가 없어도 소방공무원 영어시험에서 나오는 문법이 어떤 것이며 문제에서 무엇을 물어보는지를 파악할 수 있도록 각 문제의 출제 포인트와 함께 문법개념의 핵심을 상세히 설명하였습니다. 이를 통해 문법 문제도 가뿐히 해결할 수 있는 능력을 키울 수 있습니다.

차례

MEMO

소방자격증 / 소방공무원 합격교재
이아림 소방공무원 영어 기출문제집

PART 1

기출문제

01   2015년 소방직 기출(공채)

01   밑줄 친 단어와 유사한 단어는?

Engineers must consider the force of Mother Nature when designing structures. They must be innovative about creativity more robust structural supports for new buildings.

① flimsy
② fragrant
③ flexible
④ sturdy

02   밑줄 친 부분 친 부분과 바꾸어 쓰려고 할 때 올바르지 않은 것은?

① He is nothing but a poet. (=never)
② When the rain lets up, we will take a walk. (=becomes less strong or stops)
③ He doesn't drink alcohol on account of his health. (=because of)
④ Do you think the teacher was taken in your innocent manner. (=deceived or tricked)

03   빈칸에 들어갈 알맞은 말은?

A : Have you received your admission to UCLA yet?
B : No, not yet.
A : When did you send your application?
B : About 2 weeks ago. I am afraid I won't be accepted.
A : Of course you'll be. You got a very good score on the TOEFL.
B : I hope you're right.
A : I know I am. If you don't receive admission, _____.

① I'll eat my hat
② pitchers have ears
③ after death comes a doctor
④ the squeaky wheel gets the grease

04   빈칸에 들어갈 알맞은 말은?

The most common quality of human nature is that people _____ in accomplishing any task. You always attempt to conserve energy in doing any job. The reason for this is that your time and your energy represent your life, and you place a value on your life. You are designed in such a way that you cannot consciously choose a harder way to do something if you can see an easier way to do it. This means that, for better or worse, you and everyone else are lazy.

① have innate goodness
② prefer easy to difficult
③ are morally responsible
④ pursue value more than success

05 빈칸에 알맞은 말은?

> A : Have you completed your customs declaration?
>
> B : _____
>
> A : You must complete one anyway. Here is a form.

① Yes, I filled it out one hour ago.

② No, I have nothing to declare.

③ I'm not accustomed to flying.

④ No. But I heard about the Declaration of Independence.

06 밑줄 친 말과 같은 뜻은?

> A : Where are you going?
>
> B : I'm going to buy some party materials. We're going to have a party at my house tonight. Will you join us?
>
> A : I'd like to, but I can't. I've got a quiz tomorrow. So, I will have to burn the midnight oil tonight.

① do my best to help mom

② I wish you a fun party

③ Stay up studying late

④ go to bed early

07 다음 글의 빈칸에 들어갈 알맞은 말은?

> Two years ago, my English teacher had me start writing to_____ and enjoy writing all over the world. I have started collecting stamps from letters and cards. It's not only an interesting cultural exchange but also a wonderful opportunity for writing skills.

① girl friend

② room mates

③ pen－pals

④ neighbor

08 다음 글의 목적으로 가장 적절한 것은?

> I am amazed how well Super 202 works! I have spent less than an hour a day, and in just 2 months I have lost 10kg. I am sure that anyone can do the same. So don't wait and buy this wonderful machine. It's also very easy to use.

① 상품 광고

② 구인 광고

③ 취업 안내

④ 손님 초대

09 빈칸에 들어갈 말은?

_____ means trying to pull out a lot of ideas from your brain and that of someone else (or of several others) on a difficult problem. Do not keep quiet about ideas that seem wild or doubtful. If they have any possibility at all, put them down. Later you can cut down your list. Do not write carefully with correct grammar and punctuation. Just write fast. You want a lot of suggestion in any form. Keep the ideas flowing.

① Trimming
② Workshop
③ Symposium
④ Brainstorming

10 다음 대화 중 내용이 어색한 것은?

① A : Mom, Did you take the newspaper on my desk?
   B : Ok, I will clean up your room for you.
② A : I will keep stray kitties as a pet.
   B : It's not easy to capture.
③ A : Have they fixed the vending machine yet?
   B : No, We'd better go to the supermarket.
④ A : What's the problem with the clock, ma'am?
   B : I bought it yesterday here, but it is out of order.

11 다음 글의 요지로 가장 적절한 것은?

When you want to buy a used car, You have to be careful about certain things. Don't show interests too much from the beginning. You should also test every option, both inside and outside the car. And point out all faults and non working parts. Don't forget to have test driving.

① 중고차를 사지 말아야 하는 이유
② 중고차에 대한 많은 관심
③ 중고차를 사기 전 꼭 해야 할 것들
④ 중고차의 장점과 단점

12 다음 글에 나타난 Fred의 심경으로 알맞은 것은?

Fred, a police man, stopped a driver for speeding. Instead of signing the ticket and continuing on his way, the driver, who said he knew he had been going over the speed limit, insisted on having a court hearing. On the appointed day, Fred and he appeared before the district magistrate. Found guilty, he happily paid his fine. Fred asked him why he had cared about a hearing. He explained, smiling brightly, "I came to this country from USSR a few years ago. I never had the freedom to ask for a hearing. Now I do."

① frustrated
② embarrassed
③ hopeless
④ nervous

13 다음 글의 빈칸에 들어갈 말로 가장 적절한 것은?

Sending one message of average length by email produces only one sixtieth of the carbon dioxide produced by sending a letter by post. ___(A)___, because of the ease and convenience of email, this advantage is offset by the huge quantity of email that comes and goes everyday. According to research conducted by the Institute for Climate Change Action, a company with a hundred employees sends about 58 emails and receives 33 emails everyday, producing up to 13.6 tons of CO_2 a year. And of course, with longer messages, even more CO_2 is produced. ___(B)___, eliminating unnecessary email can help protect the environment.

	(A)	(B)
①	However	Similarly
②	However	Therefore
③	For example	Similarly
④	For example	Therefore

14 다음 글의 제목으로 가장 적절한 것은?

When a botanist saw that the plants given soft music were stronger and healthier than those in silence, she began to wonder what other scientist had found. She learned that, in India, scientists had tried to increase plant yield with music. In Canada, sound of high pitch had seemed to help the growth of wheat. In the United States, when scientists had broadcast city noise to plants, their growth was cut almost in half.

① What makes plants healthier?
② Music is good for plants and men
③ What influence does sound have on plants?
④ In many countries, we study plants

15 다음 글의 주제로 가장 적절한 것은?

Do you know in the 6th century B.C Greek mathematician Pythagoras said that earth is round? As few agreed with him, his idea got out of people's mind. Later Greek astronomer Eratosthenes accurately measured the distance around the earth at about 40,000Km —but nobody believed him. And in the 2nd century A.D Ptolemy, Greek astronomer, started that the sun was the center of the universe. Few believed him. Is that all? No! After the invention of the transistor in 1947, several US electronic companies rejected the idea of a portable radio. Likewise, many wonderful ideas disappeared at that time.

① How many great ideas were ignored
② How many wonderful inventions there are
③ How helpful the great inventions are
④ What benefits people get from great mind

16 다음 글의 요지로 알맞은 것은?

Have you ever wondered why, for so many people, weight gain seems to be a fact of life? It's because the human body is way too efficient! It just does not take that much energy to maintain the human body at rest; and when exercising, the human body is amazingly frugal when it comes to turning food into motion. At rest(for example, while sitting and watching television), the human body burns only about 12 calories per pound of body weight per day(26 calories per kilogram). The efficiency of body is the main reason why it is so easy to gain weight.

① 휴식이 인간의 몸을 유지시킨다.
② 살이 찌는 요인 중 하나는 우리 몸의 효율성 때문이다.
③ 휴식할 때도 많은 에너지를 소비한다.
④ 인간의 몸은 매우 효율적이다.

17 다음 글의 요지로 알맞은 것은?

A study on movies and children's behavior was published this week. In the study, researchers found that there was a meaningful relation between movies and children's future behavior. Children under 12 – years – old who watched violent movies were more likely to smoke or drink alcohol later. The study said the chance was three times higher.

① 아이들은 자신의 실수를 인정하지 않는다.
② 아이들은 영화에서 폭력과 파괴를 배워 왔다.
③ 폭력영화를 본 아이들이 술을 마시거나, 담배를 피울 가능성이 높다.
④ 영화와 아이들의 미래 행동과는 관련이 없다.

18 다음 글의 'It'이 나타내는 것은?

You would be making a huge mistake to think that your nights are less significant or complex than your days. During the hours of sleep, when we appear to be most passive, something within us is intensely active, recharging us for the next day. When we are active, we're expanding energy! When we are seemingly inactive, we are building it. It's interesting that energy is always noted in its expenditures, never in its accumulation.

① activity　　　　② energy
③ mistake　　　　④ accumulation

19 빈칸에 들어갈 말로 가장 적절한 것은?

The universe is gradually losing the energy, and is more or less like a clock that is running down. _____, scientists predict that it will not come to a complete stop for millions of years. Before that time, human beings will have made available the enormous energy in atoms.

① Fortunately　　　　② Sadly
③ To our regret　　　　④ Conclusively

20 다음 빈칸에 들어갈 말로 가장 적절한 것은?

Being able to look at situations using different frames _____ critically important when we tackle all types of challenges. Consider the fact that before 1543 people believed that the sun and all the planets revolved around the earth. To all those who looked to the sky, it seemed obvious that the earth was the center of the universe. But in 1543, Copernicus changed all of that by proposing that the sun is actually at the center of the solar system. This was a radical change in perspective – or frame. This shift in point of view dramatically changed the way individuals thought about the universe and their individual roles within it. It opened up the world of astronomy and provided a new platform for inquiry. You, too, can spark a revolution by looking at the problems you face from different perspective.

① was　　　　② is
③ were　　　　④ are

MEMO

서울특별시 지방소방공무원 신규채용(공개경쟁)

응시분야

응시분야	
성 명	

[필적 감정용 기재란]

(예시) 서울소방 안전 대한민국

시 험 번 호

시 험 번 호					
(1)	⓪①②③④⑤⑥⑦⑧⑨	⓪①②③④⑤⑥⑦⑧⑨	⓪①②③④⑤⑥⑦⑧⑨	⓪①②③④⑤⑥⑦⑧⑨	⓪①②③④⑤⑥⑦⑧⑨
(2)	⓪①②③④⑤⑥⑦⑧⑨	⓪①②③④⑤⑥⑦⑧⑨	⓪①②③④⑤⑥⑦⑧⑨	⓪①②③④⑤⑥⑦⑧⑨	⓪①②③④⑤⑥⑦⑧⑨

책 형

Ⓐ

Ⓑ

※ 채점 확인

책형

문제지 및 답안지 확인 후 기재

※ 감독관 확인

국 어

1	①②③④
2	①②③④
3	①②③④
4	①②③④
5	①②③④
6	①②③④
7	①②③④
8	①②③④
9	①②③④
10	①②③④
11	①②③④
12	①②③④
13	①②③④
14	①②③④
15	①②③④
16	①②③④
17	①②③④
18	①②③④
19	①②③④
20	①②③④

한 국 사

1	①②③④
2	①②③④
3	①②③④
4	①②③④
5	①②③④
6	①②③④
7	①②③④
8	①②③④
9	①②③④
10	①②③④
11	①②③④
12	①②③④
13	①②③④
14	①②③④
15	①②③④
16	①②③④
17	①②③④
18	①②③④
19	①②③④
20	①②③④

영 어

1	①②③④
2	①②③④
3	①②③④
4	①②③④
5	①②③④
6	①②③④
7	①②③④
8	①②③④
9	①②③④
10	①②③④
11	①②③④
12	①②③④
13	①②③④
14	①②③④
15	①②③④
16	①②③④
17	①②③④
18	①②③④
19	①②③④
20	①②③④

선택과목1

1	①②③④
2	①②③④
3	①②③④
4	①②③④
5	①②③④
6	①②③④
7	①②③④
8	①②③④
9	①②③④
10	①②③④
11	①②③④
12	①②③④
13	①②③④
14	①②③④
15	①②③④
16	①②③④
17	①②③④
18	①②③④
19	①②③④
20	①②③④

선택과목2

1	①②③④
2	①②③④
3	①②③④
4	①②③④
5	①②③④
6	①②③④
7	①②③④
8	①②③④
9	①②③④
10	①②③④
11	①②③④
12	①②③④
13	①②③④
14	①②③④
15	①②③④
16	①②③④
17	①②③④
18	①②③④
19	①②③④
20	①②③④

OMR 뒷면

정답 및 풀이

01	02	03	04	05	06	07	08	09	10
④	①	①	②	②	③	③	①	④	①
11	12	13	14	15	16	17	18	19	20
③	②	②	③	①	②	③	②	①	②

01 밑줄 친 단어와 유사한 단어는? 상 중 **하**

> Engineers must consider the force of Mother Nature when designing structures. They must be innovative about creating more robust structural supports for new buildings.

① flimsy   ② fragrant
③ flexible   ④ sturdy

풀이

① 조잡한, 엉성한   ② 향기로운
③ 유연한   ④ 튼튼한, 강력한
∴ 빌딩의 지지대는 어떤 특성이 있어야 하겠는가. robust는 '튼튼한, 강력한'이라는 뜻이며 보기 중 같은 뜻은 'sturdy'이다.

해석

엔지니어들은 구조물을 설계할 때 대자연의 힘을 고려해야 한다. 그들은 새 건물을 짓기 위해 구조적으로 더 튼튼한 버팀대를 만드는 것에 창의적이어야 한다.

02 밑줄 친 부분 친 부분과 바꾸어 쓰려고 할 때 올바르지 않은 것은? 상 중 **하**

① He is nothing but a poet. (=never)
② When the rain lets up, we will take a walk. (=becomes less strong or stops)
③ He doesn't drink alcohol on account of his health. (=because of)
④ Do you think the teacher was taken in your innocent manner. (=deceived or tricked)

풀이

① nothing but : 단지, 불과
   never : 결코 ~이 아닌(=anything but)
② let up : (강도, 세기 등이) 약해지다, 누그러지다
   =becomes less strong or stops
③ on account of : ~ 때문에
   =because of
④ take in : ~를 속이다
   =deceive, trick

해석

① 그는 단지 시인일 뿐이다.
② 비가 그치면, 우리는 산책을 할 것이다.
③ 그는 건강 때문에 술을 마시지 않는다.
④ 당신은 선생님이 당신의 순진한 태도에 속았다고 생각하십니까?

03 빈칸에 들어갈 알맞은 말은?

A : Have you received your admission to UCLA yet?

B : No, not yet.

A : When did you send your application?

B : About 2 weeks ago. I am afraid I won't be accepted.

A : Of course you'll be. You got a very good score on the TOEFL.

B : I hope you're right.

A : I know I am. If you don't receive admission, _____.

① I'll eat my hat

② pitchers have ears

③ after death comes a doctor

④ the squeaky wheel gets the grease

풀이

① 내 손에 장을 지지겠다.

② 낮말은 새가 듣고 밤말은 쥐가 듣는다(물주전자에게도 귀가 있다).

③ 사후약방문이다(일이 벌어진 후에 수습을 하므로 시기가 늦었음을 뜻함).

④ 우는 아이 젖 준다(삐걱거리는 바퀴가 기름을 얻는다).

∴ 입학허가를 받지 못할 거 같아서 걱정하는 친구에게 토플 시험을 잘 봤기에 당연히 입학 허가가 날 것이라는 말과 함께 어울리는 말은 '내 손에 장을 지질 거야.'이다.

해석

A : 너 UCLA에서 입학 허가 받았어?

B : 아니, 아직.

A : 신청서를 언제 보냈는데?

B : 약 2주 전쯤에. 입학허가를 못 받을까 봐 걱정돼.

A : 넌 당연히 허가를 받을 거야. 토플 점수가 매우 좋잖아.

B : 네 말이 맞기를 바라.

A : 만일 네가 허가를 받지 못한다면, 내 손에 장을 지질 거야.

04 빈칸에 들어갈 알맞은 말은?

The most common quality of human nature is that people_____in accomplishing any task. You always attempt to conserve energy in doing any job. The reason for this is that your time and your energy represent your life, and you place a value on your life. **You are designed in such a way that you cannot consciously choose a harder way to do something if you can see an easier way to do it.** This means that, for better or worse, you and everyone else are lazy.

① have innate goodness

② prefer easy to difficult

③ are morally responsible

④ pursue value more than success

풀이

보기분석 및 아림's 예측전개!

① goodness : 선량함

② easy : 쉬운

③ responsible : 책임감 있는

④ value : 가치

1번은 사람들이 일을 할 때 '선함'이 강조된다는 의미로 사람들이 얼마나 어떻게 선한지 예를 통해 전개되어야 한다. 2번은 사람들은 어려운 것보다는 쉬운 것을 택한다는 의미이고, 3번은 일을 할 때 본인이 맡은 임무를 주인의식을 가지고 중히 여긴다는 내용이다. 4번은 성공보다 가치 있는 실패가 있다는 뜻으로, 그러한 실패를 통해 배우는 가치 등을 강조하며 전개될 것이다.

∴ 일을 할 때 사람들은 항상 에너지를 아끼려고 하고, 어떠한 일을 할 수 있는 더 쉬운 방법을 알고 있다면 더 힘든 방법을 의식적으로 선택하지 않는다고 한다. 왜 그럴까? 보기 키워드 중에 이 내용과 관련 있는 것은 2번 '쉬운'이다.

인간 본성의 가장 일반적인 속성은 사람들이 어떤 일을 수행하는 데 있어서 <u>어려운 것보다는 쉬운 것을 더 선호한다</u>는 것이다. 어떤 일을 하든지 간에 당신은 항상 에너지를 아끼려고 시도한다. 이에 대한 이유는 당신의 시간과 에너지가 당신의 삶을 나타내고, 당신은 당신의 삶에 가치를 부여하기 때문이다. 당신은 이런 방식으로 디자인되어서, 당신이 만약 어떠한 일을 할 수 있는 더 쉬운 방법을 알고 있다면 당신은 그 일을 하기 위해 더 힘든 방법을 의식적으로 선택하지 않을 것이다. 좋건 나쁘건 간에 이것은 당신과 다른 모든 사람들이 게으르다는 것을 의미한다.

05 빈칸에 알맞은 말은?

상 중 **하**

> A : Have you completed your customs declaration?
>
> B : _____
>
> A : You must complete one anyway. Here is a form.

① Yes, I filled it out one hour ago.

② No, I have nothing to declare.

③ I'm not accustomed to flying.

④ No. But I heard about the Declaration of Independence.

풀이

① 네, 한 시간 전에 다 작성했습니다.
② 아니요. 저는 신고할 게 아무것도 없는데요.
③ 저는 비행기 타는 것에 익숙하지 않아요.
④ 아니요. 그러나 독립 선언문에 대해서는 들어봤습니다.

∴ A는 B에게 세관신고서를 작성했는지 물었다. 그리고 다시 A가 어쨌든 하나는 작성해야 한다고 말하고 있으므로 B가 세관신고서를 작성하지 않았다는 것을 알 수 있다. 그 이유에 대한 대답으로 2번이 알맞다.

해석

A : 세관 신고서를 다 작성하셨나요?
B : 아니요, 저는 신고할 게 아무것도 없는데요.
A : 어쨌든 하나는 반드시 작성해야 합니다. 여기 양식이 있어요.

06 밑줄 친 말과 같은 뜻은?

상 중 **하**

> A : Where are you going?
>
> B : I'm going to buy some party materials. We're going to have a party at my house tonight. Will you join us?
>
> A : I'd like to, but I can't. I've got a quiz tomorrow. So, I will have to burn the midnight oil tonight.

① do my best to help mom

② I wish you a fun party

③ Stay up studying late

④ go to bed early

풀이

① 엄마를 돕기 위해 최선을 다하다
② 파티에서 즐거운 시간을 보내다
③ 늦게까지 공부하느라 깨어 있다
④ 일찍 자다

∴ A가 파티에 오라고 했으나 B는 못 온다고 말했고 그 이유는 바로 내일 시험이 있기 때문이다. 주어는 I, 동사 'will have to 동사원형'에서 'will(미래 조동사), have to 동사원형 : ~해야만 한다'에서 힌트를 얻자면, 내일 시험이 있다면 오늘밤 나는 무엇을 해야 할까 생각해 보면 답을 고를 수 있겠다. 정답은 3번이다.

해석

A : 어디 가는 중이야?
B : 파티에 필요한 재료들을 사러 가는 길이야. 오늘 밤 우리 집에서 파티 열 거야. 너도 올래?
A : 가고 싶지만, 갈 수가 없어. 내일 시험이 있어. 그래서 오늘은 <u>밤 늦게까지 공부해야 해.</u>

07 다음 글의 빈칸에 들어갈 알맞은 말은?

> Two years ago, my English teacher had me start writing to_____ and enjoy writing all over the world. I have started collecting stamps from letters and cards. It's not only an interesting cultural exchange but also a wonderful opportunity for writing skills.

① girl friend
② room mates
③ pen－pals
④ neighbor

풀이

∴ writing all over the world, collect stamps, letters and cards 등과 관련된 단어는 무엇일까. 영어선생님이 내가 전 세계적으로 편지 쓰는 것을 즐기게끔 해 주셨다는 것을 보아 답은 3번 pen－pals이다.

해석

2년 전에, 내 영어선생님이 내가 펜팔을 하게 하셨고 전 세계적으로 편지 쓰는 것을 즐기게끔 해 주셨다. 나는 편지와 카드에 있는 우표를 수집하기 시작했다. 이것은 흥미로운 문화적 교류였을 뿐만 아니라 글쓰기 실력을 위한 아주 좋은 기회였다.

---

08 다음 글의 목적으로 가장 적절한 것은?

> I am amazed how well Super 202 works! I have spent less than an hour a day, and in just 2 months I have lost 10kg. **I am sure that anyone can do the same. So don't wait and buy this wonderful machine.** It's also very easy to use.

① 상품 광고
② 구인 광고
③ 취업 안내
④ 손님 초대

풀이

 보기분석 및 아림's 예측전개!

1번 상품 광고의 목적은 무엇일까. 바로 상품에 대한 장점을 늘어놓은 후 사라고 하는 것. 2번 구인 광고는 '~한 사람을 구한다'는 내용이, 3번 취업 안내는 회사의 소개 및 근무환경, 급여 등의 공지가, 4번에서는 어떠한 이유로 언제, 어디로 초대한다는 내용이 전개될 것이다.

∴ 글쓴이는 'be sure, 명령문'을 이용하여 의견을 강력하게 어필하고 있다. 즉 명령문에는 독자가 하길 바라는 행동이 담겨 있다. 'buy the machine' 기계를 사라고 하고 있으므로 글의 목적은 1번 상품 광고이다.

해석

난 Super 202가 얼마나 효과가 좋은지에 대해 놀랐다. 하루에 한 시간 미만으로 이것을 사용했고, 불과 두 달 만에 벌써 10kg이 빠졌다. 다른 사람들도 모두 이렇게 할 수 있다고 확신한다. 그러니 이 기계를 사는 걸 주저하지 말라. 게다가 사용하는 것이 아주 쉽다.

09 빈칸에 들어갈 말은?

_____ means trying to **pull out a lot of ideas from your brain** and that of someone else (or of several others) on a difficult **problem**. Do not keep quiet about ideas that seem wild or doubtful. If they have any possibility at all, put them down. Later you can cut down your list. Do not write carefully with correct grammar and punctuation. Just write fast. You want a lot of suggestion in any form. Keep the ideas flowing.

① Trimming
② Workshop
③ Symposium
④ Brainstorming

풀이

보기분석 및 아림's 예측전개!

① 다듬기
② 워크샵 : 특정 문제나 과제에 대한 새로운 지식, 기술, 통찰 방법들을 서로 교환하는 것.
③ 심포지움 : 하나의 테마에 관해 여러 가지 각도에서 강사가 의견이나 문제제기를 하고 이것을 받아서 참가자 전체가 토론함.
④ 브레인 스토밍

우리가 대략 알고 있는 워크샵, 심포지움의 뜻은 '회의' 정도로 두 단어가 비슷한 뉘앙스이다. 따라서 1번, 4번이 다른데, 1번 다듬기의 경우 먼저 초안이 있고 거기에 빼거나 추가하거나 좀 더 나은 결과를 위하여 수정하는 내용이 전개될 것이다.

∴ 문장에서 키워드를 보면 문제에 관해서 많은 생각을 끄집어 내려고 하고, 미심쩍은 생각이여도 일단 글로 써놓되 주의 깊게 쓰지는 말라고 한다. 지문에서 일단은 머리 속에 있는 것을 끄집어 내어 글로 적는 것을 강조하고 있으니 정답은 4번이다.

해석

브레인스토밍은 어려운 문제에 대해 당신과 당신 외의 어떤 사람(또는 여러 다른 사람들)의 뇌로부터 많은 아이디어를 끌어내기 위해 노력하는 것을 뜻한다. 엉뚱하거나 미심쩍은 것 같은 아이디어라도 침묵을 지키지 마라. 만약 그러한 아이디어가 조금이라도 가능성이 있다면, 적어두어라. 나중에 당신은 그러한 목록을 줄일 수 있다. 올바른 문법과 구두점을 사용하여 조심스럽게 쓰려고 하지 마라. 그냥 빨리 적어라. 당신은 어떤 형태로든 많은 제안을 원한다. 계속 아이디어를 떠올리도록 하라.

10 다음 대화 중 내용이 어색한 것은?

① A : Mom, Did you take the newspaper on my desk?
   B : OK, I will clean up your room for you.
② A : I will keep stray kitties as a pet.
   B : It's not easy to capture.
③ A : Have they fixed the vending machine yet?
   B : No, We'd better go to the supermarket.
④ A : What's the problem with the clock, ma'am?
   B : I bought it yesterday here, but it is out of order.

풀이

∴ 1번의 A는 내 책상에서 신문을 가져갔었는지를 묻는다. 그렇다면 대답은 '가져갔다.' 혹은 '~이러한 이유로 가져갔다' 등이 나와야 한다. 하지만 대답이 '좋아. 방청소를 해 줄게'이므로 어색하다.

해석

① A : 엄마, 제 책상 위에 있는 신문 가져가셨어요?
   B : 좋아. 엄마가 너를 위해서 네 방 청소를 해 줄게.
② A : 나는 길을 잃어버린 고양이를 애완동물로 기를 거야.
   B : 길 고양이를 잡는 것이 쉽지 않아.
③ A : 자판기 고쳤어요?
   B : 아뇨. 우리 슈퍼마켓 가는 게 낫겠어요.
④ A : 이 시계에 무슨 문제가 있죠. 손님?
   B : 어제 여기에서 이 시계를 샀는데. 고장이 났어요.

11 다음 글의 요지로 가장 적절한 것은?

> **When you want to buy a used car, You have to be careful about certain things.** Don't show interests too much from the beginning. You should also test every option, both inside and outside the car. And point out all faults and non working parts. Don't forget to have test driving.

① 중고차를 사지 말아야 하는 이유
② 중고차에 대한 많은 관심
③ 중고차를 사기 전 꼭 해야 할 것들
④ 중고차의 장점과 단점

풀이

보기분석 및 아림's 예측전개!

① 사지 말기
② 관심
③ 꼭 해야 할 것들
④ 장점과 단점

1번이 정답이 되려면 일단 글쓴이는 중고차를 사지 말아야 한다고 주장하며 그 뒤이어 중고차에 대한 단점들이 나열될 것이다. 2번의 경우 많은 사람들이 새 차를 사기 보다는 중고차에 관심이 많아지면서 구매율이 높다는 내용이, 3번은 중고차를 사려고 갔을 때 중고차에 대해 어떤 식으로 꼼꼼히 살펴봐야 한다는 내용이, 4번은 중고차의 좋은 점과 안 좋은 점이 전개되어야 할 것이다.

∴ 첫 문장에 '중고차를 사길 원할 때'라고 했으므로 일단 '산다' 는 내용이 있어야 한다. 뒤에 글쓴이가 명령문으로 사러 갔을 때 하지 말아야, 잊지 말아야 하는 것들(don't 동사원형), should 조동사(~해야 한다), point out(지적하다) 등의 어구들로 유의해야 할 것들(careful about certain things)에 대해 말하고 있다.

해석

중고차를 사길 원할 때, 당신은 특정한 사항들에 대해 유의해야 한다. 처음부터 지나치게 많은 관심을 보이지 마라. 당신은 또한 중고차의 내부와 외부 모두에서 모든 옵션을 테스트해야 한다. 그리고 모든 결점들과 작동되지 않는 부분들을 지적해라. 시운전하는 것을 잊지 마라.

12 다음 글에 나타난 Fred의 심경으로 알맞은 것은?

> Fred, a police man, stopped a driver for speeding. Instead of signing the ticket and continuing on his way, the driver, who said he knew he had been going over the speed limit, insisted on having a court hearing. On the appointed day, Fred and the man appeared before the district magistrate. Found guilty, he happily paid his fine. Fred asked him why he had cared about a hearing. He explained, smiling brightly, "I came to this country from USSR a few years ago. I never had the freedom to ask for a hearing. Now I do."

① frustrated   ② embarrassed
③ hopeless   ④ nervous

풀이

① 좌절한   ② 당황한
③ 절망적인   ④ 초조한

∴ 심경 문제는 반전이 있는 경우가 대부분이라서 마지막에 정답이 드러난다. 경찰인 Fred가 과속하는 운전자를 잡았고 법정에서 그 운전자는 유죄로 판결났다. 그런데 그 운전자는 웃으면서 벌금을 냈으며, Fred의 물음에 또한 환하게 미소 지으면서 몇 년 전에 소련에서 왔는데 그때는 법원심리 요청할 자유가 없었지만 지금은 그럴 자유가 있다고 말한다. 이러한 운전자를 보면서 느낄 심경은 '당황스러운' 이다.

해석

경찰인 Fred가 과속을 하는 운전자를 멈추었다. 벌금 딱지에 서명을 하고 가던 길을 계속 가는 대신에, 자신이 과속을 했다는 것을 알고 있었다고 말을 한 그 운전자는 법원 심리를 받겠다고 주장했다. 법원 심리를 하기로 되어 있는 날에, Fred와 그 운전자는 지역 치안판사 앞에 섰다. 유죄로 판결이 났고, 운전자는 기쁘게 벌금을 냈다. Fred는 그에게 왜 법원 심리에 대해 신경을 썼는지 물었다. 그 남자는 "나는 몇 년 전에 소련에서 이 나라로 왔어요. 나는 법원 심리를 요청할 자유가 결코 없었어요. 하지만 지금은 있어요."라고 밝게 웃으면서 설명했다.

13 다음 글의 빈칸에 들어갈 말로 가장 적절한 것은?

Sending one message of average length by email produces only one sixtieth of the carbon dioxide produced by sending a letter by post. ___(A)___ , because of the ease and convenience of email, this advantage is offset by the huge quantity of email that comes and goes everyday. According to research conducted by the Institute for Climate Change Action, a company with a hundred employees sends about 58 emails and receives 33 emails everyday, producing up to 13.6 tons of CO_2 a year. And of course, with longer messages, even more CO_2 is produced. ___(B)___ , **eliminating unnecessary email can help protect the environment.**

	(A)	(B)
①	However	Similarly
②	However	Therefore
③	For example	Similarly
④	For example	Therefore

보기분석 및 아림's 예측전개!

- however 그러나 : A → B, B → A ; 앞과 뒤는 반대되는 내용
- similarly 유사하게, 마찬가지로 : A → A ; 앞과 뒤가 같은 소재로 같은 이야기
- for example 예를 들어 : 주장, 의견 → 구체화시키는 사례
- therefore 그러므로 : A에 관한 이유, 원인, 근거 → A결론

∴ 첫 문장에서 우편으로 편지를 보내는 것보다 이메일로 보내는 것이 이산화탄소 발생을 1/6로 줄여 준다고 하였다. 이산화탄소 발생을 줄여 주는 좋은 방법으로 긍정의 뉘앙스이다. 하지만 바로 뒤이어 이러한 이점이 상쇄된다(be offset)고 한다. '상쇄'된다는 것은 상반되는 것이 서로 영향을 받아 효과가 없어진다는 뜻이다. 따라서 첫 문장에 이은 두 번째 문장은 부정의 내용이다. 앞 문장과 뒤 문장의 관계는 서로 반대이므로 (A)에는 역접의 연결사 however(그러나)가 와야 한다. (B) 앞에서는 매년 13.6톤의 이산화탄소를 발생시키고 더 긴 메시지는 더 많은 이산화탄소를 만든다고 한다. (B) 뒤에서는 불필요한 이메일을 제거하는 것이 환경을 보호하는 데 도움이 된다고 하는 결론이 나타나 있으므로 '그러므로'가 오는 것이 적합하다.

해석

보통 길이의 메시지 하나를 이메일로 보내는 것은 우편으로 편지를 보내서 발생시키는 이산화탄소의 6분의 1만 발생시키게 된다. 그러나 이 메일의 간편함과 편리성 때문에, 이러한 장점은 매일 오가는 이메일의 엄청난 양으로 인해 상쇄되고 만다. 기후변화협회에서 수행한 연구에 따르면, 백 명의 직원이 있는 회사는 매일 약 58개의 이메일을 보내고 33개의 이메일을 받으며, 이는 1년에 최대 13.6톤의 이산화탄소를 발생시킨다. 그리고 물론, 메시지가 더 길어지면, 심지어 훨씬 더 많은 이산화탄소를 발생시킨다. 그러므로 불필요한 이메일을 없애는 것이 환경을 보호하는 데 도움이 될 수 있다.

14 다음 글의 제목으로 가장 적절한 것은?

When a botanist saw that the plants given soft music were stronger and healthier than those in silence, she began to wonder what other scientist had found. She learned that, in India, scientists had tried to increase plant yield with music. In Canada, sound of high pitch had seemed to help the growth of wheat. In the United States, when scientists had broadcast city noise to plants, their growth was cut almost in half.

① What makes plants healthier?
② Music is good for plants and men
③ What influence does sound have on plants?
④ In many countries, we study plants

풀이

 보기분석 및 아림's 예측전개!

① healthier
② music, men
③ sound
④ study

보기를 봤을 때 공통적으로 있는 단어는 plants 식물이다. 보기 키워드와 식물을 연관시켜 보자면 1번은 '더 건강하게'로 식물들이 잘 자라는 데 필요한 것이 설명되겠다. 1번은 오답 확률이 큰데, 만약 1번이 정답이라면 지문의 전개는 다른 종류의 소리에 따른 식물의 성장 차이가 설명되지 않고, 다른 것들보다도 '소리'가 식물이 더 건강하게 자라는 데 도움이 된다는 내용이 전개될 것이다. 2번이 다른 보기와 다른 점은 식물뿐만 아니라 '사람들'도 포함된다는 것이다. 3번은 소리인데, 소리의 종류에 따라 식물들에게 영향을 주는 정도가 다를 것이라는 내용이, 4번은 많은 국가들에서 식물에 대한 학습 열풍이 일어나고 있다는 내용이 전개될 것으로 보인다.

∴ 첫 번째 문장에 잔잔한 음악과 고요한 상태 중 잔잔한 음악의 환경에 있던 식물이 더 튼튼하고 건강하다고 말한다. 이에 대한 근거로 여러 나라에서의 사례를 말한다. 음악을 통해서 식물의 수확량을 증가시키고, 고음의 소리가 밀의 성장에 도움을 주었으며, 도시의 소음은 식물의 성장에 반을 줄게 했다는 내용이므로 정답은 3번이 적합하다.

해석

한 식물학자가 잔잔한 음악 속에서 자란 식물이 고요함 속에서 자란 식물보다 더 튼튼하다는 것을 알았을 때, 그녀는 다른 과학자들이 발견한 것에 대해 궁금해하기 시작했다. 그녀는 인도에서 과학자들이 음악을 통해서 식물의 수확량을 증가시키려고 노력한다는 것을 알았다. 캐나다에서 고음의 소리는 밀의 성장에 도움을 주는 것으로 보였다. 미국에서 과학자들이 도시의 소음을 식물에게 방송했을 때, 식물의 성장은 거의 절반으로 줄었다.

15 다음 글의 주제로 가장 적절한 것은?

Do you know in the 6th century B.C Greek mathematician Pythagoras said that earth is round? As few agreed with him, his idea got out of people's mind. Later Greek astronomer Eratosthenes accurately measured the distance around the earth at about 40,000Km — but nobody believed him. And in the 2nd century A.D Ptolemy, Greek astronomer, started that the sun was the center of the universe. Few believed him. Is that all? No! After the invention of the transistor in 1947, several US electronic companies rejected the idea of a portable radio. **Likewise, many wonderful ideas disappeared at that time.**

① How many great ideas were ignored
② How many wonderful inventions there are
③ How helpful the great inventions are
④ What benefits people get from great mind

풀이

보기분석 및 아림's 예측전개!

① 얼마나 많은 훌륭한 생각들이 무시되었는가.
② 얼마나 많은 멋진 발명품들이 존재하는가.
③ 훌륭한 발명품이 얼마나 도움이 되는가.
④ 사람들은 훌륭한 생각으로부터 무슨 혜택을 얻는가.

1번은 훌륭한 생각들이 그 당시에 무시되었다는 것, 2번은 우리들 주변에 위대한 발명품들이 있어 우리의 생활을 편리하게 해 준다는 것, 3번은 훌륭한 발명품이 우리의 삶에 도움을 준다는 것, 4번은 사람들의 훌륭한 생각으로부터 우리 삶에 영향을 주는 혜택들이 나열될 것으로 보인다.

∴ 그리스의 수학자 피타고라스, 천문학자 에라토스테네스, 천문학자 프톨레마이어스 등이 지구에 대한 생각 등을 정확하게 말했으나 거의 무시되었으며, 1947년 트랜지스터의 발명 후에 휴대용 라디오에 관한 생각 등이 그 당시에는 무시되고 믿는 사람들이 거의 없었다는 내용이므로 정답은 1번이 적합하다.

해석

기원전 6세기에 그리스의 수학자인 피타고라스가 지구는 둥글다고 말했다는 것을 아는가? 그의 말에 동의하는 사람이 거의 없었기 때문에 그의 생각은 사람들의 관심 밖이였다. 후에 그리스 천문학자 에라토스테네스는 지구 둘레의 거리를 약 40,000 km로 정확하게 측정했지만, 아무도 그를 믿지 않았다. 서기 2세기 그리스의 천문학자 프톨레마이어스는 태양이 우주의 중심이라고 말했다. 그를 믿는 사람은 거의 없었다. 이게 전부인가? 아니다. 1947년에 트랜지스터의 발명 후에도, 몇몇 미국의 전자 회사들은 휴대용 라디오에 대한 생각을 무시했다. 이처럼, 많은 멋진 아이디어들이 그 당시에 사라졌다.

16 다음 글의 요지로 알맞은 것은?

Have you ever wondered why, for so many people, weight gain seems to be a fact of life? It's because **the human body is way too efficient!** It just does not take that much energy to maintain the human body at rest; and when exercising, the human body is amazingly frugal when it comes to turning food into motion. At rest(for example, while sitting and watching television), the human body burns only about 12 calories per pound of body weight per day. **The efficiency of body is the main reason why it is so easy to gain weight.**

① 휴식이 인간의 몸을 유지시킨다.
② 살이 찌는 요인 중 하나는 우리 몸의 효율성 때문이다.
③ 휴식 할 때도 많은 에너지를 소비한다.
④ 인간의 몸은 매우 효율적이다.

풀이

 보기분석 및 아림's 예측전개!

① 휴식, 몸 유지
② 살 찌는 것, 몸의 효율성
③ 휴식, 많은 에너지 소비
④ 몸, 효율적

보기의 키워드를 봤을 때 1번과 3번은 휴식, 2번과 4번이 몸의 효율성으로 비슷하다. 차이는 2번의 '살이 찌는 것'에 관한 것이다.

∴ 지문 첫 문장에서 '당신은 왜 (많은 사람들에게) 체중 증가가 삶에 있어서 하나의 사실인 것처럼 보이는지에 대해 궁금한 적이 있었는가?'라고 묻고 바로 뒤에 '몸이 너무 효율적이기 때문이다'라고 한다. 또한, 마지막 문장에서도 몸에 대한 이런 효율성이 바로 체중 증가가 왜 그렇게 쉬운지에 관한 주요한 이유라고 말하고 있으므로 정답은 2번이다.

해석

당신은 왜 (많은 사람들에게) 체중 증가가 삶에 있어서 하나의 사실인 것처럼 보이는지에 대해 궁금한 적이 있었는가? 그것은 인간의 몸이 너무나 효율적이기 때문이다! 인간의 몸은 쉬고 있는 신체를 유지하기 위해 그렇게 많은 에너지를 필요로 하지 않는다. 그리고 운동을 할 때, 인간의 몸은 음식을 움직임으로 전환시키는 것에 있어서 놀라울 정도로 절약한다. 쉬고 있을 때(예를 들어 앉아 있고, TV를 볼 때), 인간의 몸은 하루에 몸무게 1파운드당 대략 12칼로리(1킬로그램당 26칼로리)를 소비한다. 몸에 대한 이런 효율성이 바로 체중 증가가 왜 그렇게 쉬운지에 관한 주요한 이유이다.

17 다음 글의 요지로 알맞은 것은?

상 중 하

A study on movies and children's behavior was published this week. In the study, researchers found that there was a meaningful relation between movies and children's future behavior. Children under 12 —years—old who watched violent movies were more likely to smoke or drink alcohol later. The study said the chance was three times higher.

① 아이들은 자신의 실수를 인정하지 않는다.
② 아이들은 영화를 봐서는 안 된다.
③ 폭력영화를 본 아이들이 술을 마시거나, 담배를 피울 가능성이 높다.
④ 영화와 아이들의 미래 행동과는 관련이 없다.

풀이

보기분석 및 아림's 예측전개!

① 실수 인정 안 함
② 영화를 봐서는 안 됨
③ 폭력적 영화는 술, 담배 가능성을 높임
④ 미래 행동과 관련 없음

3번과 4번 보기가 반대 뉘앙스이다. 술, 담배의 가능성이라면 '미래에 할 행동과 관련된 것'으로 3번은 미래 행동과 관련이 있는 것이며 4번은 '관련 없다'이다.

∴ 첫 문장에 영화와 아이들에 대한 연구임을 밝히고, 그 후 영화와 아이들이 미래에 할 행동 간의 관계에 대해 말한다. 마지막 문장에 연구에서 폭력적인 영화가 아이들의 미래의 음주·흡연의 가능성을 세 배 정도 더 높여 준다고 하였으므로 정답은 3번이다.

해석

영화와 아이들의 행동 방식에 관한 연구가 이번 주에 발표되었다. 그 연구에서 연구자들은 영화와 아이들의 미래 행동 양식에는 밀접한 관계가 있다는 것을 발견했다. 폭력적인 영화를 본 12세 미만의 어린이들이 대부분의 경우 나중에 담배를 피거나 술을 마시는 경우가 많다고 한다. 연구는 그 가능성을 세 배 정도 더 높여 준다고 하였다.

18 다음 글의 'It'이 나타내는 것은?

상 중 하

You would be making a huge mistake to think that your nights are less significant or complex than your days. During the hours of sleep, when we appear to be most passive, something within us is intensely active, recharging us for the next day. When we are active, we're expanding energy! When we are seemingly inactive, we are building it. It's interesting that energy is always noted in its expenditures, never in its accumulation.

① activity
② energy
③ mistake
④ accumulation

풀이

during the hours of sleep과 inactive를 recharging과 building을 통해 보자면, 활동하지 않는 것처럼 보이는 수면 시간 동안에 '그것'이 재충전되고 만들어진다는 것으로 보아 2번 에너지가 정답이다.

해석

당신의 밤이 당신의 낮보다 덜 중요하거나 덜 복잡하다고 생각한다면 당신은 커다란 실수를 하는 것이다. 잠을 자는 동안에, 우리가 가장 수동적인 것처럼 보일 때, 우리 안에 있는 무언가는 격렬하게 활동해서 다음 날을 위해 우리를 재충전시켜준다. 우리가 활동할 때, 우리는 에너지를 확장시킨다! 우리가 겉보기에 활동하지 않을 때, 우리는 이것을 만드는 중이다. 에너지는 결코 축적으로서가 아닌 소비로서 항상 주목을 받는다는 것은 흥미로운 일이다.

19 빈칸에 들어갈 말로 가장 적절한 것은?

The universe is gradually losing the energy, and is more or less like a clock that is running down. _____, scientists predict that **it will not come to a complete stop** for millions of years. Before that time, human beings will have made available the enormous energy in atoms.

① Fortunately
② Sadly
③ To our regret
④ Conclusively

풀이

① 다행스럽게도
② 슬프게도
③ 유감스럽게도
④ 단연코

∴ 빈칸 앞에서 우주가 에너지를 잃어버리고 있으며, 마치 수명이 다 되어 가는 시계와 같다고 했다. 부정적 내용이다. 하지만 빈칸 뒤에서는 우주가 완전히 멈추지 않을 것이며 에너지를 찾을 것이라고 하였다. 즉 빈칸 앞은 부정하지만 뒤는 긍정의 내용이므로 역접의 연결사를 넣어야 한다. 정답은 1번이다.

해석

우주는 서서히 에너지를 잃어버리고 있고, 수명이 다 되어가는 시계와 거의 비슷하다. 다행스럽게도, 과학자들은 우주가 수백만 년 동안 완전히 멈추지 않을 것이라고 예측한다. 그 시기가 오기 전에, 인간은 원자에서 거대한 에너지를 이용할 수 있을 것이다.

20 다음 빈칸에 들어갈 말로 가장 적절한 것은?

Being able to look at situations using different frames _____ critically important when we tackle all types of challenges. Consider the fact that before 1543 people believed that the sun and all the planets revolved around the earth. To all those who looked to the sky, it seemed obvious that the earth was the center of the universe. But in 1543, Copernicus changed all of that by proposing that the sun is actually at the center of the solar system. This was a radical change in perspective – or frame. This shift in point of view dramatically changed the way individuals thought about the universe and their individual roles within it. It opened up the world of astronomy and provided a new platform for inquiry. You, too, can spark a revolution by looking at the problems you face from different perspective.

① was   ② is
③ were   ④ are

풀이

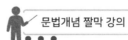

문법개념 짤막 강의

시제 및 수의 일치
부사절 when의 시제는 현재(tackle)이다. '시간, 조건 부사절'에서는 현재시제가 미래시제를 대신한다. 'When it rains tomorrow, I will not go out.'에서 부사절은 when~tomorrow이다. 비록 tomorrow라는 시점 부사구가 있을지라도 will rain이 아닌 현재로 rains 라고 써야 한다는 것이다. 바로 when이라는 접속사 때문이다. 다시 문제로 돌아가서 주절을 보자면, when 부사절이 현재시제이므로 주절의 시제는 현재 혹은 미래시제로 와야 한다. 동명사 being을 주어로 한 경우로, 동명사가 주어가 될 시에 동사는 단수 취급한다. 따라서 보기의 단어 중 고를 수 있는 정답은 2번 is이다.

다양한 (사고의) 틀을 이용하여 상황을 바라볼 수 있는 것은 모든 유형의 어려운 문제를 다룰 때 매우 중요하다. 1543년 이전에는 사람들이 태양과 모든 행성이 지구 주변을 돈다고 믿었다는 사실을 생각해 보라. 하늘을 바라보는 모든 사람에게 지구가 우주의 중심이라는 것은 명백해 보였다. 하지만 1543년에, 코페르니쿠스는 태양이 사실 태양계의 중심에 있다고 제안하며 그 모든 것을 바꾸어 놓았다. 이것은 관점. 다시 말해 사고의 혹은 틀의 급진적인 변화였다. 이러한 관점의 전환은 개인들이 우주에 대해, 그리고 그 안에서 개인의 역할에 대해 생각하는 방식을 극적으로 바꾸어 놓았다. 그것은 천문학의 세계를 열었고 연구의 새로운 발판을 제공했다. 직면하고 있는 문제를 다른 관점에서 바라봄으로써 여러분도 대변혁을 촉발시킬 수 있다.

02 | 2015년 소방직 기출(경채)

01 다음 글의 빈칸에 들어갈 단어로 적절한 것은?

A : Push at least 2 inches on breast bone, 100 times per minute, to move oxygenated blood to vital organs.

B : Tilt chin back for the passing of air, give two breaths with your mouth on the person's mouth and resume chest compressions.

C : Open the __(A)__ and check for __(B)__ ; watch for rise of chest and listen for air movement.

	(A)	(B)
①	breathing	fracture
②	airway	breathing
③	pulse	fracture
④	pulse	airway

02 다음 글에 나타난 응급처치 방법이 아닌 것은?

Heat exhaustion First Aid : Get victim to lie down in a cool place. Loosen or remove clothing. Apply cool, wet cloths. Fan or move victim to air－conditioned place. Give sips of water if victim is conscious. Be sure water is consumed slowly. Give half glass of cool water every 15 minutes. If nausea occurs, discontinue to give the victim the water. If vomiting occurs, seek immediate medical attention. Don't make the victim intake of alcoholic, caffeine beverages.

① 환자를 시원한 곳에 누인다.
② 젖은 수건을 덮는다.
③ 15분마다 시원한 물 한 컵을 준다.
④ 카페인 음료를 섭취하게 해서는 안 된다.

03 다음 대화의 빈칸에 들어갈 단어로 적절한 것은?

A : What made you dislike bungee jumping so much?
B : I'm afraid of _____.

① width
② thickness
③ height
④ diameter

04 다음 대화의 빈칸에 들어갈 말로 알맞은 것은?

A : Are you waiting for someone?

B : No, but _____ right now. I think I'll have to wait until the shower dies down.

A : The weather bureau said that it would rain all evening.

B : Really? I should have brought my umbrella.

A : Oh, don't worry. I've got my umbrella here. We can share this. And we can't stand in front of our company building all evening.

B : I guess so. Could you please take me to the subway?

A : Sure. I'm very honored to walk with a pretty lady. Oh, I'm glad it's raining hard.

① it is a really muggy day

② it's raining cats and dogs

③ the yellow dust is pretty bad today

④ it's scorching today

05 다음 대화의 빈칸에 들어갈 말로 적절한 것은?

A : Hello, this is Professor Gasper's office.

B : Hi, this is Jason speaking. May I speak to Dr. Gasper?

A : Sorry, his line is busy. _____

B : All right. I'll be waiting if not too long.

A : I'm sorry to have kept you waiting. He's coming to the phone.

B : Thank you so much.

A : Now, Dr. Gasper is on the line. Go ahead, please.

① What is the best way to contact you?

② Hang up the phone.

③ I'll call back an hour later.

④ Hold the line, please?

06 다음 글의 요지로 알맞은 것은?

- Camping is permitted only in designated campgrounds.
- Staying overnight on roadsides or in parking areas is not permitted.
- You must register for campsites in accordance with the instructions.
- There are camping fees and limits on length of stay.
- Firewood gathering is prohibited except in designated backcountry areas with a wilderness permit.
- Cutting standing trees or attached limbs, alive or dead, is prohibited.
- Campfires are permitted only at designated campsites and firesites.
- Pets must be kept on leash. They are not allowed on trails, beaches, in the backcountry and public buildings.
- Hunting or discharging any kind of weapon is prohibited.
- Firearms must be unloaded and cased at all times within the park.
- Fishing is permitted with a state license, which can be purchased at the Village Sport Shop.

① The emergency evacuation procedures about fire
② Space Requirement Programming for special school
③ The information about park regulations
④ The hunting strategies in the park

07 다음 글의 목적으로 알맞은 것은?

To Whom It May Concern :

Thank you for your very thorough proposal to provide heating energy management services to us. We appreciate the time you took in preparing such a detailed step−by−step approach to the work you projected; it sounds as though you really know your business and have excellent experience in this arena. However, after our staff met with all the vendors, we decided to use Energy Source Forever. Their focus seemed to be more in line with our perspective on the changes we would like to incorporate. In addition to their offering a lower price, we noted their approach dealt with the full scope of the buildings rather than simply the computer operations. We thank you for your interest in our heating energy management issues and value our on−going relationship on other projects.

Sincerely,
Helen Campbell

① 새로운 난방 에너지 절약 시스템을 소개하기 위해
② 제안서가 채택되지 않은 사실을 알리기 위해
④ 효율적 난방 에너지 사용에 동참하기를 권유하기 위해
⑤ 난방 에너지 사업 제안서의 작성 요령을 안내하기 위해

08 다음 글의 빈칸에 들어갈 말로 가장 알맞은 것은?

Julie went to an audition for a school announcer's position. She was waiting for her turn. Her friends, Nara and Kevin, were standing beside her. Julie said, "_____."
"Take it easy, Julie," Kevin said. "You can do it."

① I can't take it anymore
② I feel like a million bucks
③ I have butterflies in my stomach
④ I'm going to blow my top

09 다음 글의 빈칸에 공통으로 들어갈 말로 알맞은 것은?

_____is a break or crack in one of the bones in your leg. Common causes include falls, motor vehicle accidents and sports injuries. Treatment of _____ depends on the location and severity of the injury. A severely broken leg may require surgery to implant devices into the broken bone to maintain proper alignment during healing. Other injuries may be treated with a cast or splint. In all cases, prompt diagnosis and treatment of a broken leg is critical to complete healing.

① Chest pains
② Insect bite
③ Leg fracture
④ High blood pressure

10 다음 대화의 빈칸에 들어갈 말로 알맞은 것은?

A : _____
B : Mine, too. The battery really doesn't last that long.
A : That's because we do so much with our phones.
B : I know. We use it all day because we can get internet access.
A : You're right.
B : I have to charge my phone several times a day. I always carry around a charger with me.
A : Yeah. Me, too.

① My phone didn't run out of battery.
② Do you have a charger?
③ My battery must not have died.
④ My phone's almost out of battery.

11 다음 글의 빈칸에 들어갈 말로 알맞은 것은?

The long _____ exposed the cracked floor of the reservoir.

① snow storm
② flood
③ drought
④ landslide

12 다음 글의 빈칸에 들어갈 말로 알맞은 것은?

A : _____
B : I am on my way to the locations to put fully charged extinguishers.

① Where should we go?
② Where are you headed?
③ Where have you been?
④ Where did you go?

13 다음 글에 의할 때 학생들이 모여야 하는 장소는?

Today there is a fire drill from 2 p.m. lasting for an hour. Today's scenario is that a fire starts in the middle of the second floor and it spreads to the entire building. Please evacuate the classroom immediately, and gather on the basketball court when you hear the siren. Please stay clam and use the emergency stairs in a row with your mouth covered. Students should know where to seek shelter.

① 야구장
② 소방서
③ 농구장
④ 응급실

14 다음 보기의 빈칸에 들어갈 단어로 적절한 것은?

If you are currently having the flu _____, what kind of vaccine can you get for immediate recovery?

① instinct
② symptom
③ fear
④ confidence

15 다음 글의 빈칸에 들어갈 말로 알맞은 것은?

A : My lawn mower is broken. May I borrow yours?
B : Certainly, You have to _____ goggles to protect your eyes.

① put down
② remove
③ put on
④ take off

16 다음 글의 빈칸에 들어갈 단어로 알맞은 것은?

Smoke and heat rise, so the best __(A)__ to find fresher, cooler air is near the floor. When a person is caught in a building filled with smoke, they should drop on hands and knees and __(B)__ to the nearest exit. Do not stand−smoke and deadly gases rise while the fresher air will be near the floor.

	(A)	(B)
①	cause	walk
②	place	crawl
③	time	crawl
④	location	walk

17 다음 대화의 빈칸에 들어갈 말로 알맞은 것은?

A : Hello. We are here for a regular _____.

B : Oh, hello. How are you?

A : Let me see your fire prevention plan and last year's check list and related documents for functional operations?

B : Yes, here they are.

A : How many stories are there in the building and what's the floor space?

B : There is one basement and 8 stories in this building. The floor space is 2,000m².

A : Where are the automatic fire detectors and related fire equipment?

B : They are at the management office on the basement floor B1.

A : Where are the indoor fire extinguishers and the sprinkler pump room?

B : They are in the parking lot on the second floor of the basement B2.

A : How many stairs are there in this building?

B : We have one main stairway and one fire escape stairway. Two in total.

① evacuation drill

② fire inspection

③ fire extinguisher

④ power outage

18 다음 빈칸에 들어갈 단어로 알맞은 것은?

㉠ Hold extinguisher upright and __(A)__ the safety pin.

㉡ Stand back from the fire and aim at the __(B)__ of the fire nearest you.

㉢ __(C)__ handles together and sweep the extinguisher stream side to side.

	(A)	(B)	(C)
①	put	top	squeeze
②	pull	base	loosen
③	put	top	loosen
④	pull	base	squeeze

19 다음 글의 빈칸에 들어갈 말로 알맞은 것은?

Left alone, Dodge quickly lay down on the burnt soil. As the flames approached him, he covered his mouth with a wet handkerchief in order not to __(A)__ the smoke. As the fire surrounded him, Dodge closed his eyes and tried to breathe from the thin layer of oxygen that remained near the ground. Several painful minutes passed, and Dodge survived the fire, unharmed.

Sadly, with the __(B)__ of two men who found shelter in a small crack in a rock, all of the other men died in the awful fire.

	(A)	(B)
①	breathe out	inclusion
②	breathe in	exception
③	breathe in	inclusion
④	breathe out	exception

20 다음 제시문과 뜻이 다른 것은?

다시 한 번 말씀해주시겠어요?

① Come again, please?
② I beg your pardon?
③ Would you do me a favor?
④ Would you say that again?

서울특별시 지방소방공무원 신규채용(공개경쟁)

응시분야

응시분야	
성 명	

[필적 감정용 기재란]
(예시) 서울소방 안전 대한민국

책 형

책 형	
Ⓐ	
Ⓑ	

※ 책형 확인

책형

문제지 및 답안지 확인 후 기재

※ 감독관 확인

국 어

문번	①	②	③	④
1	①	②	③	④
2	①	②	③	④
3	①	②	③	④
4	①	②	③	④
5	①	②	③	④
6	①	②	③	④
7	①	②	③	④
8	①	②	③	④
9	①	②	③	④
10	①	②	③	④
11	①	②	③	④
12	①	②	③	④
13	①	②	③	④
14	①	②	③	④
15	①	②	③	④
16	①	②	③	④
17	①	②	③	④
18	①	②	③	④
19	①	②	③	④
20	①	②	③	④

한 국 사

문번	①	②	③	④
1	①	②	③	④
2	①	②	③	④
3	①	②	③	④
4	①	②	③	④
5	①	②	③	④
6	①	②	③	④
7	①	②	③	④
8	①	②	③	④
9	①	②	③	④
10	①	②	③	④
11	①	②	③	④
12	①	②	③	④
13	①	②	③	④
14	①	②	③	④
15	①	②	③	④
16	①	②	③	④
17	①	②	③	④
18	①	②	③	④
19	①	②	③	④
20	①	②	③	④

영 어

1	①	②	③	④
2	①	②	③	④
3	①	②	③	④
4	①	②	③	④
5	①	②	③	④
6	①	②	③	④
7	①	②	③	④
8	①	②	③	④
9	①	②	③	④
10	①	②	③	④
11	①	②	③	④
12	①	②	③	④
13	①	②	③	④
14	①	②	③	④
15	①	②	③	④
16	①	②	③	④
17	①	②	③	④
18	①	②	③	④
19	①	②	③	④
20	①	②	③	④

선택과목1

문번	①	②	③	④
1	①	②	③	④
2	①	②	③	④
3	①	②	③	④
4	①	②	③	④
5	①	②	③	④
6	①	②	③	④
7	①	②	③	④
8	①	②	③	④
9	①	②	③	④
10	①	②	③	④
11	①	②	③	④
12	①	②	③	④
13	①	②	③	④
14	①	②	③	④
15	①	②	③	④
16	①	②	③	④
17	①	②	③	④
18	①	②	③	④
19	①	②	③	④
20	①	②	③	④

선택과목2

문번	①	②	③	④
1	①	②	③	④
2	①	②	③	④
3	①	②	③	④
4	①	②	③	④
5	①	②	③	④
6	①	②	③	④
7	①	②	③	④
8	①	②	③	④
9	①	②	③	④
10	①	②	③	④
11	①	②	③	④
12	①	②	③	④
13	①	②	③	④
14	①	②	③	④
15	①	②	③	④
16	①	②	③	④
17	①	②	③	④
18	①	②	③	④
19	①	②	③	④
20	①	②	③	④

응 시 번 호

(1)						
(2)	⓪①②③④⑤⑥⑦⑧⑨	⓪①②③④⑤⑥⑦⑧⑨	⓪①②③④⑤⑥⑦⑧⑨	⓪①②③④⑤⑥⑦⑧⑨	⓪①②③④⑤⑥⑦⑧⑨	⓪①②③④⑤⑥⑦⑧⑨

OMR 뒷면

정답 및 풀이

01	02	03	04	05	06	07	08	09	10
②	③	③	②	④	③	②	③	③	④
11	12	13	14	15	16	17	18	19	20
③	②	③	②	③	②	②	④	②	③

해석

A : 산소가 공급된 혈액을 인체의 중요 장기로 이동시키기 위하여 가슴뼈 위를 적어도 2인치 정도, 1분당 100번씩 누르세요.

B : 공기가 통하도록 하기 위하여 턱을 뒤로 기울이고 당신의 입으로 그 사람의 입에 두 번의 호흡을 공급하고, 가슴 압박을 재개하세요.

C : 기도를 열고 호흡을 확인하세요. 즉, 가슴이 올라오는지 확인하고 공기의 움직임에 귀를 기울이세요.

---

01 다음 글의 빈칸에 들어갈 단어로 적절한 것은? (상|중|하)

> A : Push at least 2 inches on breast bone, 100 times per minute, to move oxygenated blood to vital organs.
> B : Tilt chin back for the passing of air, give two breaths with your mouth on the person's mouth and resume chest compressions.
> C : Open the   (A)   and check for   (B) ; watch for rise of chest and listen for air movement.

	(A)	(B)
①	breathing	fracture
②	airway	breathing
③	pulse	fracture
④	pulse	airway

풀이

① 호흡 – 골절
② 기도 – 호흡
③ 맥박 – 골절
④ 맥박 – 기도

∴ 위의 지문은 심폐소생술을 하는 과정이다. 바로 위 문장에서 '공기가 통하도록' 과 '두 번의 호흡' 이라는 말이 있다. 따라서 '기도'를 열고 '호흡'을 확인하라는 말이 와야 한다.

---

02 다음 글에 나타난 응급처치 방법이 아닌 것은? (상|중|하)

> Heat exhaustion First Aid : Get victim to lie down in a cool place. Loosen or remove clothing. Apply cool, wet cloths. Fan or move victim to air−conditioned place. Give sips of water if victim is conscious. Be sure water is consumed slowly. Give half glass of cool water every 15 minutes. If nausea occurs, discontinue to give the victim the water. If vomiting occurs, seek immediate medical attention. Don't make the victim intake of alcoholic, caffeine beverages.

① 환자를 시원한 곳에 누인다.
② 젖은 수건을 덮는다.
③ 15분마다 시원한 물 한 컵을 준다.
④ 카페인 음료를 섭취하게 해서는 안 된다.

보기분석 및 아림's 예측전개!

① 시원한 → 시원한 곳인지, 따뜻한 곳인지
② 젖은 → 젖은 수건인지, 마른 수건인지
③ 15분, 한 컵 → 15분인지, 30분인지, 한컵인지, 반 컵인지 등
④ 카페인 → 카페인이 좋은지, 안 좋은지

∴ 3번에 매 15분마다는 맞으나 물 한 컵이 아닌 half, 반 컵을 준다고 나와 있다.

해석

열사병 응급처치 : 환자를 시원한 곳에 누인다. 옷을 느슨하게 풀어주거나 제거한다. 시원하고 촉촉한 천을 덮는다. 환자에게 선풍기를 틀어주거나 냉방이 잘되는 곳으로 옮긴다. 환자가 의식이 있을 경우 물을 몇 모금 먹인다. 물은 꼭 서서히 섭취하게 한다. 15분마다 시원한 물 반 컵을 준다. 메스꺼움을 느끼면 물을 주지 않는다. 구토를 하게 되면 즉시 의사의 진료를 받도록 한다. 알코올이나 카페인 음료 섭취는 제한해야 한다.

03 다음 대화의 빈칸에 들어갈 단어로 적절한 것은?

> A : What made you dislike bungee jumping
> so much?
> B : I'm afraid of _____.

① width
② thickness
③ height
④ diameter

풀이

① 폭, 너비
② 두께, 겹
③ 높이
④ 지름

∴ 번지 점프와 관련한 대화문이다. 번지 점프의 어떤 점이 싫은지를 묻는 것에 대한 정답은 고소공포증에 해당하는 단어, 높이에 대한 두려움이다. 참고로 고소공포증을 뜻하는 다른 단어는 acrophobia, fear of heights 등이 있다.

해석

A : 번지점프를 왜 그렇게 싫어해?
B : 나 고소공포증이 있어.

04 다음 대화의 빈칸에 들어갈 말로 알맞은 것은?

> A : Are you waiting for someone?
> B : No, but _____ right now. I think I'll have to wait until the shower dies down.
> A : The weather bureau said that it would rain all evening.
> B : Really? I should have brought my umbrella.
> A : Oh, don't worry. I've got my umbrella here. We can share this. And we can't stand in front of our company building all evening.
> B : I guess so. Could you please take me to the subway?
> A : Sure. I'm very honored to walk with a pretty lady. Oh, I'm glad it's raining hard.

① it is a really muggy day
② it's raining cats and dogs
③ the yellow dust is pretty bad today
④ it's scorching today

풀이

① 날씨가 너무 후덥지근하다.
② 비가 억수같이 온다.
③ 오늘 황사가 너무 심하다.
④ 날씨가 타는 듯이 덥다.

∴ 빈칸 바로 뒤에 소나기(shower)가 멈출 때까지 기다려야 될 것 같다고 말하는 것으로 보아 지금 비가 심하게 내리고 있음을 알 수 있다. 또한 rain, umbrella 등의 단어로 비가 내리는 상황임을 유추할 수 있다. 따라서 2번 '비가 억수같이 오다'가 정답이다.

※ 고양이와 개는 그야말로 견원지간, 즉 앙숙이다. 둘이 만나면 한바탕 야단법석이 빚어진다. 'rain cats and dogs'라는 표현은 고양이와 개가 난리를 치듯 요란하게 비가 쏟아지는 것을 일컫는 말이다.

A : 누구를 기다리고 계십니까?

B : 아닙니다. 하지만 비가 너무 억수같이 와서 이 소나기가 멈출 때까지 기다려야 될 것 같아요.

A : 기상청에서는 오늘 저녁 내내 비가 온다고 했는데요.

B : 그래요? 우산을 가지고 왔어야 했는데.

A : 걱정 마세요. 제 우산이 여기 있으니까요. 같이 쓰시지요. 그리고 우리 회사 건물 앞에서 저녁 내내 서 계실 순 없잖아요.

B : 그런 것 같군요. 그러면 지하철까지 좀 데려다 주실 수 있겠습니까?

A : 물론입니다. 멋진 숙녀와 함께 걷게 되어 영광입니다. 오, 비가 많이 와서 정말 기쁘군요.

상 중 **하**

05 다음 대화의 빈칸에 들어갈 말로 적절한 것은?

A : Hello, this is Professor Gasper's office.

B : Hi, this is Jason speaking. May I speak to Dr. Gasper?

A : Sorry, his line is busy. _____

B : All right. I'll be waiting if not too long.

A : I'm sorry to have kept you waiting. He's coming to the phone.

B : Thank you so much.

A : Now, Dr. Gasper is on the line. Go ahead, please.

① What is the best way to contact you?

② Hang up the phone.

③ I'll call back an hour later.

④ Hold the line, please?

풀이

① 당신에게 연락하기 위한 가장 좋은 방법이 무엇인가요?

② 전화 끊으세요!

③ 한 시간 후에 전화할게요.

④ (전화 끊지 말고) 기다려 주시겠습니까?

∴ 빈칸 바로 앞에 His line is busy. 라는 말이 있다. 여기서 busy는 통화 중이라는 뜻이다. 그리고 빈칸에 대한 대답으로 오래 걸리지 않으면 waiting, 기다리겠다고 한다. 뒤이어 '기다리게 해서 죄송해요.'가 나온다. 따라서 정답은 4번으로 기다리라는 내용이 적합하다.

해석

A : 안녕하세요? 개스퍼 교수님 연구실입니다.

B : 안녕하세요? 저는 제이슨이라고 하는데요, 개스퍼 박사님이랑 통화를 할 수 있을까요?

A : 교수님께서 지금 통화 중이십니다. (전화 끊지 말고) 기다려 주시겠습니까?

B : 네, 오래 걸리지 않으면 기다리겠습니다.

A : 기다리게 해서 죄송합니다. 곧 통화가 될 것입니다.

B : 감사합니다.

A : 개스퍼 박사님이 지금 연결되었습니다. 말씀하십시오.

06 다음 글의 요지로 알맞은 것은?

상 중 <u>하</u>

- Camping is permitted only in designated campgrounds.
- Staying overnight on roadsides or in parking areas is not permitted.
- You must register for campsites in accordance with the instructions.
- There are camping fees and limits on length of stay.
- Firewood gathering is prohibited except in designated backcountry areas with a wilderness permit.
- Cutting standing trees or attached limbs, alive or dead, is prohibited.
- Campfires are permitted only at designated campsites and firesites.
- Pets must be kept on leash. They are not allowed on trails, beaches, in the backcountry and public buildings.
- Hunting or discharging any kind of weapon is prohibited.
- Firearms must be unloaded and cased at all times within the park.
- Fishing is permitted with a state license, which can be purchased at the Village Sport Shop.

① The emergency evacuation procedures about fire
② Space Requirement Programming for special school
③ The information about park regulations
④ The hunting strategies in the park

풀이

보기분석 및 아림's 예측전개!

① 불이 났을 때 긴급대피절차
② 특수학교에 관한 공간계획연구
③ 공원 내 규칙에 관한 정보
④ 공원에서의 사냥 전략

1번은 불이 났을 때 불이 났음을 알리고 엘리베이터 대신 비상계단으로 이용하고 젖은 수건으로 코와 입을 막고 낮은 자세로 이동한다 등 순서대로 해야 할 일에 관해 전개되어야 한다. 2번은 장애 학생들에게 적합한 공간을 제공하여 그들의 불편함 없이 지낼 수 있도록 어떤 방식으로 디자인해야 한다는 내용이, 3번은 공원에서 하지 말아야 할 것, 어디까지 허용되며 캠핑, 낚시 등 할 수 있는 것들에 관한 설명이 이어질 것이다. 4번은 이 공원에 어떤 동물들이 있는지, 그 동물들을 잡기 위한 방법과 주의사항 등은 무엇인지 등이 전개 될 것이다.

∴ 야영장, 야영비, 기간, 땔나무, 캠프파이어, 애완동물, 사냥, 낚시 등의 키워드와 허용된다, 안 된다(be permitted, be not allowed) 등의 내용이 있다. 따라서 정답은 3번이 적합하다.

해석

- 정해진 야영장에서만 야영이 가능합니다.
- 길가나 주차장에서 밤을 지새우는 것은 금지되어 있습니다.
- 지시사항에 따라 야영장에 등록해야 합니다.
- 야영비와 야영기간에 대한 제한도 있습니다.
- 땔나무를 모으는 것은 허가증을 필요로 하며, 정해진 미개발 지역에서만 할 수 있습니다.
- 서 있는 나무나 거기에 붙은 가지를 자르는 것은 – 죽었든 살았든 간에 – 금지되어 있습니다.
- 캠프파이어는 정해진 야영장과 캠프파이어장에서만 할 수 있습니다.
- 애완동물은 항상 목줄에 묶고 다녀야 하며 산책길, 해변가나 공공건물에 들어올 수 없습니다.
- 사냥이나 어떤 종류의 무기 발포도 금지되어 있습니다.
- 총은 총알을 빼고 공원 내에서는 언제나 박스에 담아서 갖고 다녀야 합니다.
- 낚시는 Village Sport Shop에서 살 수 있는 주 면허증을 가지면 가능합니다.

07 다음 글의 목적으로 알맞은 것은?

To Whom It May Concern :
Thank you for your very thorough proposal to provide heating energy management services to us. We appreciate the time you took in preparing such a detailed step—by—step approach to the work you projected; it sounds as though you really know your business and have excellent experience in this arena. However, after our staff met with all the vendors, we decided to use Energy Source Forever. Their focus seemed to be more in line with our perspective on the changes we would like to incorporate. In addition to their offering a lower price, we noted their approach dealt with the full scope of the buildings rather than simply the computer operations. We thank you for your interest in our heating energy management issues and value our on—going relationship on other projects.

Sincerely,
Helen Campbell

① 새로운 난방 에너지 절약 시스템을 소개하기 위해
② 제안서가 채택되지 않은 사실을 알리기 위해
④ 효율적 난방 에너지 사용에 동참하기를 권유하기 위해
⑤ 난방 에너지 사업 제안서의 작성 요령을 안내하기 위해

풀이

 보기분석 및 아림's 예측전개!

① 난방 에너지 절약 시스템
② 제안서 거부
③ 사용에 동참
④ 작성 요령

1번은 겨울철에 난방비를 줄이는 방법이, 2번 제안서를 잘 읽어봤으나 미안하지만 우리와는 뜻이 다르다는 내용이, 3번은 글쓴이가 사용했던 난방에너지를 줄이는 한 방법을 소개하면서 어떻게 어떤 방법으로 효과가 있었으니 독자도 해보라는 내용이, 4번은 사업제안서를 쓸 때의 방법 및 주의사항으로 이런 방식으로 써야 투자들에게 좋은 반응을 얻을 수 있다는 내용 등이 전개되어야 한다.

∴ 첫 문장에서 글쓴이는 제안서를 잘 받았다고 말한다. 서두에 제안서를 보내 준 것에 고맙다는 말이 길게 나타난다. 그리고 중반부에 역접의 연결사 however를 이용, 제안서를 보내 준 것은 고맙지만 다른 회사를 결정했다고 말한다. 그리고 그 후에 다른 회사를 선택한 이유에 대해 서술한다. 따라서 정답은 2번이다.

해석

관계자 귀하
난방 에너지 운용 서비스를 저희에게 제공한다는 매우 꼼꼼한 제안서에 대해 감사드립니다. 귀하가 기획하신 일에 대하여 그토록 상세하고 단계적인 접근 방법을 준비하는 데 들인 시간에 대해 감사드립니다. 귀하께서는 정말로 자신의 사업에 정통하며 이 분야에서 탁월한 경험을 가지고 있는 것 같습니다. 그러나 저희 직원이 모든 판매자와 만난 결과 Energy Source Forever를 쓰기로 결정하였습니다. 그 회사의 주안점이 저희가 구현하고자 하는 변화에 대한 저희의 관점과 더 일치하는 것으로 보였습니다. 그들이 더 낮은 가격을 제시했을 뿐 아니라 저희는 그들의 접근법이 단순히 컴퓨터 운용보다 건물의 전 영역을 다루고 있다는 것에 주목했습니다. 저희의 난방 에너지 운용 문제에 대한 귀하의 관심에 대해 감사드리며 다른 사업에서의 지속적인 관계를 소중하게 생각합니다.
Helen Campbell 드림

08 다음 글의 빈칸에 들어갈 말로 가장 알맞은 것은?

Julie went to an **audition** for a school announcer's position. She was waiting for her turn. Her friends, Nara and Kevin, were standing beside her. Julie said, "_____."
"Take it easy, Julie," Kevin said. "You can do it."

① I can't take it anymore
② I feel like a million bucks
③ I have butterflies in my stomach
④ I'm going to blow my top

풀이

① 더 이상 견딜 수 없다.
② 기분이 너무 좋다!
③ 마음이 조마조마하다.
④ 무척 화가 난다.

∴ 오디션의 상황이고 친구들이 '걱정하지 마, 잘할 수 있어.'라며 격려를 해준다. Julie가 무척 떨고 있기 때문에 친구들이 한 말이므로 3번이 적합하다.

해석

Julie는 학교 아나운서의 자리를 위한 오디션에 갔다. 그녀는 자신의 차례를 기다리고 있었다. 친구인 Nara와 Kevin이 그녀 옆에 서 있었다. Julie가 "나 마음이 조마조마하다."라고 말했다. Kevin이 "걱정하지 마, 줄리, 넌 할 수 있을 거야."라고 했다.

09 다음 글의 빈칸에 공통으로 들어갈 말로 알맞은 것은?

_____ is a **break or crack** in one of the **bones** in your **leg**. Common causes include falls, motor vehicle accidents and sports injuries. Treatment of _____ depends on the location and severity of the injury. A severely broken leg may require surgery to implant devices into the broken bone to maintain proper alignment during healing. Other injuries may be treated with a cast or splint. In all cases, prompt diagnosis and treatment of a broken leg is critical to complete healing.

① Chest pains
② Insect bite
③ Leg fracture
④ High blood pressure

풀이

① 가슴 통증
② 곤충 물림
③ 다리 골절
④ 고혈압

∴ 빈칸은 다리의 뼈가 부러지거나 균열이 생기는 것이다. 지문 중간 중간 부러진 다리, 뼈, 치료법으로 캐스팅, 부목 등이 나온다. 따라서 정답은 3번이다.

해석

다리 골절은 다리의 뼈 중 하나가 부러지거나 균열이 생기는 것이다. 일반적인 원인은 낙상, 자동차 사고, 스포츠 부상 등이 포함된다. 다리 골절의 치료는 손상의 위치와 정도에 따라 달라진다. 심하게 부러진 다리를 치료하는 동안 적절한 정렬을 유지하기 위해 부러진 뼈에 임플란트 장치 수술이 필요할 수 있다. 다른 부상은 캐스팅 또는 부목으로 치료될 수 있다. 모든 경우에, 부러진 다리의 신속한 진단과 치료는 완치에 중요하다.

10 다음 빈칸에 들어갈 말로 알맞은 것은?

상 중 하

> A : _____
> B : Mine, too. The battery really doesn't last that long.
> A : That's because we do so much with our phones.
> B : I know. We use it all day because we can get internet access.
> A : You're right.
> B : I have to charge my phone several times a day. I always carry around a charger with me.
> A : Yeah. Me, too.

① My phone didn't run out of battery.
② Do you have a charger?
③ My battery must not have died.
④ My phone's almost out of battery.

풀이

① 핸드폰 배터리를 다 쓰지 않았어.
② 충전기 있어?
③ 내 핸드폰 배터리가 닳지 않았음에 틀림없어.
④ 핸드폰 배터리가 거의 없어.

∴ 핸드폰 배터리에 관한 내용이다. A의 빈칸의 말에 B도 동의를 하며, 배터리가 오래 가지를 않는다고 말한다. 또한 B는 그래서 몇 번씩 핸드폰을 충전하며, 충전기를 들고 다닌다고 한다. 핸드폰 배터리가 닳기 때문에 하는 말들이므로 4번이 적합하다.

해석

A : 내 핸드폰 배터리가 거의 없어.
B : 실은 내 것도 그래. 배터리가 진짜 오래 가지를 않아.
A : 우리가 핸드폰으로 워낙 이것저것 해서 그래.
B : 알아. 인터넷 접속이 되니까 온종일 쓰는 거 같아.
A : 맞아.
B : 나는 그래서 하루에도 몇 번씩 핸드폰을 충전해야 돼. 나는 항상 충전기를 들고 다녀.
A : 나도 그래.

11 다음 글의 빈칸에 들어갈 말로 알맞은 것은?

상 중 하

> The long _____ exposed the cracked floor of the reservoir.

① snow storm　　② flood
③ drought　　④ landslide

풀이

① 눈보라　　② 홍수
③ 가뭄　　④ 산사태

∴ 갈라진 바닥이 드러났다고 한다. 어떠한 경우에 바닥이 갈라지는가? 정답은 3번 가뭄이다.

해석

오랜 가뭄으로 갈라진 저수지 바닥이 드러났다.

12 다음 글의 빈칸에 들어갈 알맞은 것은?

상 중 하

> A : _____
> B : I am on my way to the locations to put fully charged extinguishers.

① Where should we go?
② Where are you headed?
③ Where have you been?
④ Where did you go?

풀이

① 우리 어디로 갈까요?
② 어디 가시는 길이세요?
③ 그동안 어디에 계셨어요?
④ 어디 가셨었어요?

∴ 대화의 상황은 현재이며 B의 대답의 주어는 I 이다. A의 물음에 대한 대답으로 B가 현재 어디에 무엇을 하러 가고 있는지 대답을 한다. 따라서 정답은 2번이다.

※ on one's way to 장소 : ~로 가는 도중인
※ put : (어떤 상태로) 놓다, 만들다
※ fully charged : 완전히 충전된

해석

A : 어디 가시는 길이세요?
B : 소화기 충전하러 가는 길이에요.

13 다음 글에 의할 때 학생들이 모여야 하는 장소는?

Today there is a fire drill from 2 p.m. lasting for an hour. Today's scenario is that a fire starts in the middle of the second floor and it spreads to the entire building. Please evacuate the classroom immediately, and **gather on the basketball court** when you hear the siren. Please stay clam and use the emergency stairs in a row with your mouth covered. Students should know where to seek shelter.

① 야구장　　　　② 소방서
③ 농구장　　　　④ 응급실

풀이

∴ 세 번째 문장에 gather on the basketball court, '농구장에 모이다'라고 쓰여 있다. 야구는 baseball, 소방서는 fire station, 응급실은 emergency room이다.

해석

오늘 오후 2시부터 한 시간 동안 소방 훈련을 실시하겠습니다. 오늘 상황은 2층 중앙에서 화재가 발생하여 건물 전체로 번 진 것입니다. 사이렌이 울리면 교실에서 즉시 대피하여 농구장으로 모여 주십시오. 침착하게 입을 막고 줄을 서서 비상계단을 이용하십시오. 학생들은 어디로 대피해야 하는지 알아야 할 것입니다.

14 다음 보기의 빈칸에 들어갈 단어로 적절한 것은?

If you are currently having the flu _____, what kind of vaccine can you get for immediate recovery?

① instinct　　　　② symptom
③ fear　　　　　④ confidence

풀이

① 본능　　　　　② 증상
③ 공포　　　　　④ 자신감

∴ vaccine 백신, recovery 회복과 flu + _____에 관한 단어가 나온다. 회복을 위한 백신이 필요한 경우는 독감 증상이 있는 경우이므로 정답은 2번이다.

해석

현재 독감 증상이 있는 경우, 어떤 종류의 백신이 당신을 즉시 회복시켜 줄 수 있는가?

15 다음 글의 빈칸에 들어갈 말로 알맞은 것은?

A : My lawn mower is broken. May I borrow yours?
B : Certainly, You have to _____ goggles to protect your eyes.

① put down　　　　② remove
③ put on　　　　　④ take off

풀이

① 내려놓다　　　　② 제거하다
③ 착용하다　　　　④ 벗다

∴ '눈을 보호하기 위해서 고글을 쓰다.'라는 내용으로, '착용하다'의 뜻을 가진 동사구는 3번이다.

해석

A : 내 잔디 깎는 기계가 고장이 났어. 네 것 좀 빌려 줄래?
B : 물론, 너는 네 눈을 보호하기 위해 고글을 써야 해.

16 다음 글의 빈칸에 들어갈 단어로 알맞은 것은?

Smoke and heat rise, so the best __(A)__ to find fresher, cooler air is near the floor. When a person is caught in a building filled with smoke, they should drop on hands and knees and __(B)__ to the nearest exit. Do not stand—smoke and deadly gases rise while the fresher air will be near the floor.

	(A)	(B)
①	cause	walk
②	place	crawl
③	time	crawl
④	location	walk

풀이

① 원인 – 걷다
② 장소 – 기다
③ 시간 – 기다
④ 장소 – 걷다

∴ (A)는 신선하고 시원한 공기가 있는 최상의 ____는 바닥 부근이라고 말한다. 바닥은 장소를 뜻하므로 빈칸에는 장소(place, location)가 나와야 한다. (B)는 빈칸 뒤에 힌트가 나온다. Do not stand. 서지 말라고 했으므로 crawl 기다. 엎드리다가 와야 한다.

해석

연기와 열이 상승하기 때문에 가장 신선하고 시원한 공기가 있는 최상의 장소는 바닥 부근이다. 사람이 연기로 가득 찬 건물에 갇히면 그들은 낮은 자세로 기어서 가장 가까운 비상구로 가야 한다. 일어서지 마라 – 연기와 치명적인 가스는 신선한 공기가 바닥 근처에 있을 동안 위로 올라간다.

17 다음 대화의 빈칸에 들어갈 말로 알맞은 것은?

A : Hello. We are here for a regular _____.
B : Oh, hello. How are you?
A : Let me see your fire prevention plan and last year's check list and related documents for functional operations?
B : Yes, here they are.
A : How many stories are there in the building and what's the floor space?
B : There is one basement and 8 stories in this building. The floor space is 2,000m².
A : Where are the automatic fire detectors and related fire equipment?
B : They are at the management office on the basement floor B1.
A : Where are the indoor fire extinguishers and the sprinkler pump room?
B : They are in the parking lot on the second floor of the basement B2.
A : How many stairs are there in this building?
B : We have one main stairway and one fire escape stairway. Two in total.

① evacuation drill
② fire inspection
③ fire extinguisher
④ power outage

풀이

① 대피 훈련
② 소화시설 점검
③ 소화기
④ 정전

∴ 위 상황은 소방계획서, 작동 기능 점검 서류, 자동 화재 탐지설비 수신반, 소화기 및 스프링클러 펌프실, 피난계단 등이 어디에 있는지, 여러 가지를 확인하는 상황이다. 이것들은 소화시설 점검을 위한 것이므로 정답은 2번이다.

A : 안녕하세요. 정기 소방 검사차 방문했습니다.

B : 네, 안녕하세요.

A : 소방계획서 및 작년도 작동 기능 점검 서류를 좀 보여 주세요.

B : 네, 여기 있습니다.

A : 건물 층수 및 면적이 어떻게 됩니까?

B : 네, 지하 1층, 지상 8층 건물로서 연면적 2,000m²입니다.

A : 자동 화재 탐지 설비 수신반은 어디에 있습니까?

B : 네, 지하 1층 관리 사무실에 설치되어 있습니다.

A : 옥내 소화전 및 스프링클러 펌프실은 어디에 있습니까?

B : 네, 지하 2층 주차장에 있습니다.

A : 이 건물에 계단은 몇 개입니까?

B : 네, 주 계단 1개소와 피난계단 1개소, 모두 2개소입니다.

상 중 하

18 다음 빈칸에 들어갈 단어로 알맞은 것은?

A : Hold extinguisher upright and __(A)__ the safety pin.

B : Stand back from the fire and aim at the __(B)__ of the fire nearest you.

C : __(C)__ handles together and sweep the extinguisher stream side to side.

	(A)	(B)	(C)
①	put	top	squeeze
②	pull	base	loosen
③	put	top	loosen
④	pull	base	squeeze

풀이

① 놓다 – 위 – 꽉 쥐다

② 뽑다 – 아래 – 느슨하게 하다

③ 놓다 – 위 – 느슨하게 하다

④ 뽑다 – 아래 – 꽉 쥐다

∴ 위 상황은 소화기 사용법에 관한 것이다. 안전핀을 뽑는 것, 불의 아랫부분, 손잡이를 꽉 쥐는 것이므로 정답은 4번이다.

해석

A : 소화기를 똑바로 잡고 안전핀을 뽑으세요.

B : 불에 뒤로 물러서 불의 아랫부분을 겨냥하세요.

C : 소화기 손잡이를 꽉 쥐고 좌·우 방향으로 비로 쓸어내듯 합니다.

상 중 하

19 다음 글의 빈칸에 들어갈 말로 알맞은 것은?

Left alone, Dodge quickly lay down on the burnt soil. As the flames approached him, he covered his mouth with a wet handkerchief in order not to __(A)__ the smoke. As the fire surrounded him, Dodge closed his eyes and tried to breathe from the thin layer of oxygen that remained near the ground. Several painful minutes passed, and Dodge survived the fire, unharmed. Sadly, with the __(B)__ of two men who found shelter in a small crack in a rock, all of the other men died in the awful fire.

	(A)	(B)
①	breathe out	inclusion
②	breathe in	exception
③	breathe in	inclusion
④	breathe out	exception

풀이

① 내쉬다 – 포함

② 마시다 – 제외

③ 마시다 – 포함

④ 내쉬다 – 제외

∴ 입은 젖을 수건으로 막았다고 나온다. 왜 그랬을까. 연기를 마시지 않기 위해서이다. in order to V '～하기 위하여'에서 to 부정사 앞에 not을 붙이면 '～하지 않기 위해서'가 된다. 따라서 (A)에는 '마시다'가 들어가야 한다. (B)에는 두 사람은 대피처를 찾아 죽지 않았으나 다른 모든 사람들은 죽었다는 내용이 이어지므로 두 사람을 '제외하고'라는 답이 와야 적합하다.

해석

혼자 남겨진 Dodge는, 불에 탄 흙 위에 재빨리 엎드렸다. 불길이 그를 향해 다가오자, 그는 연기를 들이마시지 않기 위해서 젖은 손수건으로 입을 감쌌다. 불길이 그를 에워싸자, Dodge는 눈을 감고 땅 가까이에 남아 있는 얇은 층의 산소로 숨을 쉬려고 애를 썼다. 고통스러운 몇 분이 흘렀고, Dodge는 그 화재에서 다치지 않은 채로 살아남았다. 애석하게도, 바위의 작은 틈새에 있던 대피처를 찾은 두 대원을 제외하고, 다른 모든 대원들은 끔찍한 불길에 사망했다.

20 다음 제시문과 뜻이 다른 것은?

> 다시 한 번 말씀해주시겠어요?

① Come again, please?

② I beg your pardon?

③ Would you do me a favor?

④ Would you say that again?

풀이 --

∴ ③은 부탁 좀 들어 주시겠어요?이며 나머지 ①, ②, ④는 '다시 한 번 말씀해 주시겠어요?'라는 뜻이다.

03 | 2016년 소방직 기출(공채)

01 다음 밑줄 친 부분과 바꾸어 쓸 수 없는 것은?

The brand new equipment is to be operated to maximize the effect of the generator which is <u>essential</u> for the equipment.

① crucial
② necessary
③ indispensable
④ optional

02 다음 빈칸에 공통적으로 들어갈 말로 가장 적절한 것은?

_____ is a very large wave, often caused by an earthquake, that flows onto the land and destroys every things. A _____ can be created by anything that causes a very large amount of water to be moved all at once. This could be an earthquake, volcano, landslide, or even a meteor. The most common cause, however, is an underwater earthquake. An underwater earthquake might cause part of the ocean floor to sink several feet, creating a low spot in the ocean. Water from the rest of the ocean will rush in to fill that low spot and then a _____ has been born.

① drought
② tsunami
③ typhoon
④ explosion

03 다음 밑줄 친 부분과 의미가 가장 가까운 것은?

Something <u>striking</u> grabs your attention because it's so vivid and surprising in your point of view that your mind attempts to make sense of it.

① offensive
② disagreeable
③ malicious
④ attractive

04 다음 글의 목적으로 가장 적절한 것은?

- Major shaking generally lasts for no longer than 1 or 2 minutes.
- First, go under a sturdy table or desk, and hold the legs to protect your body.
- If there is no table available, protect your head with something like a cushion.
- To avoid injury, do not go near concrete—block walls, vending machines, and other unsecured heavy objects.
- There have been many instances of concrete—block walls and door posts collapsing during heavy theses, resulting in numerous injuries. Do not go near concrete—block walls or door posts.
- During an this, it can feel as though the tires have ruptured and there is instability in the vehicle's handling, making it difficult to drive properly. Stop the car on the right side, paying careful attention to surroundings and avoiding crossing the road.

① 지진 발생 시 행동요령
② 화재 발생 시 행동요령
③ 건물 붕괴 시 행동요령
④ 폭발 사고 시 행동요령

05 다음 글의 빈칸에 공통으로 들어갈 말로 알맞은 것은?

Patients should be aware that there can be differing views among specialists about who should be treated for various conditions. For example, expert committees in Europe and the United States set different guidelines about when to treat high _____. The group of American experts believed that for mild elevation of blood pressure the benefits exceeded the risks from treatment. They wrote guidelines suggesting that patients with mild_____elevation take medicine. But in Europe, an expert committee with access to the same scientific data set different guidelines that don't advise treatment for mild elevation of _____. In Europe, people with the same symptoms would not be encouraged to take medicine. Different groups of experts can disagree significantly about what is "best practice."

① Headache
② Stomachache
③ Blood pressure
④ Neuralgia

06 다음 글의 빈칸에 들어갈 말로 가장 적절한 것은?

Taking a shortcut to success ___(A)___ not as worthwhile ___(B)___ achieving it through hard work at that time.

	(A)	(B)
①	were	as
②	were	if
③	was	as
④	was	if

07 다음 글로 미루어 보아 B의 성격을 묘사할 수 있는 말로 가장 적절한 것은?

A : Excuse me, sir. Where's the nearest hospital?
B : I'm going there, too. Let's go together.
A : Oh, thank you Sir. I'm sorry, but can I ask you a question? It looks like you can't see, but why are you carrying a lantern?
B : If I carry a lantern, people will see me walk toward them. Then, they won't bump into me.

① indifferent
② skeptical
③ regretful
④ considerate

08 다음 보기의 문장이 들어갈 위치로 가장 적절한 것은?

> Drivers would then park on the right side of an open pump in order to fill their tanks.

One of the most frustrating experiences of driving a rental car is to pull up at a gas pump as you would when driving your own car, only to discover that the gas tank is located on the side of the car away from the pump. (①) Auto manufacturers could eliminate this difficulty simply by putting fuel filler doors always on the same side of the car. Why don't they? (②) Suppose gas tanks were always on the driver's side of the car. (③) During crowded hours, all spots on the right sides of pumps would be filled even while most spots on the left sides of pumps remained empty. (④) Putting fuel filler doors on different sides of different cars thus means that some cars can access pumps from the left. And this makes it less likely that drivers will have to wait in line for gas. That benefit greatly outweighs the cost of occasionally pulling up to the wrong side of the pump in a rental car.

09 다음 글에서 설명하고 있는 것은?

> Two human use usually this. This is a rescue litter for transporting people who are ill or wounded or dead; usually consists of a sheet of canvas stretched between two poles. Patients can be transported lying down on the equipment. It is primarily used in acute－care situations by emergency medical services.

① splint
② thermometer
③ stretcher
④ AED

10 다음 글의 밑줄 친 부분과 의미가 가장 가까운 것은?

> Not using water to put out grease fire is a common sense to fire－fighters.

① expand
② extinguish
③ exert
④ enhance

11 다음 보기의 빈칸에 공통으로 들어갈 단어로 알맞은 것은?

> I'm as proud of ＿＿＿＿ we don't do as I'm ＿＿＿＿ we do.

① where
② which
③ that
④ what

12 다음 글의 밑줄 친 부분과 바꾸어 쓸 수 있는 것은?

A minor or isolated reaction can become more serious with repeated exposure to an allergen, or when other cells involved in the immune system, the T cells, <u>come into play</u>.

① rapidly move
② destroy
③ assume
④ have an effect on

13 다음 빈칸에 들어갈 말로 알맞은 것은?

_____ is the pressure exerted by circulating blood upon the walls of blood vessels.

① Fire escape stair
② Blood pressure
③ Water proof
④ Conflagration

14 다음 글의 밑줄 친 부분과 의미가 가장 가까운 것은?

<u>Adversity</u> does teach who your real friends are.

① prosperity　　　② allegory
③ malicious　　　④ calamity

15 다음 글의 빈칸에 들어갈 말로 알맞은 것은?

For those of us who fear failure, inaction can feel like a safer option than the anticipated pain of not succeeding. But the more we avoid those things that make us anxious, the greater the fear becomes. Initial avoidance eases our anxiety, and that leads us to employ the same strategy next time a similar situation presents itself. And by avoiding the things that make us anxious we give ourselves no opportunity to test the validity of our fears, so the exaggerations and distortions are reinforced. With each incidence of avoidance it becomes more difficult to face up to whatever we are afraid of. The difficult phone call, the tense meeting or the tough project that we have repeatedly postponed and worried about becomes almost impossible to think about.

_____

① We are locked into a vicious spiral of avoidance.
② We are willing to avoid this vicious spiral of avoidance.
③ The exaggerations and distortions are gradually reduced.
④ We could escape from avoidance.

16 다음 글에 대한 설명으로 옳은 것은?

William Golding published his famous novel Lord of the Flies in 1954. It tells the story of a group of English schoolboys stranded on a tropical island after their plane is shot down during a war. Although the novel is a work of fiction, its exploration of human evil is based on the real−life cruelty witnessed by Golding during World War II. Free from any rules, the boys on the island become like savages. They soon split up into groups, and whereas some work peacefully together, others violently rebel. The boy's behavior symbolized the broader human struggle between the civilizing instinct to obey rules and behave morally and the savage instinct to attain power, ignore moral rules, and act violently. Lord of the Flies is written in a very plain writing style, one which deliberately avoids highly poetic language, lengthy description, and philosophical passages. The novel is an allegory, meaning that the characters and objects all have a symbolic significance that is used to convey the novel's central themes and ideas. In his portrayal of the various ways in which the boys adapt to their new island surroundings and respond to their new freedom, Golding analyzes the broad range of ways in which human beings respond to change, fear, and tension.

① 실제 일어난 일에 대한 이야기이다.
② 고도로 시적인 언어나 장황한 묘사 및 철학적 문구를 사용하고 있다.
③ 소설 속의 등장인물과 사물 모두가 소설의 중심 주제와 사상을 전달하기 위해 사용된 상징적인 의미를 지니고 있다.
④ 인간 본성에서 발견되는 전혀 다른 갈등을 다루고 있다.

17 다음 빈칸에 들어갈 단어로 가장 적절한 것은?

If you or someone you love has intense and _____ fears of things that are really not that dangerous, a phobia may be in play. People who suffer from phobias fear all kinds of things; dogs, spiders, closed−in places, heights, escalators, tunnels, highway driving, water, flying, and injuries involving blood. If you have a phobia, you may experience any of the following anxiety disorder symptoms when you are facing something you fear.

① flexible
② irrational
③ equivocal
④ objective

18 다음 빈칸에 들어갈 말로 가장 적절한 것은?

There is a price to be paid for this individual freedom : self−reliance. Individuals must learn to rely on themselves or risk losing freedom. Traditionally, this means achieving both financial and emotional independence from their parents as early as possible, usually by age eighteen or twenty−one. It means that Americans believe they should take care of themselves, solve their own problems, and "＿＿＿＿＿＿."

① do away with
② get in touch with
③ stand on their own two feet
④ leave nothing to be desired

19 다음 글의 요지로 가장 적절한 것은?

Environmental problems are pervasive on this planet, and no country is unconcerned with this. Most developing countries have also established laws and formal governmental structures to address their serious environmental issues. Also, it is true that they tend to focus more on promoting economic growth and implementing market−based strategies to catch up with developed countries. However, it is so understandable and such an uncontrollable drift that imposing a regulatory strategy for environmental protection severely on the developing world would have an adverse effect. Fortunately, there are many industrialized countries and others that have implemented market−based policies and underwent environmental problems in those processes. Reviewing their experiences and consequences can be the key to establishing a proper strategy for successful environmental conservation.

① 다른 나라의 환경 문제에 신경 쓸 필요가 없다.
② 전 세계가 환경 문제를 위한 하나의 결론에 도달해야 한다.
③ 경제성장 정도에 따라 나라별로 적절한 전략을 수립해야 한다.
④ 개발도상국들은 환경 문제를 스스로 해결해야 한다.

20 다음 글의 내용과 일치하는 것은?

I change the channel of TV when commercials come on. If there is a movie, commercials are shown at least twice before the show begins. They last at least 10 minutes, and most of them are already familiar to me. So I watch a different channel for a few minutes. I often miss the first several minutes of the movie when I return. Another reason I hate commercials is that they encourage us to spend. They tempt us to buy things for which we have no need.

① 광고는 여러 가지 유익한 정보를 제공해준다.
② TV를 보지 않는 것이 정신 건강에 좋다.
③ 영화를 방영할 때, 광고는 몇 분만 한다.
④ 광고시간이 너무 길어 채널을 돌린다.

서울특별시 지방소방공무원 신규채용(공개경쟁)

응시분야	
성 명	

[필적 감정용 기재란]
(예시) 서울소방 안전 대한민국

※ 책형 확인	책형
책 형	
Ⓐ	
Ⓑ	문제지 및 답안지 확인 후 기재

※ 감독관 확인

응시번호

	(1)	(2)
	⓪①②③④⑤⑥⑦⑧⑨	⓪①②③④⑤⑥⑦⑧⑨

국 어

1	①②③④	11	①②③④
2	①②③④	12	①②③④
3	①②③④	13	①②③④
4	①②③④	14	①②③④
5	①②③④	15	①②③④
6	①②③④	16	①②③④
7	①②③④	17	①②③④
8	①②③④	18	①②③④
9	①②③④	19	①②③④
10	①②③④	20	①②③④

한 국 사

1	①②③④	11	①②③④
2	①②③④	12	①②③④
3	①②③④	13	①②③④
4	①②③④	14	①②③④
5	①②③④	15	①②③④
6	①②③④	16	①②③④
7	①②③④	17	①②③④
8	①②③④	18	①②③④
9	①②③④	19	①②③④
10	①②③④	20	①②③④

영 어

1	①②③④	11	①②③④
2	①②③④	12	①②③④
3	①②③④	13	①②③④
4	①②③④	14	①②③④
5	①②③④	15	①②③④
6	①②③④	16	①②③④
7	①②③④	17	①②③④
8	①②③④	18	①②③④
9	①②③④	19	①②③④
10	①②③④	20	①②③④

선택과목1

1	①②③④	11	①②③④
2	①②③④	12	①②③④
3	①②③④	13	①②③④
4	①②③④	14	①②③④
5	①②③④	15	①②③④
6	①②③④	16	①②③④
7	①②③④	17	①②③④
8	①②③④	18	①②③④
9	①②③④	19	①②③④
10	①②③④	20	①②③④

선택과목2

1	①②③④	11	①②③④
2	①②③④	12	①②③④
3	①②③④	13	①②③④
4	①②③④	14	①②③④
5	①②③④	15	①②③④
6	①②③④	16	①②③④
7	①②③④	17	①②③④
8	①②③④	18	①②③④
9	①②③④	19	①②③④
10	①②③④	20	①②③④

OMR 뒷면

정답 및 풀이

01	02	03	04	05	06	07	08	09	10
④	②	④	①	③	③	④	③	③	②
11	12	13	14	15	16	17	18	19	20
④	④	②	④	①	③	②	③	③	④

01 상 중 하 다음 밑줄 친 부분과 바꾸어 쓸 수 없는 것은?

The brand new equipment is to be operated to maximize the effect of the generator which is essential for the equipment.

① crucial
② necessary
③ indispensable
④ optional

풀이

새 장비는 설비에 꼭 필요한 발전기의 성능을 최대화시키기 위해 작동하는 것이므로 '근본적인, 필수의, 불가결한, 가장 중요한'의 의미인 essential이 쓰였다. 따라서 4번 'optional 선택적인'과는 바꾸어 쓸 수 없다. 4번을 제외한 보기의 단어는 essential의 뜻과 같다.

해석

새 장비는 설비에 꼭 필요한 발전기의 성능을 최대화시키기 위해 작동될 것이다.

02 상 중 하 다음 빈칸에 공통적으로 들어갈 말로 가장 적절한 것은?

_____ is a very large wave, often caused by an earthquake, that flows onto the land and destroys every things. A _____ can be created by anything that causes a very large amount of water to be moved all at once. This could be an earthquake, volcano, landslide, or even a meteor. The most common cause, however, is an underwater earthquake. An underwater earthquake might cause part of the ocean floor to sink several feet, creating a low spot in the ocean. Water from the rest of the ocean will rush in to fill that low spot and then a _____ has been born.

① drought
② tsunami
③ typhoon
④ explosion

풀이

① 가뭄
② 쓰나미
③ 태풍
④ 폭발

∴ 빈칸은 매우 큰 파도, 엄청난 양의 물이 한꺼번에 움직이는 것이며 그에 대한 주요 원인은 해저지진이라고 한다. 이러한 설명과 가장 잘 부합하는 것은 2번 쓰나미이다.

해석

쓰나미는 종종 지진에 의해 발생되고 육지로 흘러내려 모든 것을 파괴하는 매우 큰 파도이다. 쓰나미는 엄청난 양의 물을 한꺼번에 움직이게 하는 힘에 의해 발생한다. 지진, 화산폭발, 산사태, 때로는 운석도 쓰나미를 일으키는 요인이 될 수 있다. 쓰나미 발생의 제 1 원인은 해저지진이다. 해저에서 지진이 일어나면 해양 단층 일부가 몇 피트 가량 아래로 밀려 내려가면서 바다 속에 움푹 패인 곳이 생겨난다. 그러면 남은 바닷물이 움푹 패인 곳으로 밀려들면서 그 여파로 쓰나미가 발생하는 것이다.

03 다음 보기의 밑줄 친 부분과 의미가 가장 가까운 것은?

> Something striking grabs your attention because it's so vivid and surprising in your point of view that your mind attempts to make sense of it.

① offensive

② disagreeable

③ malicious

④ attractive

풀이

① 불쾌한, 모욕적인

② 무례한, 무뚝뚝한

③ 악의적인

④ 매력적인, 마음을 끄는

∴ '당신의 관심을 끌고 당신의 마음이 그것을 이해하려고 노력한다'는 것에서 유추할 수 있다. 'striking 굉장히 매력적인, 눈에 띄는, 두드러진'의 의미와 가장 가까운 것은 4번 attractive이다.

해석

눈에 띄는 어떤 것이 당신의 관심을 끄는데, 왜냐하면 그것이 당신의 관점에서 너무 생생하고 놀랄 만해서 당신의 마음이 그것을 이해하려고 노력하기 때문이다.

04 다음 글의 목적으로 가장 적절한 것은?

> • Major shaking generally lasts for no longer than 1 or 2 minutes.
>
> • First, go under a sturdy table or desk, and hold the legs to protect your body.
>
> • If there is no table available, protect your head with something like a cushion.
>
> • To avoid injury, do not go near concrete—block walls, vending machines, and other unsecured heavy objects.
>
> • There have been many instances of concrete—block walls and door posts collapsing during heavy theses, resulting in numerous injuries. Do not go near concrete—block walls or door posts.
>
> • During an this, it can feel as though the tires have ruptured and there is instability in the vehicle's handling, making it difficult to drive properly. Stop the car on the right side, paying careful attention to surroundings and avoiding crossing the road.

① 지진 발생 시 행동요령

② 화재 발생 시 행동요령

③ 건물 붕괴 시 행동요령

④ 폭발 사고 시 행동요령

보기분석 및 아림's 예측전개!

① 지진 발생
② 화재 발생
③ 건물 붕괴
④ 폭발 사고

1번 지진 발생 시 식탁이나 책상 등 머리와 몸을 보호할 장소로 가서 웅크린다, 진동이 멈추면 비상구나 출구를 확보하자, 출구를 확보하면 탈출 전에 가스와 전기를 차단하자, 탈출 시 머리와 코를 보호하자 등의 항목이, 2번 화재 발생 시 불을 발견하면 '불이야'하고 큰소리로 외쳐 다른 사람에게 알리고 화재경보 비상벨을 누른다, 엘리베이터를 이용하지 말고 계단을 이용한다, 불길 속을 통과할 때에는 물에 적신 담요나 수건 등으로 몸과 얼굴을 감싼다 등의 항목이, 3번 건물 붕괴 시 바닥이 갈라지거나, 창이 뒤틀리고, 기둥이 휘거나 균열이 발생하고 건물이 붕괴되면 가스 폭발 사고도 동반되므로 가스를 잠그고, 전기제품의 전원을 끈다 등의 항목이, 4번 폭발 사고 시 예방으로 가스가 누출되었을 때에는 즉시 환기, 화기 사용을 금지한다, 휴대전화와 노트북의 배터리는 장시간 사용을 자제하고 금속과 함께 보관하거나 무리한 압력을 가하지 않는다, 대응법으로는 2차 폭발에 대비해 신속히 밖으로 대피한다, 폭발 사고 때는 굉음으로 청각을 다칠 수 있으니 귀를 막고 대피한다 등의 항목이 나올 것이다.

∴ 크게 흔들리는 시간은 길어야 1∼2분이며 테이블의 밑에 들어가 다리를 꽉 잡으라고 하였고, 자동차의 타이어가 터진 듯한 상태가 되어 핸들이 불안정해지면서 제대로 운전을 하지 못한다는 내용 등이 나왔으므로 정답은 1번 지진 발생 시 행동요령이다.

해석

• 크게 흔들리는 시간은 길어야 1∼2분 정도입니다.
• 우선 튼튼한 테이블 등의 밑에 들어가 그 다리를 꽉 잡고 몸을 피합니다.
• 테이블 등이 없을 때는 방석 등으로 머리를 보호합니다.
• 콘크리트 블록 담, 자동판매기 등 고정되지 않은 물건 등은 넘어질 우려가 있으므로 가까이에 가서는 안 됩니다.
• 과거 대지진 시 블록 담이나 대문 기둥이 무너져 많은 사상자가 발생하였으므로 블록 담이나 대문 기둥 등에 가까이 가지 않습니다.
• 지진이 발생하면 자동차의 타이어가 터진 듯한 상태가 되어 핸들이 불안정해지면서 제대로 운전을 못 하게 됩니다. 충분히 주의를 하면서 교차로를 피해서 길 오른쪽에 정차시킵니다.

05 다음 글의 빈칸에 공통으로 들어갈 말로 알맞은 것은?

Patients should be aware that **there can be differing views among specialists** about who should be treated for various conditions. For example, **expert committees in Europe and the United States set different guidelines about when to treat high_____**. The group of American experts believed that **for mild elevation of blood pressure** the benefits exceeded the risks from treatment. They wrote guidelines suggesting that patients with mild _____ elevation take medicine. But in Europe, an expert committee with access to the same scientific data set different guidelines that don't advise treatment for mild elevation of _____. In Europe, people with the same symptoms would not be encouraged to take medicine. Different groups of experts can disagree significantly about what is "best practice."

① Headache
② Stomachache
③ Blood pressure
④ Neuralgia

풀이

① 두통
② 복통
③ 혈압
④ 신경통

∴ 전문가들이 동일한 질환에 관해 다른 의견을 보인다. 예로 미국과 유럽을 비교하고 있다. 미국의 경우는 가벼운 혈압 상승에 관한 약물치료에 대해 찬성이지만 유럽의 경우는 아니라는 것이다. 똑같은 질병에 관한 다른 관점을 이야기하고 있으므로 빈칸에 들어갈 질병은 3번 혈압이다.

여러 질환에서 누가 치료를 받아야 하는지에 대해 전문의들 사이에서 다른 의견이 있을 수 있다는 것을 환자들이 알고 있어야 한다. 예를 들어, 유럽과 미국의 전문가 위원회는 고혈압을 언제 치료할지에 대해 서로 다른 지침을 마련했다. 미국 전문가 집단은 가벼운 혈압 상승의 경우 치료로 얻는 이득이 위험을 넘어선다고 믿었다. 그들은 가벼운 혈압 상승 증상이 있는 환자들이 약을 복용할 것을 제안하는 지침을 작성했다. 하지만 유럽에서 같은 과학적 데이터를 접한 전문가 위원회는 가벼운 혈압 상승의 경우 치료를 권하지 않는 다른 지침을 마련했다. 유럽에서는 동일한 증상이 있는 사람들에게 약을 복용하라고 권하지 않을 것이다. 서로 다른 전문가 집단은 무엇이 '최선의 (의료)행위'인가에 대해 의견이 상당히 다를 수 있다.

상 중 하

06 다음 글의 빈칸에 들어갈 말로 가장 적절한 것은?

Taking a shortcut to success ___(A)___ not as worthwhile ___(B)___ achieving it through hard work at that time.

	(A)	(B)
①	were	as
②	were	if
③	was	as
④	was	if

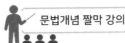

문법개념 짤막 강의

(A)
동명사 주어
동명사는 "동사원형 + ing" 형태로, 명사 기능이 없는 동사를 명사로 활용하고자 할 때 사용하는 것이다. 주어(~하는 것은/는), 동사 혹은 전치사의 목적어(~하는 것을), 보어(~하는 것이다) 자리에 올 수 있다. 해석은 '~하는 것'으로 한다. 동명사의 부정은 동명사 앞에 not 이나 never와 같은 부정어를 붙여 나타낸다. 동명사가 주어로 왔을 경우 동사는 단수동사가 온다. 따라서 were가 아닌 was가 와야 한다.

원급 비교
원급 비교에는 두 가지가 있다.
① 동등 비교(긍정) : S + V + as + (형용사, 부사의) 원급 + as A : S는 A만큼 ~한
예 Her heart is as cold as ice. → 그녀의 마음은 얼음처럼 차다.
② 열등 비교(부정) : S + V not + as(so)(형용사, 부사의) 원급 as A : S는 A만큼~하지 않은
예 This apartment is not as(so) big as our old one. → 이 아파트는 우리 옛날 아파트만큼 크지 않다.
not 뒤에 as가 있는데 'rewarding 보람있는' 형용사 원급이 나오므로 원급비교를 표시하는 as가 나와야 한다. taking a shortchut to success와 achieving it through hard work를 비교한다.

(B)
as if 가정법
as if는 가정법으로 '마치~인(했던) 것처럼'의 뜻이다. as if 주어 + 과거형 동사는 가정법 과거(현재사실에 대한 반대), as if 주어 + had p.p는 가정법 과거완료(과거사실에 대한 반대)이다.

∴ 동명사가 주어로 왔을 경우 단수취급 was, 원급 비교는 as 이다.

※ worthwhile : 보람 있는, 가치 있는
※ at that time : 그 당시에

그 당시에 성공에 이르는 지름길을 택하는 것은 열심히 일해서 그것을 이루는 것만큼 보람되지 않았다

07 다음 글로 미루어 보아 B의 성격을 묘사할 수 있는 말로 가장 적절한 것은? 상 중 하

> A : Excuse me, sir. Where's the nearest hospital?
> B : I'm going there, too. Let's go together.
> A : Oh, thank you Sir. I'm sorry, but can I ask you a question? It looks like you can't see, but why are you carrying a lantern?
> B : If I carry a lantern, people will see me walk toward them. Then, they won't bump into me.

① indifferent
② skeptical
③ regretful
④ considerate

풀이

① 무관심한
② 회의적인
③ 후회하는
④ 사려깊은

∴ B는 눈이 보이지 않지만 볼 수 있는 사람들이 자신과 부딪히지 않도록 랜턴을 들고 다닌다고 했다. 따라서 'considerate 사려 깊은'이 적합하다(consider 고려하다, considerable 상당한, considerate 사려 깊은).

해석

A : 실례합니다. 가장 가까운 병원이 어딘가요?
B : 저도 그곳에 가는 길입니다. 같이 가시지요.
A : 아, 감사합니다. 정말 죄송한데, 질문 하나만 해도 괜찮을까요? 제가 보기에 당신은 앞을 못 보시는 분 같아요. 근데 왜 랜턴을 들고 계신 건가요?
B : 제가 랜턴을 들고 있으면, 사람들은 제가 그들 쪽으로 걸어가고 있다는 걸 볼 수 있지요. 그러면, 그들은 저와 부딪치지 않는답니다.

08 다음 보기의 문장이 들어갈 위치로 가장 적절한 것은? 상 중 하

> Drivers would then park on the right side of an open pump in order to fill their tanks.

One of the most frustrating experiences of driving a rental car is to pull up at a gas pump as you would when driving your own car, only to discover that the gas tank is located on the side of the car away from the pump. (①) Auto manufacturers could eliminate this difficulty simply by putting fuel filler doors always on the same side of the car. Why don't they? (②) Suppose gas tanks were always on the driver's side of the car. (③) During crowded hours, all spots on the right sides of pumps would be filled even while most spots on the left sides of pumps remained empty. (④) Putting fuel filler doors on different sides of different cars thus means that some cars can access pumps from the left. And this makes it less likely that drivers will have to wait in line for gas. That benefit greatly outweighs the cost of occasionally pulling up to the wrong side of the pump in a rental car.

풀이

∴ 제시문에 '그러면 운전자들은 주유를 하기 위해 주유펌프의 오른쪽에 주차를 할 것이다.'에서 힌트는 '그러면'과 '어떤 상황이기에 오른쪽에 주차할까?'이다. 따라서 오른쪽에 주차를 하게 될 상황, 제시문장, 그 다음은 오른쪽에 주차했을 때의 상황 순으로 전개가 돼야 한다. 즉 연료탱크가 항상 차의 운전자 측에 있다고 가정해 보자는 문장(오른쪽에 주차를 하게 될 상황, 운전자 쪽에만 두는 것), 제시문장(그러면, 오른쪽에 주차), 주유펌프의 왼쪽은 텅 비고 오른쪽에만 가득차고 왼쪽은 빈다는 내용(주차했을 때의 상황) 순으로 문장이 이어지는 것이 가장 적절하다.

렌터카를 운전할 때 가장 불만스러운 경험들 중 하나는 차를 운전하던 대로 주유펌프에 차를 세웠을 경우 연료 탱크가 주유펌프로부터 먼 곳에 위치하고 있음을 발견하는 것이다. 자동차 제조업체들은 연료 주입구 문을 항상 차의 같은 쪽에 둠으로써 이 어려움을 간단히 해결할 수 있었다. 그들은 왜 그렇게 하지 않는가? 기름 탱크가 항상 차량의 운전자 측에 있다고 가정해 보자. <u>그러면 운전자들은 주유를 하기 위해 주유펌프의 오른쪽에 주차를 할 것이다.</u> 혼잡한 시간에 왼쪽에 주유펌프가 있는 곳은 텅텅 빈 채로 남아 있는 반면에 오른쪽에 주유펌프가 있는 모든 장소는 채워질 것이다. 그러므로 다른 차량의 다른 쪽에 연료 주입구를 두는 것은 어떤 차량은 왼쪽으로부터 주유펌프에 접근할 수 있다는 것을 의미한다. 그리고 이것은 운전자들이 기름을 넣으려고 줄을 서서 기다릴 가능성을 줄여 줄 것이다. 그런 장점은 주유펌프의 잘못된 쪽에 이따금 차를 세우는 손실보다 훨씬 더 크다.

09 다음 글에서 설명하고 있는 것은?

Two human use usually this. This is a rescue litter for transporting people who are ill or wounded or dead; usually consists of a sheet of canvas stretched between two poles. Patients can be transported lying down on the equipment. It is primarily used in acute −care situations by emergency medical services.

① splint　　　　② thermometer

③ stretcher　　　④ AED

① 부목
② 온도계
③ 들것
④ 자동제세동기(automated external defibrillator ; 자동심장충격기, 심장기능 정지 시 사용하는 응급처치 기기)

∴ 구조용 들것, 아픈, 부상당한, 죽은 사람들을 옮기는 것, 두 막대기 사이에 펴진 캔버스 시트, 환자를 누운 상태로 운반한다는 것 등에서 'stretcher 들 것'이 정답임을 알 수 있다.

보통 두 사람이 이것을 사용한다. 이것은 아프거나 부상을 입은, 또는 죽은 사람을 수송하기 위한 구조용 깔개이다. 일반적으로 두 막대기 사이에 펴진 캔버스 시트로 구성되어 있다. 환자를 누운 상태로 운반할 수 있는 장비이다. 이것은 주로 응급의료에 의해 급성 환자 치료의 상황에서 사용된다.

10 다음 글의 밑줄 친 부분과 의미가 가장 가까운 것은?

Not using water to <u>put out</u> grease fire is a common sense to fire−fighters.

① expand

② extinguish

③ exert

④ enhance

① 확장하다
② 불을 끄다
③ 발휘하다
④ 향상시키다

∴ '소방관들, 기름이 섞인 불' 단어가 나왔을 때 연상할 수 있는 상황은 화재 진압이다. put out은 '(불을) 끄다'의 의미이므로 정답은 extinguish(끄다, 없애다)이다.

　※ put out : 내쫓다, 해고하다 ; (손을) 내밀다 ; (힘을) 발휘하다 ; (불을) 끄다 ; 생산하다, 출판하다

기름이 섞인 불을 <u>끄기</u> 위해 물을 사용하지 않는 것은 소방관들에게는 상식이다.

11 다음 보기의 빈칸에 공통으로 들어갈 단어로 알맞은 것은?

I'm as proud of ＿＿＿ we don't do as I'm ＿＿＿ we do.

① where
② which
③ that
④ what

풀이

문법개념 짤막 강의

명사절 접속사로 쓰이고 선행사가 없는 관계대명사 what of 전치사 뒤에는 명사가 와야 한다. 뒤에 we(주어) don't do(동사) '절'이 있다. 명사절의 역할을 하면서 절 안의 문장 성분(주어, 목적어, 보어 중)이 빠져서 불완전한 절의 역할을 하는 것은 what이다. 뒤에 빈칸 역시 I(주어) am(동사) 뒤에 보어가 오는 자리이다. 보어 자리 역시 명사가 와야 하며, 뒤에 we(주어) do(동사)가 오며 목적어가 빠져 있다. 문장성분이 빠져 불완전한 문장을 이루고 관계대명사 앞에 선행사가 없으며 명사 자리에 오는 관계대명사는 what이다.

해석

저는 우리가 이룬 것만큼 우리가 이루지 못한 것도 자랑스럽습니다.

12 다음 글의 밑줄 친 부분과 바꾸어 쓸 수 있는 것은?

A minor or isolated reaction can become more serious with repeated exposure to an allergen, or when other cells involved in the immune system, the T cells, come into play.

① rapidly move
② destroy
③ assume
④ have an effect on

풀이

① 빨리 움직이다
② 파괴하다
③ 추정하다
④ 영향을 주다

∴ '사소한 혹은 격리된 반응이 심각해진다. 노출될 때 ~(with ~allergen) 혹은 면역체계에 관련된 다른 세포, T세포가 영향을 줄 때(when ~ come into play)' 등이 단서이다. T세포의 활동이 시작할 때 일어나는 상황이므로 비슷한 의미의 have an effect on(영향을 주다)을 사용할 수 있다.

해석

사소하거나 격리된 반응이 알레르기를 일으키는 물질에 반복적으로 노출되거나 아니면 면역체계에 관련된 백혈구의 일종인 다른 세포들, 즉 T세포가 영향을 줄 때 더 심각해질 수 있다.

13 다음 빈칸에 들어갈 말로 알맞은 것은?

_____ is the pressure exerted by circulating blood upon the walls of blood vessels.

① Fire escape stair   ② Blood pressure

③ Water proof   ④ Conflagration

풀이

① 비상계단
② 혈압
③ 방수
④ 큰 불, 대화재

∴ 혈관 벽에 혈액이 순환함으로써 가해지는 압력은 '혈압'이므로 blood pressure이다.

해석

혈압이란 혈관 벽에 혈액이 순환함으로써 가해지는 압력이다.

14 다음 글의 밑줄 친 부분과 의미가 가장 가까운 것은?

Adversity does teach who your real friends are.

① prosperity   ② allegory

③ malicious   ④ calamity

풀이

① 번영, 번성, 번창
② 우화, 풍자
③ 악의적인, 적이 있는
④ 재앙, 재난, 불행

∴ adversity는 '역경, 고난'이라는 뜻이며 이와 유사한 의미의 단어는 calamity이다.

해석

역경은 누가 진정한 친구인지 가르쳐 준다.

15 다음 글의 빈칸에 들어갈 말로 알맞은 것은?

For those of us who fear failure, inaction can feel like a safer option than the anticipated pain of not succeeding. But the more we avoid those things that make us anxious, the greater the fear becomes. Initial avoidance eases our anxiety, and that leads us to employ the same strategy next time a similar situation presents itself. And by avoiding the things that make us anxious we give ourselves no opportunity to test the validity of our fears, so the exaggerations and distortions are reinforced. With each incidence of avoidance it becomes more difficult to face up to whatever we are afraid of. **The difficult phone call, the tense meeting or the tough project that we have repeatedly postponed and worried about becomes almost impossible to think about.**

_____

① We are locked into a vicious spiral of avoidance.

② We are willing to avoid this vicious spiral of avoidance.

③ The exaggerations and distortions are gradually reduced.

④ We could escape from avoidance.

보기분석 및 아림's 예측전개!

① 우리는 회피의 악순환에 갇혀 있다.
② 우리는 이 회피의 악순환을 기꺼이 피할 용의가 있다.
③ 과장과 왜곡이 점차적으로 줄어들고 있다.
④ 우리는 회피로부터 벗어날 수 있다.

보기의 1번과 4번이 상반된다. 1번은 '갇혀 있다'이고, 2번과 4번은 '벗어날 수 있다'의 뉘앙스이다. 본문에 우리가 겪는 '회피'의 상황에 관해 나오고 있으므로 회피 상황을 벗어나는 희망적인 내용인지 혹은 계속 회피함으로써 어려움이 반복되는 내용인지 봐야 한다.

∴ 빈칸이 맨 마지막에 있다. 빈칸 위로 역접의 연결사가 없다면 빈칸과 같은 내용이 나와야 한다. 빈칸 위를 보면 우리를 불안하게 만드는 것을 피함으로써 과장과 왜곡이 강화되어 우리가 두려워하는 것이 무엇이든 직시하기가 더 어렵게 만든다고 한다. 앞에서 우리를 불안하게 만드는 것을 아래 문장에서는 우리가 반복적으로 연기하고 걱정하는 것으로 표현하고 있다. 직시하기 더 어렵게 만든다고 한 말 또한 생각하기도 불가능하다고 같은 말을 다른 말로 바꾸어 표현하고 있다. 직시하기가 어렵고 생각하기도 불가능하다고 하였으니 이러한 부정적인 상황이 계속된다는 내용이 빈칸에 들어가야 한다. 따라서 '회피의 악순환에 걸려든다'가 들어가야 한다.

해석

우리 중에서 실패를 두려워하는 사람들에게는 아무것도 하지 않는 것이 성공하지 못하는 것에 대한 예상되는 고통보다 더 안전한 선택처럼 느껴질 수 있다. 그러나 우리를 불안하게 하는 그런 것들을 피하면 피할수록, 두려움은 더욱더 커진다. 초기의 회피는 우리의 불안을 덜어 주고, 그것으로 인해 다음에 유사한 상황이 발생하면 우리는 똑같은 전략을 사용하게 된다. 그리고 우리를 불안하게 하는 것들을 피함으로써, 우리는 두려움의 타당성을 시험할 어떤 기회도 우리 자신에게 주지 못하게 돼서, 과장과 왜곡이 강화된다. 회피하는 일이 발생할 때마다 우리가 두려워하는 것은 무엇이든지 직시하기가 더 어려워진다. 우리가 되풀이해서 연기하고 걱정해 온 곤란한 전화 통화, 긴장감이 감도는 회의, 또는 고된 프로젝트에 대해 생각하는 것은 거의 불가능해진다. 우리는 회피의 악순환에 갇혀 있다.

---

16 다음 글에 대한 설명으로 옳은 것은? 상 중 하

William Golding published his famous novel Lord of the Flies in 1954. It tells the story of a group of English schoolboys stranded on a tropical island after their plane is shot down during a war. Although the novel is a work of fiction, its exploration of human evil is based on the real−life cruelty witnessed by Golding during World War II. Free from any rules, the boys on the island become like savages. They soon split up into groups, and whereas some work peacefully together, others violently rebel. The boy's behavior symbolized the broader human struggle between the civilizing instinct to obey rules and behave morally and the savage instinct to attain power, ignore moral rules, and act violently. Lord of the Flies is written in a very plain writing style, one which deliberately avoids highly poetic language, lengthy description, and philosophical passages. **The novel is an allegory, meaning that the characters and objects all have a symbolic significance that is used to convey the novel's central themes and ideas.** In his portrayal of the various ways in which the boys adapt to their new island surroundings and respond to their new freedom, Golding analyzes the broad range of ways in which human beings respond to change, fear, and tension.

① 실제 일어난 일에 대한 이야기이다.
② 고도로 시적인 언어나 장황한 묘사 및 철학적 문구를 사용하고 있다.

③ 소설 속의 **등장인물**과 **사물** 모두가 소설의 중심 주제와 사상을 전달하기 위해 사용된 **상징적인 의미**를 지니고 있다.

④ **인간 본성**에서 발견되는 **전혀 다른 갈등**을 다루고 있다.

풀이 --------

① 인간의 악(惡)에 대한 탐구는 2차 세계대전 중 골딩에 의해 목격된 실재의 잔인함을 토대로 하고 있지만 실제 일어난 일에 대한 이야기는 아니다.

② 평이한 문체로 쓰여져 있고, 고도로 시적인 언어나 장황한 묘사 및 철학적 문구는 피했다고 했다.

④ 인간 본성에서 발견되는 보편적인 갈등을 다루고 있다.

∴ 이 소설은 비유담으로서, 이는 등장인물과 사물 모두가 소설의 중심 주제와 사상을 전달하기 위해 사용된 상징적인 의미를 지니고 있음을 뜻한다고 했으므로 정답은 3번이다.

해석 --------

윌리엄 골딩은 그의 유명한 소설인 「파리대왕」을 1954년에 출판했다. 그것은 전쟁 중 비행기가 격추된 후에 한 열대 지방의 섬에 갇힌 한 무리의 영국 남학생들에 관한 이야기를 다루고 있다. 비록 이 소설이 허구 작품이기는 하지만, 인간의 악(惡)에 대한 탐구는 2차 세계대전 중 골딩에 의해 목격된 실재의 잔인함을 토대로 하고 있다. 어떤 규칙도 없으므로, 섬에 있는 소년들은 야만인처럼 된다. 그들은 얼마 지나지 않아 무리들로 분열하고, 몇몇은 평화롭게 함께 일하는 반면, 다른 이들은 폭력적으로 반항한다. 소년들의 행동은 규칙을 따르고 도덕적으로 행동하는 문명화하려는 본능과, 권력을 얻고 도덕 규칙을 무시하며 폭력적으로 행동하는 야만적인 본능 사이의 보다 광범위한 인간 투쟁을 상징한다. 「파리대왕」은 매우 평이한 문체, 즉 고도로 시적인 언어, 장황한 묘사, 그리고 철학적인 구절들을 일부러 회피한 문체로 쓰여 있다. 이 소설은 비유담으로서, 이는 등장인물과 사물 모두가 소설의 중심 주제와 사상을 전달하기 위해 사용된 상징적인 의미를 지니고 있음을 뜻한다. 소년들이 새로운 섬 환경에 적응하고 새로운 자유에 반응하는 다양한 방법들에 대한 묘사에서, 골딩은 인간이 변화, 공포, 그리고 긴장에 반응하는 폭넓은 범위의 방법을 분석한다.

---

17 다음 빈칸에 들어갈 단어로 가장 적절한 것은?

> If you or someone you love has intense and ＿＿＿＿＿ fears of things that are really not that dangerous, a phobia may be in play. People who suffer from phobias fear all kinds of things; dogs, spiders, closed−in places, heights, escalators, tunnels, highway driving, water, flying, and injuries involving blood. If you have a phobia, you may experience any of the following anxiety disorder symptoms when you are facing something you fear.

① flexible
② irrational
③ equivocal
④ objective

풀이 --------

① 유연한
② 비이성적인
③ 애매한, 분명치 않은
④ 객관적인

∴ 1번은 두려움에 대한 설명과 어울리지 않고 3번은 빈칸 앞에 and로 연결되어 나와 있는 단어 intense(극심한)와 대비된다. 빈칸은 '실제로는 위험하지 않은' 것에 대한 두려움에 관한 설명인데 4번은 '객관적인'의 뜻이므로 서로 반대의 내용이다. 빈칸 뒤로 빈칸에 대한 보충설명이 나오는데, 실제로는 위험하지 않은 모든 종류의 것을 두려워한다고 했다. 따라서 빈칸에는 '비이성적인'의 의미를 가진 ② irrational이 가장 적절하다.

해석 --------

만일 여러분이나 여러분이 사랑하는 누군가가 실제로는 위험하지 않은 것들에 대해 극심하고 <u>비이성적인</u> 두려움을 갖고 있다면 공포증이 작용하는지 모른다. 공포증을 겪는 사람들은 모든 종류의 것들을 두려워하는데 그것은 개, 거미, 밀폐된 공간, 높은 장소, 에스컬레이터, 터널, 고속도로 운전, 물, 비행 그리고 피를 수반하는 상해 등이다. 여러분이 공포증을 갖고 있다면 여러분은 두려워하는 어떤 것과 마주쳤을 때 다음의 불안 장애 증상을 경험할지도 모른다.

18 다음 빈칸에 들어갈 말로 가장 적절한 것은?

There is a price to be paid for this individual freedom : self−reliance. Individuals must learn to rely on themselves or risk losing freedom. Traditionally, this means achieving both financial and emotional independence from their parents as early as possible, usually by age eighteen or twenty−one. It means that **Americans believe they should take care of themselves, solve their own problems, and** "_____."

① do away with
② get in touch with
③ stand on their own two feet
④ leave nothing to be desired

풀이

① 그만두다, 없애다
② 연락하다
③ 자립하다
④ 거의 흠잡을 데가 없다

∴ 빈칸 앞에 역접의 연결사가 없으므로 빈칸과 비슷한 내용이 나와야 한다. 빈칸과 앞 문장이 and로 연결되어 있고, 앞 문장의 내용은 '자신들이 스스로를 돌봐야 하고 자신의 문제를 해결해야 한다'는 것이며 이는 부모로부터 재정적·정서적으로 독립하는 것을 뜻한다. 따라서 빈칸은 '자립하다'라는 의미의 ③이 가장 적절하다.

해석

개인적 자유를 위해 치러야 할 대가가 있는데 그것은 자립이다. 개인은 스스로 의지하는 것을 배워야 하고 그렇지 않으면 자유를 잃어버릴 것을 감수해야 한다. 전통적으로 이것은 가능한 한 빨리, 보통 열여덟이나 스물한 살에 부모로부터 재정적·정서적 독립을 모두 이루는 것을 의미한다. 이것은 미국인들이 자신들이 스스로를 돌봐야 하고, 자신의 문제를 해결해야 하며, 자립해야 한다고 생각한다는 뜻이다.

19 다음 글의 요지로 가장 적절한 것은?

Environmental problems are pervasive on this planet, and no country is unconcerned with this. Most developing countries have also established laws and formal governmental structures to address their serious environmental issues. Also, it is true that they tend to focus more on promoting economic growth and implementing market−based strategies to catch up with developed countries. However, it is so understandable and **such an uncontrollable drift that imposing a regulatory strategy for environmental protection severely on the developing world would have an adverse effect.** Fortunately, there are many industrialized countries and others that have implemented market−based policies and underwent environmental problems in those processes. **Reviewing their experiences and consequences can be the key to establishing a proper strategy for successful environmental conservation.**

① 다른 나라의 환경 문제에 신경 쓸 필요가 없다.
② 전 세계가 환경 문제를 위한 하나의 결론에 도달해야 한다.
③ 경제성장 정도에 따라 나라별로 적절한 전략을 수립해야 한다.
④ 개발도상국들은 환경 문제를 스스로 해결해야 한다.

20 다음 글의 내용과 일치하는 것은?

I change the channel of TV when commercials come on. If there is a movie, commercials are shown at least twice before the show begins. They last at least 10 minutes, and most of them are already familiar to me. So I watch a different channel for a few minutes. I often miss the first several minutes of the movie when I return. Another reason I hate commercials is that they encourage us to spend. They tempt us to buy things for which we have no need.

① 광고는 여러 가지 유익한 정보를 제공해준다.
② TV를 보지 않는 것이 정신 건강에 좋다.
③ 영화를 방영할 때, 광고는 몇 분만 한다.
④ 광고시간이 너무 길어 채널을 돌린다.

풀이

보기분석 및 아림's 예측전개!

① 유익한 정보 → 유익한 정보인지 별 볼 일 없는 정보인지
② TV를 보지 않는 것 → TV 시청 유무
③ 광고는 몇 분'만' → 몇 분만이라고 하는 뉘앙스는 짧다는 것
④ 너무 길어/ 돌린다 → 너무 길지는 않거나/ 돌리지 않는지

∴ 1번에서 유익한 정보를 제공해준다고 했는데 지문에서는 광고의 대부분이 이미 친숙한 것이라고 하였다(most of them are already familiar to me). 2번은 언급되지 않았다. 3번의 경우 광고는 몇 분'만'이 아닌 적어도 10분간은 계속된다고 했으며, '적어도' 이므로 10분 이상일 수 있다는 뜻이다. 또한 광고 시간 때문에 채널을 돌린다고 했으므로 광고시간에 대한 부정적인 것이다. 4번에서는 광고가 너무 길기 때문에 채널을 돌린다고 했는데 지문에서 광고 시간이 최소 10분이라서 다른 채널을 보고 다시 돌려 돌아온다고 했으므로 정답은 4번이 적합하다.

풀이

보기분석 및 아림's 예측전개!

① 신경 쓸 필요 없음
② 하나의 결론
③ 나라별로 적절한 전략
④ 스스로 해결

1번의 보기는 다른 나라의 환경에 관해서 관심을 두지 않아야 한다는 것이고 2번과 3번은 서로 대비된다. 2번은 하나의 결론을 도출해야 하고 3번은 나라별로 방법을 다르게 해야 한다는 게 요지이다. 4번은 1번과 마찬가지로 다른 나라의 환경 문제에 신경 쓸 필요가 없으니 스스로 해결해야 한다는 뉘앙스이다.

∴ 환경문제와 관련한 것으로 however 뒤에 환경보호를 위한 규제 전략을 엄격하게 개발도상국에 부과하는 것은 역효과를 낼 수 있다고 하였다. 즉, 규제 전략을 똑같이 통제하는 것이 아니라 탄력적으로, 즉 다르게 해야 함을 말하는 것이다. 또한 선진 공업국들과 다른 나라들의 경험의 결과를 검토하여 전략을 수립해야 한다고 하였으므로 정답은 3번이 가장 적절하다.

해석

환경 문제는 지구상 어디에나 널리 퍼져 있으며, 이것을 염려하지 않는 나라는 없다. 대부분의 개발도상국들은 또한 그들의 심각한 환경 문제를 해결하기 위해 법률과 공식적인 정부 체계를 설립했다. 또한, 그들이 선진국들을 따라잡기 위해 경제성장을 촉진하고 시장 기반 전략들을 수립하는 데 더 집중하는 경향이 있다는 것도 사실이다. 그러나 이것은 이해할 수 있으며 막을 수 없는 추이이기 때문에 환경 보호를 위한 규제 전략을 엄격하게 개발도상국에 부과하는 것은 역효과를 낼 수 있다. 다행히도, 시장 기반 정책들을 시행했고 그 과정에서 환경 문제들을 겪었던 많은 선진 공업국들과 다른 나라들이 있다. 그들의 경험과 결과를 검토하는 것은 성공적인 환경 보존을 위한 적절한 전략을 수립하는 데 열쇠가 될 수 있다.

나는 광고가 나오면 TV 채널을 돌린다. 영화를 방영할 때, 광고는 적어도 영화가 시작하기 전 두 번은 방영된다. 그 광고들은 적어도 10분간 계속되며, 그 광고의 대부분은 이미 나에게 친숙한 것들이다. 그래서 나는 몇 분 동안 다른 채널을 본다. 내가 다시 채널을 돌려 돌아왔을 때, 종종 영화의 초반 몇 분을 놓치곤 한다. 내가 광고를 싫어하는 또 다른 이유는 그것이 소비를 조장하기 때문이다. 광고는 우리에게 별로 필요하지 않은 것도 사도록 유혹한다.

04   2016년 소방직 기출(경채)

01   다음 중 어법상 옳지 않은 것은?

① I got into an accident while driving the car.
② When swimming, don't dive into a shallow pool.
③ I'll take you on.
④ Fire fighters called to the scene around 8 p.m. Friday.

02   다음 대화의 빈칸에 들어갈 말로 알맞은 것은?

A : I injured my hand while cutting the grass.
B : Let's go to see a doctor with me right now
A : That's not necessary! I would _____ to stop the bleeding.
B : Okay.

① see a doctor
② keep working
③ need to apply pressure
④ disinfect a cut

03   다음 글의 빈칸에 공통으로 들어갈 단어로 알맞은 것은?

- Make sure your shoes don't _____ your toes.
- I have a _____ in my stomach.
- I was starting to _____ up.

① cramp
② ache
③ niggle
④ tight

04   다음 글의 빈칸에 들어갈 말로 알맞은 것은?

A : This is 119. What's your emergency?
B : The elevator has stopped, and I was stuck in a elevator.
A : Are you alone there?
B : Yes, I tried to contact the superintendent's office, but intercom was _____.
A : Where is the building located?
B : It's the Kukka Fire Academy in Busan — jin gu.
A : Okay, don't worry. The a rescue team will be there soon. Please remain calm and wait a minute.
B : Thank you.

① out of season
② out of date
③ out of order
④ out of mind

05 다음 글의 빈칸에 들어갈 말로 알맞은 것은?

> A : This is 119. What is your emergency?
>
> B : A drunken person is drowning in a lake.
>
> A : What's your location, sir?
>
> B : I don't know. Help! Please hurry.
>
> A : How deep is it?
>
> B : I don't know. Please hurry!
>
> A : Okay. calm down, please. Are there any Koreans around you?
>
> B : Oh yes, I'll get one for you. Please talk to him.
>
> A : All right. _____ or tree branch to that man? Please don't go into the water.

① Must I throw a rope

② Can you throw a rope

③ Can you give me a rope

④ Can you jump rope

06 다음 글의 밑줄 친 부분과 바꿔 쓸 수 없는 것은?

> A : <u>Don't hang up</u> and wait a moment, please.
>
> B : Okay.

① Hold on　　② Hang on

③ Hold the line　　④ Hang it up

07 다음 대화의 빈칸에 들어갈 말로 알맞은 것은?

> A : This is 119. What is your emergency?
>
> B : Wasps fly about buzzing their wings.
>
> A : Be careful, you may get _____. The rescue team is on the way.
>
> B : Okay, hurry up. please

① it in the neck

② through with the work

③ on so well

④ Stung by them

08 다음 대화의 빈칸에 들어갈 말로 알맞은 것은?

> A : Hello, 1−1−9?
>
> B : 1−1−9 Emergency.
>
> A : My husband fell off a ladder and hit his head.
>
> B : Can I have the location from which you are calling?
>
> A : It's the Busan Apartment 103 Dong 102 line in Bujeon−dong, Please hurry up!
>
> B : Please describe his injury.
>
> A : He's conscious, but he is bleeding a lot.
>
> B : I understand, _____

① Someone phone for an ambulance!

② Ambulance crews were tending to the injured.

③ I'll just send an ambulance to your location.

④ The ambulance got there just in time.

09 다음과 같은 상황이 일어난 장소로 알맞은 것은?

We do experiments in chemistry class each week. Our students are excited about chemistry experiments.

① 학교   ② 수영장

③ 화장실   ④ 경기장

10 다음 대화의 빈칸에 들어갈 말로 알맞은 것은?

A : This is 119. State your emergency.

B : I can't enter the toilet because the door was shut from the inside. _____

A : Okay, wait a minute please.

① My daughter just stepped out.

② My daughter is no longer with us.

③ My daughter should have locked in toilet.

④ My daughter is locked in toilet.

11 다음 중 영작이 옳지 않은 것은?

① 맥박을 재겠습니다.

Let me break your doorknob.

② 세일 상품 환불 안 됨.

No refunds on sale items.

③ 내게 꼭 맞다.

It fits me like a glove.

④ 어떤 종류의 사고입니까?

What kind of accident is it?

12 다음 대화의 빈칸에 들어갈 말로 알맞은 것은?

A : _____

B : Can I give you a hand?

① I'm afraid not.

② I'm in trouble.

③ Here's your order.

④ I have some good news.

13 다음 글을 순서에 맞게 배열한 것은?

ⓐ What is it?

ⓑ It doesn't apply watching video.

ⓒ I want to get Galaxy Note 4.

ⓓ You bought one last year.

ⓔ Why do you need it?

ⓕ Mom, Can I ask for a birthday present?

① ⓕ－ⓑ－ⓒ－ⓓ－ⓔ－ⓐ

② ⓒ－ⓔ－ⓓ－ⓑ－ⓕ－ⓐ

③ ⓕ－ⓐ－ⓒ－ⓓ－ⓑ－ⓔ

④ ⓐ－ⓒ－ⓑ－ⓓ－ⓔ－ⓕ

14 다음 빈칸에 들어갈 말이 바르게 짝지어 진 것은?

A : This is a paramedic from the Busan Fire Station. Do you remember how the accident occurred?

B : The car skidded in the rain, and crashed _____ the guard rail.

A : We will put _____ a cervical collar and a KED (Kendrick Extrication Device). Please tell me if it hurts.

B : Okay.

A : Which hospital do you want to go to?

B : Please let me take to the closet emergency room.

① for – on
② into – at
③ to – in
④ into – on

15 다음 밑줄 친 부분과 그 뜻이 가장 가까운 것은?

A : This is 119. What's your emergency?

B : A man suddenly fell down. I guess he passed out.

A : Where are you?

B : We're at the Busan mall.

A : Is he breathing?

B : Yes, he is moaning, but he hasn't opened his eyes.

A : Okay, The ambulance has just left and paramedics will call you on the way.

① fainted
② painted
③ passed away
④ put off

16 다음 대화의 빈칸에 들어갈 말로 알맞은 것은?

A : This is 119. State your emergency.

B : The building trembled suddenly. Did an earthquake occur?

A : Yes. A 6 pressure earthquake hit the Busan area.

B : Really? then what do I have to do? I am so scared.

A : Calm down and follow my instructions, please.

B : Yes.

A : You're in a danger zone of after shocks. If you work in a high building, please evacuate to a _____ right away.

B : Where should I go?

A : Do you have any Korean friends you can visit?

B : No, I don't

A : Then, you should evacuate to a shelter in Busanjin – Gu.

① elevator
② office
③ important place
④ safe place

17 다음 대화로 알 수 있는 사고는?

A : 119, what's your emergency?
B : A building under construction has collapsed over.
A : What is your location, please?
B : I don't know. I'll get you a Korean person, and you could ask him.
A : Yes, thank you.

① earthquake
② tsunami
③ construction accident
④ a chain−reaction collision

18 다음 대화의 빈칸에 들어갈 말로 알맞은 것은?

A : How was your vacation?
B : Terrible. I had to work on my dissertation.
A : That's too bad. Have you finished it?
B : _____

① Well, there's one thing I realize.
② No, I don't think he's done it.
③ No, I still have a long way to go.
④ Yes, I can complete end of my dissertation.

19 다음 중 'seizure'의 대처법으로 옳지 않은 것은?

How to Help Someone Who Is Having a Seizure
ⓐ Ease the person to the floor so they don't fall.
ⓑ Make sure the person is breathing.
ⓒ Help prevent them from hurting themselves.
ⓓ Hold the person down.

① ⓐ   ② ⓑ
③ ⓒ   ④ ⓓ

20 다음 대화의 빈칸에 들어가기에 가장 어색한 것은?

A : Can you explain how the accident happened?
B : I was climbing a ladder. When I reached the top of the ladder, I suddenly slipped and fell down.
A : What is _____ you most?
B : I fell down and hurt my wrist.

① helping   ② paining
③ hurting   ④ troubling

서울특별시 지방소방공무원 신규채용(공개경쟁)

응시분야	
성 명	
[필적 감정용 기재란] (예시) 서울소방 안전 대한민국	

※ 감독관 확인	※ 책형 확인	책 형
	책형 문제지 및 답안지 확인 후 기재	Ⓐ
		Ⓑ

국 어

한 국 사

영 어

선택과목1

선택과목2

응시번호
(1)
(2)

OMR 뒷면

01	02	03	04	05	06	07	08	09	10
④	③	①	③	②	④	④	③	①	④

11	12	13	14	15	16	17	18	19	20
①	②	③	④	①	④	③	③	④	①

상 중 하

01 다음 중 어법상 옳지 않은 것은?

① I got into an accident while driving the car.
② When swimming, don't dive into a shallow pool.
③ I'll take you on.
④ Fire fighters called to the scene around 8 p.m. Friday

풀이

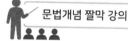 문법개념 짤막 강의

①, ②
현재분사(동원ing) = 능동, 과거분사(- ed, 불규칙) = 수동
분사구문 만드는 방법은 아래와 같다.
1) 접속사 생략(접속사의 의미를 살리고자 할 경우, 생략하지 않음)
2) 부사절(접속사가 있는 문장)의 주어와 주절의 주어가 같은지 확인(주어가 같지 않은 경우는 생략 불가!), 'I'가 모두 같으므로 부사절의 주어 생략
3) 부사절과 주절의 시제를 비교, 부사절의 태 확인(능동, 수동)

시제\n태	부사절 = 주절	부사절(먼저 일어남) > 주절
능동	동사원형ing	having p.p.
수동	(being) p.p.	(having been) p.p.

예 Because I had little money, I couldn't take the bus.
1) because 생략
2) 부사절(because~money)의 주어 I와 주절의 주어 I가 같으니 부사절의 주어 생략
3) 부사절의 시제 '과거(had), 능동', 주절의 시제 '과거'이므로 시제가 같고 능동인 '동사원형ing'형태로 변환, had → having
∴ Having little money, I couldn't take the bus.

예 Motivating by feelings of guilt, they are inclined to make amends for their actions.
분사구문이다. 주어는 they인데 주어 입장에서는 죄책감에 의한 자극을 받은 것이므로 수동 개념이다. 따라서 과거분사 motivated로 바꿔야 맞다. motivating → motivated(2017하반기 공채영어 5번 문제 중)

위 예문에서는 접속사를 생략한 경우지만 ①, ②번에서는 접속사를 생략하지 않았다.

① I got into an accident while driving the car.
주어 'I'가 직접 운전하는 것 능동이므로 동/원ing(능동), driving get into something(특정한 상태에) 처하다[처하게 만들다]이므로 get into accident 사고 나다
② When swimming, don't dive into a shallow pool.
명령문의 숨은 주어는 'you'이다. 따라서 주어인 'you'가 수영하는 것, 능동이므로 동/원ing → swimming
※ dive into N : ~로 뛰어들다

③
이어동사 = 동사 + 부사
이어동사란? 동사 중에 목적어를 취하는 타동사와 부사가 합쳐져 하나의 동사가 된 것을 말한다. 즉, 목적어를 취하는 타동사로 구성된 동사구이다. 이 타동사에 부사가 붙어 하나의 새로운 단어가 탄생한 것이다. 이어동사의 시험 포인트는 아래와 같다.
동사 + 대명사 + 부사(O), 동사 + 부사 + 대명사(X)
동사 + 명사 + 부사(O), 동사 + 부사 + 명사(O)
'take on ~를 고용[채용]하다'의 뜻으로 I'll take you on의 경우 대명사 you가 take(동사)와 on(부사) 사이에 알맞게 쓰였다.

④

태 ; 능동태 vs. 수동태

주어가 직접 하는 것을 능동태, 주어가 직접 하는 것이 아닌 다른 것에 의해 행해지게 되는 것을 수동태라고 한다. 기본 공식은 'be p.p.'이다. 가령, She makes a doll의 경우 주어인 she가 직접 인형을 만드는 것이므로 능동태이다. 하지만, A doll is made by her는 주어인 doll(인형) 입장에서는 그녀에 의해 만들어지는 것이므로 동사의 태를 수동태로 써야 한다.

Fire fighters called to the scene around 8 p.m. Friday. 주어인 소방관들은(fire fighters) 현장에 오라고 호출을 받은 것이므로 were called가 되어야 한다(called → were called).

해석 ┄┄┄┄┄┄┄┄┄┄┄┄┄┄┄┄┄┄┄┄┄

① 운전하는 도중에 차 사고가 났어요.
② 수영할 때 얕은 수영장에 뛰어들지 마시오.
③ 제가 당신을 채용할 것입니다.
④ 소방관들은 금요일 저녁 8시에 현장에 오도록 호출받았습니다.

상 중 **하**

02 다음 대화의 빈칸에 들어갈 말로 알맞은 것은?

A : I injured my hand while cutting the grass.
B : Let's go to see a doctor with me right now
A : That's not necessary! I would _____ to stop the bleeding.
B : Okay.

① see a doctor
② keep working
③ need to apply pressure
④ disinfect a cut

풀이 ┄┄┄┄┄┄┄┄┄┄┄┄┄┄┄┄┄┄┄┄┄

① 병원가다
② 계속 일하다
③ 압력을 가하다 → 누르다
④ 상처를 소독하다

∴ A가 손에 부상을 입었다고 하고 B는 병원을 가자고 하나 A가 괜찮다고 한다. 따라서 뒷 내용은 '피를 멈추게 하기 위해 압력을 가하면 된다(→ 지혈하다)'는 내용이 나오는 것이 적합하다.

해석 ┄┄┄┄┄┄┄┄┄┄┄┄┄┄┄┄┄┄┄┄┄

A : 잔디를 깎다가 손을 다쳤어.
B : 당장 병원에 가보자.
A : 그 정도는 아니야! 지혈되도록 누르면 될 것 같다.
B : 알았어.

상 중 하

03 다음 글의 빈칸에 공통으로 들어갈 단어로 알맞은 것은?

• Make sure your shoes don't _____ your toes.
• I have a _____ in my stomach.
• I was starting to _____ up.

① cramp
② ache
③ niggle
④ tight

풀이 ┄┄┄┄┄┄┄┄┄┄┄┄┄┄┄┄┄┄┄┄┄

① 경련, …에 경련을 일으키다, (갑자기) 쥐가 나다, (비좁은 곳에) 처박아 넣다; 속박[구속]하다
② 고통, 아프다, 쑤시다
③ 하찮은 불평[불만], 결점, (걱정, 의심 등이 약간) 괴롭히다[신경 쓰이게 하다]
④ 궁지, 곤경, 꽉 죄인, 꽉 세게

∴ Make sure your shoes don't cramp your toes. 발가락들이 아프지 않게 신으세요.
I have a cramp in my stomach. 배에 경련이 나요.
I was starting to cramp up. 쥐가 나기 시작했다.

해석 ┄┄┄┄┄┄┄┄┄┄┄┄┄┄┄┄┄┄┄┄┄

• 발가락들이 아프지 않게 신으세요.
• 배에 경련이 나요.
• 쥐가 나기 시작했다.

04 다음 글의 빈칸에 들어갈 말로 알맞은 것은? 상 중 하

A : This is 119. What's your emergency?

B : The elevator has stopped, and I was stuck in a elevator.

A : Are you alone there?

B : Yes, I tried to contact the superintendent's office, but intercom was _____.

A : Where is the building located?

B : It's the Kukka Fire Academy in Busan — jin gu.

A : Okay, don't worry. The a rescue team will be there soon. Please remain calm and wait a minute.

B : Thank you.

① out of season   ② out of date

③ out of order   ④ out of mind

풀이

① 제철이 아닌[구하기 힘든]
② (정보 면에서) 뒤떨어진[구식이 된], (더 이상) 쓸모없는
③ 고장 난
④ 제정신이 아니다/정신이 나가다[미치다]

∴ B가 엘리베이터에 갇혔고 관리실에 연락했으나 인터폰 작동이 안 된다는 내용이 들어와야 문맥에 적합하다. 따라서 '고장 난'의 의미인 out of order가 정답이다.

해석

A : 119입니다. 무슨 위급상황입니까?
B : 엘리베이터가 멈췄는데 제가 엘리베이터에 갇혔습니다.
A : 거기 혼자 계십니까?
B : 네. 관리사무소에 연락하려고 했는데. 인터폰이 <u>고장 났습니다.</u>
A : 건물 위치가 어딥니까?
B : 부산진구 국가소방학원입니다.
A : 네. 걱정하지 마세요. 구조팀이 곧 도착할 것입니다. 침착하시고 잠시만 기다리세요.
B : 감사합니다.

05 다음 글의 빈칸에 들어갈 말로 알맞은 것은? 상 중 하

A : This is 119. What is your emergency?

B : A drunken person is drowning in a lake.

A : What's your location, sir?

B : I don't know. Help! Please hurry.

A : How deep is it?

B : I don't know. Please hurry!

A : Okay. calm down, please. Are there any Koreans around you?

B : Oh yes, I'll get one for you. Please talk to him.

A : All right. _____ or tree branch to that man? Please don't go into the water.

① Must I throw a rope

② Can you throw a rope

③ Can you give me a rope

④ Can you jump rope

풀이

① 내가 밧줄을 던져야만 합니까
② 당신이 밧줄을 던져주시겠습니까
③ 당신이 나에게 밧줄을 주시겠습니까
④ 당신이 줄넘기 하시겠습니까

∴ 술 취한 사람이 호수에 빠져 있는 상황에서 소방대원은 신고자에게 주변에 한국인이 있는지 물었다. 그 다음 대화는 '물에 빠져 있는 사람에게 <u>나뭇가지나 밧줄을 던져주시겠습니까?'</u>라는 내용이 나와야 상황에 적합하다.

해석

A : 119입니다. 무슨 위급상황인가요?
B : 술 취한 사람이 호수에 빠졌어요.
A : 당신의 위치가 어디신가요, 선생님?
B : 잘 모르겠습니다. 도와주세요! 빨리요.
A : 얼마나 깊습니까?
B : 잘 모르겠습니다. 서둘러 주세요!
A : 알겠습니다. 진정하세요. 주변에 한국인이 있습니까?
B : 아. 네. 당신에게 바꿔드리겠습니다. 그와 이야기 하세요.
A : 알겠습니다. <u>밧줄이나 나뭇가지를 그 사람에게 던져주시겠습니까?</u> 물에 들어가지 마세요.

06 다음 글의 밑줄 친 부분과 바꿔 쓸 수 없는 것은?

> A : <u>Don't hang up</u> and wait a moment, please.
> B : Okay.

① Hold on
② Hang on
③ Hold the line
④ Hang it up

풀이

①~③ (끊지 말고) 기다리세요
④ 그만두다

∴ hang up의 뜻은 '전화를 끊다' 인데 don't가 있으므로 끊지 말라는 의미이며 and 뒤의 힌트 wait을 통해서도 이를 유추할수 있다. 그런데 hang it up은 '그만두다'라는 뜻이므로 정답은 4번이다.

해석

A : 전화 끊지 말고 잠시 기다리십시오.
B : 네.

07 다음 대화의 빈칸에 들어갈 말로 알맞은 것은?

> A : This is 119. What is your emergency?
> B : <u>Wasps fly</u> about buzzing their wings.
> A : <u>Be careful</u>, you may get _____. The rescue team is on the way.
> B : Okay, hurry up, please.

① it in the neck
② through with the work
③ on so well
④ stung by them

풀이

① get it in the neck : 경을 치다[호통을 듣다/벌을 받다]
② get through with the work : 일을 끝내다
③ get on so well : 사이가 좋다
④ get(be) stung : 쏘이다

∴ wasp(말벌)이 있는 상황에서 조심해야 할 것이 빈칸에 나와야 한다. 말벌들에 쏘일 수 있으니 조심하라는 말이 문맥에 맞으므로 정답은 4번이다.

해석

A : 119입니다. 무슨 위급상황입니까?
B : 말벌들이 날개를 윙윙 거리며 날아다닙니다.
A : 벌들에 쏘일 수 있으니 조심하세요. 구조대가 출동 중입니다.
B : 네, 서둘러주세요.

08 다음 대화의 빈칸에 들어갈 말로 알맞은 것은?

> A : Hello, 1−1−9?
> B : 1−1−9 Emergency.
> A : My husband fell off a ladder and hit his head.
> B : Can I have the location from which you are calling?
> A : It's the Busan Apartment 103 Dong 102 line in Bujeon−dong, Please hurry up!
> B : Please describe his injury.
> A : He's conscious, but he is bleeding a lot.
> B : I understand, ＿＿＿＿＿＿＿

① Someone phone for an ambulance!
② Ambulance crews were tending to the injured.
③ I'll just send an ambulance to your location.
④ The ambulance got there just in time.

풀이

① 누가 전화해서 구급차 좀 불러줘요!
② 구급차 요원들이 부상자들을 돌보고 있었다.
③ 당신이 있는 곳에 구급차를 보내드리겠습니다.
④ 구급차가 거기에 마침 늦지 않게 도착했다.

∴ 남편이 사다리에서 떨어져 머리를 다쳐 피 흘리는 상황을 119에 말하고 있다. 신고 내용을 듣고 이에 대한 119의 대답은 '구급차를 보낸다'가 나와야 한다.

해석

A : 여보세요? 119입니까?
B : 119구조대입니다.
A : 남편이 사다리에서 떨어져 머리를 다쳤습니다.
B : 전화 주신 곳의 위치를 알 수 있을까요?
A : 여기는 부전동 부산 아파트 103동 102호입니다. 서둘러 주세요!
B : 남편분의 상태는 어떻습니까?
A : 의식은 있는데 출혈이 심합니다.
B : 알겠습니다. 당신이 있는 곳에 구급차를 보내드리겠습니다.

09 다음과 같은 상황이 일어난 장소로 알맞은 것은?

> We do experiments in chemistry class each week. Our students are excited about chemistry experiments.

① 학교
② 수영장
③ 화장실
④ 경기장

풀이

∴ 화학시간에 실험을 하고 학생들이 있는 곳은 1번 학교이다.

해석

우리는 매주 화학시간에 실험을 한다. 우리반 학생들은 화학실험 결과에 흥분했다.

10 다음 대화의 빈칸에 들어갈 말로 알맞은 것은?

> A : This is 119. State your emergency.
> B : I can't enter the toilet because the door was shut from the inside. ＿＿＿＿＿＿
> A : Okay, wait a minute please.

① My daughter just stepped out.
② My daughter is no longer with us.
③ My daughter should have locked in toilet.
④ My daughter is locked in toilet.

풀이

① 내 딸은 방금 나갔다.
② 내 딸은 더 이상 우리와 함께 있지 않는다.
③ 내 딸은 화장실 문을 잠궜어야 했다.
④ 내 딸은 화장실에 갇혀 있다.

∴ 화장실 문이 안에서 잠겼다고 하는 상황에서의 신고 내용이다. 따라서 딸이 화장실에 갇혀 있다는 말이 가장 적합하다.

A : 119입니다. 무엇을 도와드릴까요?
B : 화장실 문이 안에서 잠겨 화장실에 들어갈 수가 없습니다. 내 딸이 화장실에 갇혀 있습니다.
A : 알겠습니다. 잠시만 기다려 주십시오.

상 중 **하**

11 다음 중 영작이 옳지 않은 것은?

① 맥박을 재겠습니다.

Let me break your doorknob.

② 세일 상품 환불 안 됨.

No refunds on sale items.

③ 내게 꼭 맞다.

It fits me like a glove.

④ 어떤 종류의 사고입니까?

What kind of accident is it?

풀이

∴ '맥박을 재겠습니다.'는 'Let me take(check) your pulse.'라 고 해야 한다. 'Let me break your doorknob.'는 '손잡이를 부 숴도 괜찮겠습니까?'라는 뜻이다.

상 중 **하**

12 다음 대화의 빈칸에 들어갈 말로 알맞은 것은?

A : _____
B : Can I give you a hand?

① I'm afraid not.
② I'm in trouble.
③ Here's your order.
④ I have some good news.

풀이

① 유감입니다.
② 곤경에 처해 있습니다.
③ 주문하신 것 여기 있습니다.
④ 좋은 소식이 있습니다.

∴ 빈칸의 말 뒤에 '도와드릴까요?'라는 말이 나왔으므로 빈칸의 상황은 도움이 필요한 상황이다. 따라서 2번이 정답이다.

해석

A : 곤경에 처해 있어.
B : 내가 도와줄까?(= Do you need anything? = What can I do for you? = Is there anything I can get for you?)

상 중 **하**

13 다음 글을 순서에 맞게 배열한 것은?

ⓐ What is it?
ⓑ It doesn't apply watching video.
ⓒ I want to get Galaxy Note 4.
ⓓ You bought one last year.
ⓔ Why do you need it?
ⓕ Mom, Can I ask for a birthday present?

① ⓕ - ⓑ - ⓒ - ⓓ - ⓔ - ⓐ
② ⓒ - ⓔ - ⓓ - ⓑ - ⓕ - ⓐ
③ ⓕ - ⓐ - ⓒ - ⓓ - ⓑ - ⓔ
④ ⓐ - ⓒ - ⓑ - ⓓ - ⓔ - ⓕ

풀이

∴ 엄마에게 생일선물을 요청하는 상황으로 ⓐ의 it은 a birthday present, ⓓ의 one은 Galaxy Note 4, ⓔ의 it은 watching video 이므로 정답은 3번이다.

해석

ⓕ 엄마, 생일 선물 말해도 돼?
ⓐ 뭔데?
ⓒ 갤럭시 노트 4 사줘요.
ⓓ 작년에 스마트폰 샀잖아.
ⓑ 영상 보기가 안 돼요.
ⓔ 그게 뭐가 필요하니?

14 다음 빈칸에 들어갈 말이 바르게 짝지어진 것은?

A : This is a paramedic from the Busan Fire Station. Do you remember how the accident occurred?

B : The car skidded in the rain, and crashed _____ the guard rail.

A : We will put _____ a cervical collar and a KED (Kendrick Extrication Device). Please tell me if it hurts.

B : Okay.

A : Which hospital do you want to go to?

B : Please let me take to the closet emergency room.

① for — on

② into — at

③ to — in

④ into — on

풀이

∴ 빗길에서 차가 미끄러져 가드레일과 부딪쳤다는 내용으로 '충돌하다'는 crash into이다. 그리고 '경추보호대의 착용'은 put on을 사용한다. 따라서 정답은 4번이다.

※ KED : 구출 고정대

※ cervical vertebral protector = cervical collar = neck immobilizer : 경추 보호대

해석

A : 부산소방서 구급대원입니다. 사고가 어떻게 발생했는지 기억하세요?

B : 자동차가 빗길에 미끄러져 가드레일에 부딪쳤습니다.

A : 경추 보호대와 구출 고정대를 착용할 테니 아프시면 말씀하세요.

B : 네.

A : 어느 병원에 가기를 원합니까?

B : 가장 가까운 병원 응급실로 데려다 주세요.

15 다음 밑줄 친 부분과 그 뜻이 가장 가까운 것은?

A : This is 119. What's your emergency?

B : A man suddenly fell down. I guess he passed out.

A : Where are you?

B : We're at the Busan mall.

A : Is he breathing?

B : Yes, he is moaning, but he hasn't opened his eyes.

A : Okay, The ambulance has just left and paramedics will call you on the way.

① fainted

② painted

③ passed away

④ put off

풀이

① 실신한

② 거짓의, 허울뿐인

③ 사망하다

④ 연기하다, 미루다

∴ 어떤 남자가 쓰러졌는데 숨은 쉬고 있고 눈은 못 뜨는 상황에서 pass out이 '정신을 잃다'임을 유추할 수 있다. 따라서 이와 동의어는 1번이다.

해석

A : 119입니다. 무슨 일이십니까?

B : 어떤 남자가 갑자기 쓰러졌어요. 그가 정신을 잃은 것 같아요.

A : 어디십니까?

B : 부산 몰입니다.

A : 그가 숨을 쉬고 있습니까?

B : 네, 신음하고 있는데 눈은 못 떠요.

A : 네, 앰뷸런스가 막 출발했고 긴급 의료원들이 가는 도중에 당신에게 전화할 것입니다.

16 다음 대화의 빈칸에 들어갈 말로 알맞은 것은?

상 중 하

A : This is 119. State your emergency.

B : The building trembled suddenly. Did an earthquake occur?

A : Yes. A 6 pressure earthquake hit the Busan area.

B : Really? then what do I have to do? I am so scared.

A : Calm down and follow my instructions, please.

B : Yes.

A : You're in a danger zone of after shocks. If you work in a high building, please evacuate to a _____ right away.

B : Where should I go?

A : Do you have any Korean friends you can visit?

B : No, I don't.

A : Then, you should evacuate to a shelter in Busanjin－Gu.

① elevator　　② office
③ important place　　④ safe place

풀이

① 엘리베이터
② 사무실
③ 중요한 곳, 요지
④ 안전한 곳

∴ 지진이 일어났고 고층건물에 있다면 evacuate(대피하다) 해야 하는데 이와 어울리는 말은 '안전한 장소'이다. 만약 evacuate를 몰라도 그 뒤이어, '내가 어디로 가야합니까'라고 하였으므로 빈칸에는 B가 가야 할 곳을 말했다는 것을 알 수 있다. 따라서 정답은 4번이다.

해석

A : 119입니다. 무엇을 도와드릴까요?
B : 건물이 갑자기 진동했습니다. 지진이 발생한 것입니까?
A : 예. 진도 6 지진이 부산 지역을 강타했습니다.
B : 정말요? 제가 무엇을 해야 하나요? 너무 무섭네요.

A : 안심하시고, 지시에 따라주세요.
B : 네.
A : 선생님은 여진 위험지역에 있습니다. 만약 고층건물에서 일하고 있다면, 안전한 곳으로 대피하시길 바랍니다.
B : 어디로 가야 합니까?
A : 방문할 한국인 친구가 있나요?
B : 없습니다.
A : 그렇다면 부산진구에 있는 대피소로 대피해야 합니다.

17 다음 대화로 알 수 있는 사고는?

상 중 하

A : 119, what's your emergency?

B : A building under construction has collapsed over.

A : What is your location, please?

B : I don't know. I'll get you a Korean person, and you could ask him.

A : Yes, thank you.

① earthquake
② tsunami
③ construction accident
④ a chain－reaction collision

풀이

① 지진
② 쓰나미
③ 건설현장 붕괴사고
④ 추돌사고

∴ construction과 collapse가 힌트였다. '건설, 공사'와 '붕괴되다, 무너지다'를 뜻하므로 공사장에 있는 건물이 무너진 상황임을 알 수 있다. 따라서 정답은 3번이다.

해석

A : 무엇을 도와드릴까요?
B : 여기서 건설 중인 건물이 무너져 내렸습니다.
A : 위치가 어디입니까?
B : 잘 모르겠는데요. 한국 사람을 바꿔 드릴 테니 그 사람에게 물어보세요.
A : 네. 고맙습니다.

18 다음 대화의 빈칸에 들어갈 말로 알맞은 것은? 상 중 하

A : How was your vacation?

B : Terrible. I had to work on my dissertation.

A : That's too bad. Have you finished it?

B : _____

---

① Well, there's one thing I realize.

② No, I don't think he's done it.

③ No, I still have a long way to go.

④ Yes, I can complete end of my dissertation.

풀이

① 제가 깨달은 한 가지가 있습니다.
② 아니오, 저는 그가 그것을 했다고 생각하지 않습니다.
③ 아니오, 저는 아직도 갈 길이 멀어요.
④ 네, 저는 논문의 마무리 부분을 완성할 수 있어요.

∴ 논문을 끝냈냐고 물어보는 말에는 '끝냈다 혹은 못 끝냈다'라는 의미의 말이 와야 적합하다. 3번 '아직도 갈 길이 멀다'는 못 끝냈다는 의미이므로 3번이 정답이다.

해석

A : 휴가는 어땠나요?
B : 끔찍했어요. 제 박사논문 때문에 작업을 해야 했어요.
A : 정말 안됐네요. 논문은 끝냈나요?
B : 아뇨, 아직도 갈 길이 멀어요.

19 다음 중 'seizure'의 대처법으로 옳지 않은 것은? 상 중 하

How to Help Someone Who Is Having a Seizure

ⓐ Ease the person to the floor so they don't fall.

ⓑ Make sure the person is breathing.

ⓒ Help prevent them from hurting themselves.

ⓓ Hold the person down.

---

① ⓐ   ② ⓑ

③ ⓒ   ④ ⓓ

풀이

∴ 발작을 일으키고 있는 환자를 누르거나, 놀라게 하거나, 몸을 흔들면서 의식을 되찾게 하려는 등의 행동을 하지 말아야 한다. 따라서 'ⓓ 그 사람을 제압하세요.'는 대처법으로 옳지 않다.

해석

발작을 일으키고 있는 사람을 돕는 방법
ⓐ 그 사람이 부상을 입지 않도록 바닥에서 편하게 있게 해주세요.
ⓑ 그 사람이 숨을 쉬고 있는지 확인하세요.
ⓒ 그들이 스스로를 다치게 하는 것을 막도록 도와주세요.
ⓓ 그 사람을 제압하세요.

20 다음 대화의 빈칸에 들어가기에 가장 어색한 것은?

A : Can you explain how the accident happened?

B : I was climbing a ladder. When I reached the top of the ladder, I suddenly slipped and fell down.

A : What is _____ you most?

B : I fell down and hurt my wrist.

① helping ② paining

③ hurting ④ troubling

풀이

① 돕는
② 고통스럽게 하는
③ 아프게 하는
④ 고통을 주는

∴ 앞서 사다리 꼭대기에서 미끄러져 떨어졌다고 설명하였고, 빈칸 뒤에서 B는 떨어지면서 손목을 다쳤다고 하였다. 빈칸 뒤에서 다친 부위를 설명하고 있으므로 빈칸은 불편한 곳이 없는지 물어보는 상황이 와야 한다. 따라서 어색한 것은 1번의 helping이다.

해석

A : 사고가 어떻게 발생했는지 설명해 주실 수 있겠습니까?
B : 사다리를 올라가고 있었어요. 사다리 꼭대기까지 올라갔을 때 갑자기 미끄러져 떨어졌어요.
A : 어디가 가장 불편하세요?
B : 떨어지면서 손목을 다친 것 같습니다.

MEMO

05   2017년 소방직 기출(공채)(상반기)

01   빈칸에 들어갈 단어로 가장 적절한 것은?

A fast—spreading fire erupted rapidly filling the stairs with heat and smoke. It took out 2 hours for fire fighters to _____ the fire and to evacuate the tenants.

① deduce
② retain
③ subdue
④ prolong

02   밑줄 친 부분과 의미가 가장 가까운 것을 고르시오.

Winning the race was an accomplishment in itself and creating world record was the icing on the cake.

① an emotional moment
② a goal which is hard to achieve
③ an additional benefit
④ an excessive greed

03   밑줄 친 부분과 의미가 가장 가까운 것을 고르시오.

Yesterday a fire inspection team just after suppression of big fire was dispatched and found metal plates welded as tangible evidence in the basement of the building.

① definite
② equivocal
③ defined
④ abstract

04   밑줄 친 부분과 의미가 가장 가까운 것을 고르시오.

I have worked for the fire station as an agent of investigation of great fire in the federal government in my whole life. The other day there was a big fire in a village. The person called Robert was investigated. He was a garrulous person and it was very easy for me to pick holes in his arguments.

① get down to
② pay attention to
③ come down with
④ find a mistake with

05 다음 중 어법이 옳은 문장을 고르시오.

① Today the concert will held as scheduled for the celebrity of the president inauguration.

② Audience members who arrive after the concert begins will be asked to wait until being seated before the main entrance door.

③ As the concert held on time by steering committee, audience members who are late behind schedule will see the inauguration ceremony for security and fire fighting safety through the transparent glass outside ceremonial hall.

④ Therefore the entrance door will replace with for the transparent glass.

06 다음 중 밑줄 친 부분이 어법상 어색한 것을 고르시오.

It matters little ① whether a poet had a large audience in his own times. ② That matters is that there should always be ③ at least a small audience for him in ④ every generation.

07 다음 중 빈칸에 들어갈 말로 알맞은 것을 고르시오.

A : Hello, this is an emergency room in Browny hospital. May I help you?

B : Hello, isn't this fire station?

A : No, but what is it happening there?

B : There is a big fire at the building here. Come hurry please!

A : I got it! calm down and _____ I'll transfer your call to fire station immediately!

B : Thanks!

① take your time, please!

② hold the line, please!

③ hang up the phone, please!

④ don't be patient, please!

08 대화의 흐름상 빈칸에 들어갈 말로 알맞은 것을 고르시오.

A : Hello, can I speak to Mr. Kim?

B : He is not available right now. _____
_____

A : Yes, please tell him to call me back. My name is John Smith and my phone number is 253 – 3859.

B : Just a second. Let me get a pen. What was the number again?

① I am sorry but I'll hang up.

② Can I take message?

③ You have a collect call.

④ Can you speak up?

09 다음 대화의 빈칸에 들어갈 말로 가장 적절한 것을 고르시오.

A : We have special programmes for all students and teaching staff.

B : Please, explain the programmes respectively? and I would like to introduce them for my class students in summer semester.

A : By all means, I would like to recommend both of them at first. One is first aid class, and the other is the class to learn fire extinguisher usage.

B : Oh, both is necessary, but the other is good for young students. Who teaches us the skills?

A : Firemen will teach us how to use the fire extinguisher directly.

B : _____

A : Wonderful! I expect you to do your best.

① I'll meet them and I'll say the questions I have.

② I think it's too busy to attend the class.

③ Great! I will participate in the program in any case this time!

④ There are many problems we have solved for fires in every life.

10 다음 글의 밑줄 친 부분 중 어법상 옳지 않은 것을 고르시오.

The firemen ① have faced challenges : there are mountains, buildings, waters, and even the bowels of the earth. They feel strongly the pride that they ② have devoted themselves to difficulties people ③ are unwillingly to do but they may fight to death under fire. They insist that they ④ should give a guarantee against life and safety as people have expected their safety, property, and life.

11 다음 글을 읽고 두 지문의 공통점을 고르시오.

(A) A businessman I know went to Japan to negotiate a deal with a Japanese electronics firm. After he arrived he was asked when he would return to the United States. "We need to know so we can arrange to drive you to the airport." his host said. My friend replied that he had to leave on Friday. For the next five days the Japanese gave him tours, long lunches and presentations—everything except what he went to Japan for; to negotiate a deal. Finally, Friday morning, only five hours before his flight, negotiations began. My friend was under intense pressure to make concessions. Only then did the truth dawn on him. Because negotiations had been delayed until the last moment, he was at a tremendous disadvantage. He broke off talks and returned home. Don't disclose your deadline unless it's in your best interest. If a time limits has been set by others, see if it can be changed. If you must negotiate within a time frame, downplay its importance. Focus on the deal itself.

(B) I have a client who owned a fast—food restaurant. One of the most successful tactics used by his employees was asking, "Would you like French fries with that?" Over 20 percent of customers answered yes, even though many had no original intention of buying a side order. Often people make an impulse purchase because they don't stop thinking whether they really need an item or whether they're getting best value. To prevent this, make a list of what you need before shopping. If you're buying a car or a computer, make a list of the specifications you want and stick to it.

① The necessity of homework
② How to prevent impulse purchases
③ The importance of rational thinking
④ How to get your best deal

12 다음 중 빈칸에 들어갈 단어로 알맞은 것을 고르시오.

How does the brain produce adaptive behavior? Scientists have discovered two sets of facts. On the one hand, the physiologists have shown a variety of ways how closely the brain resembles a machine : in its dependence on chemical reactions, and in the precision and determinateness with which its component parts act on one another. On the other hand, the psychologists and biologists have confirmed with full objectivity the layman's conviction that the living organism behaves typically in a purposeful and adaptive way. These two characteristics of the brain's behavior have proved difficult to reconcile, and some researchers have gone so far as to declare them _____.

① essential　　　② agreeable
③ dependable　　④ incompatible

13 다음 글의 내용상 미국인들이 비만인 원인으로 가장 적절한 것은?

It's the American way to celebrate our robust range of life choices. We pride ourselves on being able to pick where we work, whom we live with, where we shop, and how we play. We decide on our government. We treasure the right to vote. For centuries we've believed that the sum total of these highly personal decisions will lead to an optimal society, that community can best evolve through every individual pursuing his or her own "rational," enlightened self‑interest. That presumption is now being put to a severe test—and many of us would argue it has failed us badly. Our lifestyle, to put it simply, is on the wrong course. The evidence is all around us. The lifestyle we, the American middle class, have selected has led to a serious deterioration in public health. We have become a sedentary population, deprived of exercise, and the result is a rising incidence of obesity.

① no sedentary lifestyle in American society
② lack of walking in American society
③ the pursue to individual happiness
④ disruption of American middle class

14 다음 글의 제목으로 가장 적절한 것을 고르시오.

Sometimes there are so many things for you to deal with and you feel it is beyond your capacity to fulfill all these tasks. When work has accumulated to that point, you can take certain steps to help yourself out. Firstly, list all the jobs that must be done and decide which one requires immediate attention. Secondly, divide the work into separate parts so it will be easier for you to see whether each part is being accomplished as desired. Finally, assign each task a certain amount of time, so that task will be carried out systematically. If you are realistic and allow yourself a little extra time for each task, you will find that all the work will be done according to the time as assigned and a sense of accomplishment will replace the anxiety you felt at first.

① Decision Makes Works Easier
② Abandonment Is the Only Solution
③ Assignment Solves Every Problem
④ Organization Saves Time and Energy

15 다음 중 (A), (B)에 들어갈 단어로 가장 알맞은 것을 고르시오.

Empowerment is a major motivational strategy being used by many organizations today. Effective empowerment can result in a work force that is more highly motivated and does higher quality work.   (A) , as it turns out, empowerment isn't for everyone. Indeed, a significant number of employees seem to prefer to put in their eight hours a day, have someone else make all decisions, and simply draw their paycheck and go home.   (B) , in reality managers need to carefully assess the nature of their organization. Empowerment can indeed work wonders in their right settings. But trying to force empowerment into organizations where it doesn't fit or onto workers who don't want it can backfire. And backfiring empowerment can badly burn unsuspecting organization.

	(A)	(B)
①	However	Hence
②	Besides	In practice
③	Nevertheless	What's worse
④	For example	However

16 다음 중 빈칸에 들어갈 말로 알맞은 것을 고르시오.

To escape the chore of scraping with an old credit card, many people use warm water only to find their windscreen freezing over again once they are on the road, with potentially lethal consequences. Pouring hot water will melt the ice but once that's done, the thin layer of tepid, rapidly—evaporating water running down the screen has little heat left to warm the glass and quickly turns back to ice. Happily, this doesn't mean that we are condemned to using those tedious scrapers. For ice to reform, we need more than just sub—zero temperature : pretty obviously, there also has to be water. So, the secret to rapid removal of ice is to pour warm water over the windscreen and the windscreen wipers and then quickly switch the wipers on at their high speed. Keeping the windscreen ice—free, the wipers _____.

① are melted by the hot water

② remove the thin layer of water

③ are turned off until you are on the road

④ screen the windscreen with frozen water

17 다음 Biodiesel에 관한 설명 중 지문의 내용과 일치하지 않는 것은?

Biodiesel is a fuel which is suitable for use in diesel engines and that is not based on petroleum. Biodiesel is often made from plant sources. It's also possible to mix biodiesel with petroleum−based diesel fuel in any ratio. Since most engines designed to run on diesel fuel can use biodiesel, it would seem that this biofuel could displace a great deal of fuel pumped from the ground. There is a bunch of complex chemistry that goes into producing biodiesel from many different sources. A reduction in greenhouse gas emissions is an oft−cited benefit to biodiesel use. Burning biodiesel does release carbon dioxide into the atmosphere, but the plants often used to create the fuel also sucked up carbon dioxide as they grew.

① 기존 석유에서 얻는 디젤 연료를 대신할 연료이다.
② 보통 식물에서 얻을 수 있고, 기존 연료와 혼합 사용도 가능하다.
③ 이 연료는 새롭게 고안된 엔진에서만 사용이 가능하다.
④ 다양한 재료로부터 복잡한 화학 방식으로 만들어 낼 수 있다.

18 다음 중 제시된 문장의 위치로 가장 알맞은 것을 고르시오.

However, as if the research says one thing about interpersonal attraction, it is that, with few exceptions, we are attracted to those who are similar or even identical to us in socioeconomic status, race, ethnicity, religion, perceived personality traits, and general attitudes and opinions.

"Opposites attract," you say? Not according to the research. (①) We have all heard that people are attracted to their "opposite" in personality, social status, back−ground, and other characteristics. (②) Many of us grow up believing this to be true. (③) "Dominant" people tend to be attracted to other dominant people, not to "submissive" people, as one might otherwise expect. (④)

19 다음 중 문장의 순서를 바르게 나열한 것을 고르시오.

An attitude is a learned tendency to respond favorably or unfavorably towards a given object. We are not born with attitudes but we begin to form them soon after birth.

(A) Of course, the opposite could happen also,; we could develop a favorable attitude towards lying if we are told that telling lies is proper. In a similar fashion we learn the other attitudes which make up our attitude system.

(B) Take, for example, an attitude most of us hold — the attitude to tell the truth. From early childhood we are encouraged to speak the truth.

(C) Our parents and relatives tell us that telling the truth is good and right, and the proper way to act. When we tell truth we may be commended for it. Likewise, we may be punished for lying.

① (A) − (B) − (C)　　② (B) − (A) − (C)
③ (B) − (C) − (A)　　④ (C) − (A) − (B)

20 다음 중 내용상 옳지 않은 것을 고르시오.

Today, at Columbia University Medical school, all second−year medical students take seminar in narrative medicine in addition to their science classes. There they learn to listen more empathically to the stories their patients tell and to "read" those stories with greater acuity. Instead of asking a list of computerlike diagnostic questions, these young doctors broaden their inquiry. "Tell me where it hurts" becomes "Tell me about your life." The goal is empathy, which studies have shown declines in students with every year they spend in medical school. And the result is both high touch and high concept. Studying narrative helps a young doctor relate better to patients and to assess a patient's current condition in the context of that person's full life story. Being a good doctor, Dr. Rita says, requires narrative competence — "the competence that human beings use to absorb, interpret, and respond to stories."

① Doctors learn to listen to their patients' story empathically and acutely.
② Doctors ask the patients their inquiry heartily through empathy.
③ Doctors have made the patients pleased who are participating in the narrative medicine.
④ Doctors should have the narrative competence to respond to patient's whole life.

MEMO

서울특별시 지방소방공무원 신규채용(공개경쟁)

응시분야

성 명

[필적 감정용 기재란]
(예시) 서울소방 안전 대한민국

책 형

Ⓐ

Ⓑ

※ 책형 확인
책형

문제지 및 답안지 확인 후 기재

※ 감독관 확인

국 어 | 한 국 사 | 영 어 | 선택과목1 | 선택과목2

응 시 번 호

OMR 뒷면

정답 및 풀이

01	02	03	04	05	06	07	08	09	10
③	③	①	④	②	②	②	②	③	④
11	12	13	14	15	16	17	18	19	20
④	④	②	④	①	②	③	③	③	③

01 빈칸에 들어갈 표현으로 가장 적절한 것은? 상 **중** 하

A fast-spreading fire erupted rapidly filling the stairs with heat and smoke. It took out 2 hours for fire fighters to _____ the fire and to evacuate the tenants.

① deduce   ② retain

③ subdue   ④ prolong

풀이

① 추론, 추정하다, 연역하다
② 유지하다, 보유하다
③ 진압하다, 가라앉히다
④ 연장시키다, 연장하다

∴ 화재(fire)가 폭발(erupt)하면 소방관들(fire fighters)이 하는 일은 화재(the fire)를 ____하고 주민들(tenants)을 대피시키는 (evacuate) 것이다. 소방관들이 주민들을 대피시키고 화재를 어떻게 하겠는가? '불을 끈다'는 내용이 나와야 하므로 3번 '진압하다'가 들어가는 것이 가장 적절하다.

해석

빠르게 퍼지는 화재가 폭발하여 열과 연기로 계단을 빠르게 매웠다. 소방관들이 화재를 진압하고 주민들을 대피시키는 데 2시간이 걸렸다.

02 밑줄 친 부분과 의미가 가장 가까운 것을 고르시오. 상 **중** 하

Winning the race was an accomplishment in itself and creating world record was the icing on the cake.

① an emotional moment
② a goal which is hard to achieve
③ an additional benefit
④ an excessive greed

풀이

① 감정적인 순간
② 성취하기에 어려운 목표
③ 부가적 이익
④ 과도한 탐욕

∴ 위 문제에서 중요한 힌트는 and이다. the icing on the cake를 모른다면 and를 기점으로 앞에 나온 문장을 보자. '경주에서 승리하는 것은 업적 and 세계기록을 세운 것은 _____이다.' A and B에서 A와 B는 대등한 입장이다. 따라서 동일한 뉘앙스의 이야기가 이어져야 한다. '경주에서 승리하는 것'은 '세계기록을 세운 것'과 대등하고 '업적'은 긍정적으로 표현된 것이니 빈칸도 긍정적인 말이 나와야 한다. 따라서 부정적인 어조가 있는 2번과 4번은 제외되며 1번에서의 감정은 문맥상 어울리지 않는다. 따라서 가장 적합한 것은 3번 '부가적인 이익'이다.

※ the icing on the cake : 금상첨화(좋은 것 위에 더욱 좋은 것을 더한다는 뜻)

해석

경주에서 승리한 것은 그 자체로 업적이었고, 세계기록을 세운 것은 금상첨화였다.

03 밑줄 친 부분과 의미가 가장 가까운 것을 고르시오.

Yesterday a fire inspection team just after suppression of big fire was dispatched and found metal plates welded as tangible evidence in the basement of the building.

① definite
② equivocal
③ defined
④ abstract

풀이

① 분명한, 뚜렷한
② 모호한, 애매한
③ 정의된, 규정된
④ 추상적인, 관념적인

∴ '화재조사팀이 금속판을 tangible한 증거로서 찾았다'에서 tangible의 뜻은 '분명히 실재하는, 만질 수 있는'이라는 뜻이다. 또한 문맥상으로도 '증거'가 된다는 것은 분명한 것이어야 한다. 따라서 정답은 1번이 가장 적합하다.

해석

어제 대형 화재 진압 바로 후에 화재조사팀이 파견되었고, 건물의 지하실에서 분명한 증거로서 용접된 금속판을 찾아내었다.

04 밑줄 친 부분과 의미가 가장 가까운 것을 고르시오.

I have worked for the fire station as an agent of investigation of great fire in the federal government in my whole life. The other day there was a big fire in a village. The person called Robert was investigated. He was a garrulous person and it was very easy for me to pick holes in his arguments.

① get down to
② pay attention to
③ come down with
④ find a mistake with

풀이

① ~을 시작하다, ~에 진지하게 관심을 기울이다
② ~에 주목하다
③ (별로 심각하지 않은 병이) 들다, 걸리다
④ 오류, 실수를 발견하다

∴ he는 Robert를 말하는데 그는 garrulous(수다스러운, 말이 많은)한 사람이다. 이 문장과 and가 대등해야 한다. 내가 그의 argument(주장, 논쟁)에서 pick holes in 하는 것은 쉽다는 것이다. pick holes in의 뜻을 모르더라도 pick 뽑다, 고르다, holes 구멍이라는 뜻으로 유추할 수 있다. '~에서 구멍을 고르다'에서 '구멍'이라는 것은 부정의 뉘앙스가 있다. '수다스러운 사람이 하는 주장에서 구멍을 고르는 것은 쉽다'라는 것은 그 사람에게서 부정적인 것을 찾아내는 것이 쉽다는 뜻이다. 따라서 holes를 a mistake로 받은 4번이 정답이다.

※ pick holes in : 허점을 찾아내다

해석

나는 소방서에서 연방정부의 대형 화재 조사관으로 평생을 일해 왔다. 며칠 전에 마을에 큰 화재가 있었다. 로버트라고 불리는 사람이 조사를 받았다. 그는 수다스러운 사람이라서 내가 그의 주장에서 허점을 찾아내는 것은 매우 쉬웠다.

05 다음 중 어법이 옳은 문장을 고르시오.

상 중 하

① Today the concert will held as scheduled for the celebrity of the president inauguration.

② Audience members who arrive after the concert begins will be asked to wait until being seated before the main entrance door.

③ As the concert held on time by steering committee, audience members who are late behind schedule will see the inauguration ceremony for security and fire fighting safety through the transparent glass outside ceremonial hall.

④ Therefore the entrance door will replace with for the transparent glass.

풀이

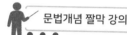

문법개념 짤막 강의

①
능동 vs. 수동
'능동'은 주어가 직접 하는 것, '수동'은 주어가 직접 하는 것이 아닌 다른 것에 의해 그렇게 되는 것을 말한다. 수동태의 기본 공식은 'be p.p'이다.
문장에서 주어인 the concert 입장에서는 '열리게 되는 것'이므로 수동태로 와야 한다. 따라서 hold (회의, 시합 등을) 하다[열다/개최하다]를 수동태로 변형시켜야 한다. 즉 동사를 will held → will be held로 바꿔야 한다.

②
관계대명사 선행사 수의 일치
Audience members who arrive will be asked to wait : 주격관계대명사 who가 쓰였다. 주격관계대명사는 관계대명사 절 안에 주어가 생략되어 있어야 하며 '선행사 + 주격 관대 + 동사'의 구조가 되어야 한다. 이때, 선행사가 사람인지 사물인지에 따라 주격관대가 다르다. 선행사가 사람이면 who, that, 사물일 경우 which, that이다. 선행사가 audience members(청중들), 즉 사람이므로 who가 잘 쓰였다. members는 복수이므로 관대절 안의 동사는 복수동사로 와야 한다. arrives 단수동사가 아닌 arrive 복수동사로 잘 왔다.

시간, 조건부사절 : 현재시제가 미래시제 대신!
after the concert begins : 시간의 접속사 after가 왔다. 시간, 조건의 접속사가 왔을 경우, 예를 들어 If it rains tomorrow, I will not go out.에서 if 조건 부사절에 미래시점 부사(tomorrow)가 나왔다고 해서 will rain 미래시제 동사로 쓰면 안 되고 현재시제(rains)로 써야 한다는 것이다. 위 문장에서는 after 시간 부사절 접속사가 쓰였다. 아직 일어나지 않은 상황 '후'를 말하는 after가 나왔다고 will begin을 쓰는 것이 아니라 '시간, 조건 부사절에서는 현재 시제가 미래시제를 대신한다.'에 의해 begins 현재시제가 쓰여야 하므로 적절하게 사용되었다.

ask A to V(B)
Audience members will be asked to wait : 'ask A to B'의 뜻은 'A에게 B를 요청, 부탁하다'의 뜻이다. 이때 B의 형태는 동사원형이어야 한다. ask와 to사이에는 목적어 A가 있어야 하는데 A가 없고 ask와 to가 붙어 있을 경우 ask의 태는 수동태가 되어야 한다. 문장에서도 A 목적어가 없고 수동태로 쓰였으므로 적절하게 사용되었다.

자동사 vs. 타동사 : sit vs. seat
until being seated : sit은 자동사, seat은 타동사이다. 타동사는 뒤에 반드시 목적어가 와야 한다. 만약 seat 타동사를 쓰고 목적어가 없을 시 seat의 태는 수동태로 와야 한다. until 접속사 절 안에서 숨은 주어는 audience members이고 동사는 분사 형태로 수동 분사 형태인 being p.p가 쓰인 것이므로 맞다.

③
접속사 + 1 = 동사개수
'As 접속사 the concert 주어 held 동사~, audience members 주어 will see 동사~'이다. held가 동사로 쓰인 자리인데 위 1번의 설명대로 여기서도 held의 형태는 수동태인 is held로 써야 한다.

④
replace A with B(A를 B로 대체하다)
2번에서의 설명(ask A toB)에서처럼 A가 없고 with이 replace와 붙어 있을 경우 replace의 태는 수동태이어야 한다. 위 예문은 People will replace the entrance door with the transparent glass에서 The entrance door 목적어가 수동태로 주어로 오면서 The entrance door will be replaced with the transparent glass. 가 된 것이다. 따라서 will replace → will be replaced, with for → with가 되어야 한다.

해석

① 오늘 콘서트는 계획대로 대통령 취임식 축하행사로 열릴 것입니다.
② 콘서트가 시작된 후 도착한 청중들은 착석할 때까지 출입문 앞에서 기다리도록 요청받을 것입니다.
③ 콘서트는 운영위원회에 의해 정각에 열리므로, 예정보다 늦은 청중들은 보안상과 소방안전을 위해 식장 밖에서 투명 유리를 통해 취임식을 보게 될 것입니다.
④ 그러므로 출입구는 투명유리로 대체될 것입니다.

06 다음 중 밑줄 친 부분이 어법상 어색한 것을 고르시오.

It matters little ① <u>whether</u> a poet had a large audience in his own times. ② <u>That</u> matters is that there should always be ③ <u>at least</u> a small audience for him in ④ <u>every</u> generation.

풀이

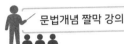 문법개념 짤막 강의

①
whether 명사절, 부사절
whether은 주어, 목적어, 보어 자리에 올 수 있는 명사절(~인지 아닌지)과 부사절(~이든 아니든)에 쓰인다. 여기에서는 가주어 it, 진주어 whetehr 절로 쓰인 경우이다. whether은 접속사이므로 절 안에 빠지는 문장성분 없이 완전한 절로 쓰인다.

②, ③
that(접속사) vs. what(관계대명사)
② that과 what은 '~하는 것'으로 해석은 똑같다. 하지만 that은 접속사로 온 것이기 때문에 절 안이 완벽하고 what은 관계대명사이므로 문장이 불완전하다. matter(중요하다)은 동사이며 단수형 동사 형태인 matters로 왔다. 동사 앞에 선행사가 없으며 주어가 빠진 형태로서 문장이 불완전하므로 that이 아닌 what이 와야 맞다.
③ at least는 '적어도, 최소한의'라는 뜻이다.

④
every + 단수명사 : 어느 …이나 다, 모든, 모두(의)
every는 형용사로 쓰이는데 '어느 …이나 다, 모든, 모두(의)'의 뜻으로 명사를 수식할 때는 단수명사가 온다.

해석

시인은 자신이 살던 그 당시에 많은 독자가 있었는지 없었는지는 그다지 중요하지 않다. 중요한 것은 모든 세대에 적어도 조금씩이라도 독자가 항상 있어야 한다는 것이다.

07 다음 중 빈칸에 들어갈 말로 알맞은 것을 고르시오.

A : Hello, this is an emergency room in Browny hospital. May I help you?
B : Hello, isn't this fire station?
A : No, but what is it happening there?
B : There is a big fire at the building here. Come hurry please!
A : I got it! calm down and _____ I'll transfer your call to fire station immediately!
B : Thanks!

① take your time, please!
② hold the line, please!
③ hang up the phone, please!
④ don't be patient, please!

풀이

① 천천히 하세요.
② 전화 끊지 말고 기다려 주세요.
③ 전화 끊으세요.
④ 참지 마세요.

∴ 빈칸 뒤에 이어지는 말이 I'll transfer your call to fire station immediately!(제가 즉시 당신의 전화를 소방서로 연결해 드릴게요!)이므로 전화를 끊지 말라는 말이 나오는 것이 가장 적절하다.

해석

A : 안녕하세요, 브라우니 병원 응급실입니다. 무엇을 도와드릴까요?
B : 여보세요? 소방서 아닌가요?
A : 아닙니다. 근데 무슨 일이시죠?
B : 여기 빌딩에 큰 화재가 났습니다. 빨리 와주세요!
A : 알겠습니다. 진정하시고 전화를 끊지 말고 기다려 주세요! 제가 즉시 당신의 전화를 소방서로 연결해 드릴게요.
B : 감사합니다.

08 대화의 흐름상 빈칸에 들어갈 말로 알맞은 것을 고르시오.

> A : Hello, can I speak to Mr. Kim?
> B : He is not available right now. _____
> _____
> A : Yes, please tell him to call me back. My name is John Smith and my phone number is 253 – 3859.
> B : Just a second. Let me get a pen. What was the number again?

① I am sorry but I'll hang up.
② Can I take message?
③ You have a collect call.
④ Can you speak up?

풀이

① 죄송합니다만 전화 끊겠습니다.
② 메모 남겨드릴까요?
③ 수신자 부담 전화입니다.
④ 더 큰소리로 말씀해 주시겠어요?

∴ 빈칸 뒤에 이어지는 말은 알겠다고 하며 그에게 전달할 말 등이 나오고 B가 펜을 가지고 오겠다고 한다. 따라서 메모를 남기겠다는 말이 나와야 하며 정답은 2번이다.

해석

A : 여보세요. 김 선생님과 통화 할 수 있을까요?
B : 그는 지금 자리에 없습니다. 메모 남겨드릴까요?
A : 예, 저에게 전화 좀 해 달라고 말해 주세요. 제 이름은 존 스미스이고, 전화번호는 253 – 3859입니다.
B : 잠깐만요. 펜을 가져올게요. 전화번호 다시 말씀해 주시겠어요?

09 다음 대화의 빈칸에 들어갈 말로 가장 적절한 것을 고르시오.

> A : We have special programmes for all students and teaching staff.
> B : Please, explain the programmes respectively? and I would like to introduce them for my class students in summer semester.
> A : By all means, I would like to recommend both of them at first. One is first aid class, and the other is the class to learn fire extinguisher usage.
> B : Oh, both is necessary, but the other is good for young students. Who teaches us the skills?
> A : Firemen will teach us how to use the fire extinguisher directly.
> B : _____
> A : Wonderful! I expect you to do your best.

① I'll meet them and I'll say the questions I have.
② I think it's too busy to attend the class.
③ Great! I will participate in the program in any case this time!
④ There are many problems we have solved for fires in every life.

풀이

① 제가 그분들을 만나서 질문을 드릴 거예요.
② 제가 너무 바빠서 수업에 참석하기 어렵습니다.
③ 좋아요! 저는 이번에 어떠한 경우에도 프로그램에 참여할 것입니다.
④ 일상에는 우리가 화재에 대해 해결해 왔던 많은 문제들이 있습니다.

∴ 프로그램에 관한 대화로 빈칸 뒤에 이어지는 말(멋져요! 건투를 빕니다)은 긍정의 말이다. 프로그램에 대한 소개와 빈칸 뒤로 긍정의 말이 나올 경우 가장 적합한 말은 3번이다.

해석

A : 저희는 모든 학생과 직원을 위한 특별한 프로그램들이 있습니다.

B : 프로그램들을 각각 설명해 주실래요? 저는 여름학기에 저희 반 학생들에게 프로그램들을 소개 해주고 싶어요.

A : 그럼요! 저는 먼저 두 가지 다 추천을 드려요. 하나는 응급 처치반이고, 또 다른 하나는 소화기 사용법을 배우는 반이예요.

B : 음, 둘 다 필요하지만 소화기 사용법이 어린 학생들에게는 좋겠네요. 누가 수업을 하세요?

A : 소방관들이 직접 소화기를 사용하는 법을 우리에게 가르쳐 줄 것입니다.

B : 좋아요! 저는 이번에 어떠한 경우에도 프로그램에 참여할 것입니다.

A : 멋져요! 건투를 빕니다.

---

10 다음 글의 밑줄 친 부분 중 어법상 옳지 않은 것을 고르시오.

The firemen ① have faced challenges : there are mountains, buildings, waters, and even the bowels of the earth. They feel strongly the pride that they ② have devoted themselves to difficulties people ③ are unwillingly to do but they may fight to death under fire. They insist that they ④ should give a guarantee against life and safety as people have expected their safety, property, and life.

풀이

① 소방관들이 과거~현재까지 어려움에 직면해 온 것이므로 '과거~현재'까지를 말하는 현재완료가 사용되었으며, 주어인 소방관들이 직접 직면한 것이므로 능동 형태로 잘 쓰였다.

② devote oneself to N : ~에 전념하다, 헌신하다. oneself는 재귀대명사로 주어와 목적어가 같을 때 사용한다. 주어가 they이므로 they의 재귀대명사는 themselves이다. to 명사 형태로서 difficulties 어려움들이 명사로 바르게 쓰였다.

③ difficulties 선행사, do 뒤에 목적어가 빠져 있는 목적격 관계 대명사절 people~do가 difficuties를 수식해 주고 있다. unwillingly(마지못해, 본의 아니게)는 부사이며 be to V로 잘 쓰였다.

④ 주장, 명령, 제안, 요구의 동사 중 insist 주장하다 that 절에 주어 + (should) 동사원형으로 나온 것이다. 여기서 they는 소방관들인데 소방관들은 생명과 안전을 보장받아야 한다는 내용이므로 '보장하다'가 아닌 '보장받다'여야 한다. 따라서 should give a guarantee가 아니라 (should) be given a guarantee가 맞다.

해석

소방관들은 어려움에 직면해 왔다 : 산맥, 건물, 물, 그리고 심지어 땅속 깊은 곳에서조차. 그들은 대단히 자부심을 느끼는데 그 자부심은 사람들이 본의 아니게 처한 어려움에 자기 자신들을 헌신하고 있다는 데 있다. 하지만 소방관들은 가끔 화재 속에서 죽음과 싸워야 하는 외로움과 공포를 느낀다. 그들은 사람들이 그들의 안전, 재산, 생명에 대한 안전을 기대하는 것처럼 자신들의 생명과 안전도 보장받아야 한다고 주장한다.

11 다음 글을 읽고 두 지문의 공통점을 고르시오.

상 중 하

(A) A businessman I know went to Japan to negotiate a deal with a Japanese electronics firm. After he arrived he was asked when he would return to the United States. "We need to know so we can arrange to drive you to the airport." his host said. My friend replied that he had to leave on Friday. For the next five days the Japanese gave him tours, long lunches and presentations—everything except what he went to Japan for; to negotiate a deal. Finally, Friday morning, only five hours before his flight, negotiations began. My friend was under intense pressure to make concessions. Only then did the truth dawn on him. Because negotiations had been delayed until the last moment, he was at a tremendous disadvantage. He broke off talks and returned home. **Don't disclose your deadline unless it's in your best interest. If a time limits has been set by others, see if it can be changed. If you must negotiate within a time frame, downplay its importance. Focus on the deal itself.**

(B) I have a client who owned a fast-food restaurant. One of the most successful tactics used by his employees was asking, "Would you like French fries with that?" Over 20 percent of customers answered yes, even though many had no original intention of buying a side order. Often people make an impulse purchase because they don't stop thinking whether they really need an item or whether they're getting best value. **To prevent this, make a list of what you need before shopping.** If you're buying a car or a computer, **make a list of the specifications you want and stick to it.**

① The necessity of homework
② How to prevent impulse purchases
③ The importance of rational thinking
④ How to get your best deal

풀이

보기분석 및 아림's 예측전개!

① 과제의 필요성
② 충동구매를 막는 방법
③ 이성적 사고의 중요성
④ 최고의 거래를 하는 방법

1번 '과제의 필요성'에 대한 전개는 학생들이 과제를 통해 학습을 보충할 수 있고 과제는 학생들의 학습 책임감과 자기관리 능력 등 좋은 학습태도를 배양시키며, 과제가 학교와 가정 간 소통의 통로 역할을 할 수 있고 교사가 학생 개개인의 과제에 대하여 적절한 피드백을 해 줄 경우 성적 향상에 훨씬 효과가 클 수 있다 등 좋은 점들이 전개될 것으로 보인다. 2번은 필요한 물건인지, 사고 싶은 물건인지를 냉정하게 판단하기, 윈도쇼핑 금지, 브랜드 상품은 온라인으로 가격비교를 해보기 등의 내용이, 3번은 이성적 사고란 주어진 사실에 근거하여 객관적이고 보편적인 기준에 따라 정확하고 공정한 판단을 내리고, 논리적으로 일관성 있게 추론하는 것을 말하는데, 이성적 사고를 통하여 주어진 정보와 추론에 무조건 의지하지 않고, 여러 대안을 비교함으로써 가장 적절한 정책을 구할 수 있는 능력을 길러준다는 등의 내용이 전개될 것이다. 4번은 보편적 상황에서 거래를 해야 할 때 적용될 수 있는 것으로 거래의 상황에서 유의해야 할 점 혹은 어떻게 거래를 해야 좋을지가 전개될 것으로 보인다.

∴ 일단, (A)와 (B)의 상황을 파악해야 한다. (A)는 협상을 할 때 기한을 알리지 말라 하며 시간이 아닌 거래 자체에 초점을 맞추라고 한다. (B)는 충동구매를 막기 위해서 쇼핑하기 전에 필요한 것의 리스트를 만들라는 내용이다. 따라서, (A)와 (B)에 포괄적으로 모두 포함되는 주제는 협상, 물건 사기에 적합한 '거래'이며, 정답은 4번 '최고의 거래를 하는 방법'이다.

(A) 내가 아는 한 사업가가 일본 전자회사와 협상하기 위해 일본에 갔다. 그는 도착한 후에 언제 미국으로 돌아갈 것인지 질문을 받았다. "저희가 알아야 당신을 공항까지 모셔다 드리죠." 주최 측이 말했다. 내 친구는 금요일에 돌아가야만 한다고 대답했다. 다음 5일 동안, 그 일본인들은 그에게 관광, 긴 점심식사, 프레젠테이션 – 그가 일본에 온 목적, 즉 협상하는 것을 제외한 모든 것 – 을 제공했다. 마침내 금요일 아침, 비행기 시간을 겨우 5시간 남겨두고 협상이 시작되었다. 내 친구는 양보를 하라는 엄청난 압박감에 시달렸다. 그때가 되어서야 그는 진실을 깨달았다. 마지막 순간까지 협상이 연기되었기 때문에 그는 엄청나게 불리한 상황에 놓였던 것이다. 그는 회의를 중지하고 귀국했다. 만약 그것이 당신에게 최대의 이익이 되지 않는다면 당신의 기한을 알리지 마라. 만약 기한이 상대방들에 의하여 정해져 있다면, 그것을 변경할 수 있는지 알아보라. 만약 당신이 정해진 시간 내에 협상을 해야 한다면, 시간의 중요성은 대수롭지 않게 생각해라. 거래 자체에 초점을 맞춰라.

(B) 나는 패스트푸드 식당을 소유한 한 고객이 있다. 그의 종업원들이 사용하는 가장 성공적인 전략 중 하나는 "그것(주문한 음식)과 함께 프렌치프라이를 드시겠어요?"라고 묻는 것이었다. 많은 사람들이 원래 추가 주문을 할 의도가 없었을지라도, 20%가 넘는 손님들이 "예"라고 대답했다. 종종 사람들은 충동구매를 하게 되는데, 그것은 잠시 시간을 갖고 생각해 보지 않기 때문이다. 그 물건을 정말로 필요로 하는지, 혹은 최상의 가치가 있는 것을 구입하는지 등에 대해서 말이다. 이것을 막기 위해서는, 쇼핑하기 전에 당신이 필요로 한 것의 목록을 만들어라. 만약 당신이 자동차 또는 컴퓨터를 사려 한다면, 당신이 원하는 구체적인 사양의 목록을 만들고 그 목록을 지켜라.

---

12 다음 중 빈칸에 들어갈 단어로 알맞은 것을 고르시오.

How does the brain produce adaptive behavior? Scientists have discovered two sets of facts. On the one hand, the physiologists have shown a variety of ways how closely the brain resembles a machine : in its dependence on chemical reactions, and in the precision and determinateness with which its component parts act on one another. On the other hand, the psychologists and biologists have confirmed with full objectivity the layman's conviction that the living organism behaves typically in a purposeful and adaptive way. **These two characteristics of the brain's behavior have proved difficult to reconcile, and some researchers have gone so far as to declare them _____.**

① essential　　② agreeable
③ dependable　　④ incompatible

풀이

① 필수적인, 본질적인　　② 기꺼이 동의하는
③ 믿을 수 있는　　④ 양립할 수 없는

∴ A and B에서 A와 B는 서로 대등한 말을 한다. A에서 힌트를 얻어 보자면 '두 가지 특성은 reconcile(조화시키다)이 어렵다는 것을 증명했다'이다. 따라서 뒤에도 '조화가 안 되는, 어울릴 수 없는, 맞지 않는' 등의 단어가 나와야 한다. 따라서 incompatible(양립할 수 없는)이 적합하다.

해석

뇌는 어떻게 적응 행동을 만들어낼까? 과학자들은 두 가지 사실을 발견했다. 한편으로는, 생리학자들은 여러 가지 면에서 뇌가 얼마나 기계와 유사한지를 보여주었다. 즉, 화학 반응에의 의존성, 구성 부분들이 서로 영향을 미치는 그 정밀성이나 명확성에 있어서 말이다. 다른 한편으로는, 심리학자들과 생물학자들은 유기체가 전형적으로 목적성을 가진, 적응하는 행동을 한다는 보통 사람들의 생각이 사실이었음을 객관적으로 확인시켜 주었다. 뇌의 습성에 있어서 이러한 두 가지 특성은 적절히 조화되기가 어렵다는 것이 증명되었고, 일부 연구자들은 더 나아가 양자가 양립할 수 없다고 선언하기까지 했다.

13 다음 글의 내용상 미국인들이 비만인 원인으로 가장 적절한 것은?

It's the American way to celebrate our robust range of life choices. We pride ourselves on being able to pick where we work, whom we live with, where we shop, and how we play. We decide on our government. We treasure the right to vote. For centuries we've believed that the sum total of these highly personal decisions will lead to an optimal society, that community can best evolve through every individual pursuing his or her own "rational," enlightened self-interest. That presumption is now being put to a severe test—and many of us would argue it has failed us badly. Our lifestyle, to put it simply, is on the wrong course. The evidence is all around us. The lifestyle we, the American middle class, have selected has led to a serious deterioration in public health. **We have become a sedentary population, deprived of exercise, and the result is a rising incidence of obesity.**

① no sedentary lifestyle in American society
② lack of walking in American society
③ the pursue to individual happiness
④ disruption of American middle class

풀이

① 미국 사회의 앉아 있지 않는 생활방식
② 미국 사회의 걷기 부족
③ 개인 행복에 대한 추구
④ 미국 중산층의 붕괴

∴ 마지막 문장에 비만과 관련한 이야기가 나온다. deprived of excercise(운동을 박탈당한)가 sedentary population(주로 앉아서 생활하는)을 설명하고 이것에 대한 결과가 obesity(비만)라고 한다. 따라서 lack → deprived, walking → excercise 정답은 2번이다.

해석

삶에서 확고한 선택들을 찬양하는 것이 미국식 태도이다. 우리는 어디서 일할지, 누구와 살 것인지, 어디에서 쇼핑할지, 어떻게 즐길지 등을 고를 수 있다는 것을 자랑스럽게 여긴다. 우리는 우리의 정부를 결정한다. 우리는 투표할 권리를 귀중히 여긴다. 수 세기 동안 우리는 이러한 개인적인 결정들의 총합이 최상의 사회로 이어질 것이라고 믿어 왔고, 그 공동체는 개개인이 '합리적'이고, 계몽된 자신의 이익을 추구함으로써 최고로 진보할 수 있을 것이라고 믿어 왔다. 그 가정은 현재 어려운 시험대에 놓여 있다 — 그리고 우리 중 많은 사람들은 그것이 우리를 몹시 실망시켰다고 주장할 것이다. 간단히 말해서 우리의 생활방식은 잘못된 방향에 있다. 그 증거는 우리 주변에 있다. 우리, 즉 미국의 중산층이 선택해 온 생활양식은 대중의 건강에 심각한 악화를 초래했다. 우리는 운동을 박탈당한, 주로 앉아 있는 사람들이 되었으며 그 결과는 비만의 증가 현상이다.

14 다음 글의 제목으로 가장 적절한 것을 고르시오.

Sometimes there are so many things for you to deal with and you feel it is beyond your capacity to fulfill all these tasks. When work has accumulated to that point, you can take certain steps to help yourself out. Firstly, **list all the jobs** that must be done and **decide which one requires immediate attention**. Secondly, **divide the work into separate parts** so it will be easier for you to see whether each part is being accomplished as desired. Finally, **assign each task a certain amount of time**, so that task will be carried out systematically. If you are realistic and allow yourself a little extra time for each task, you will find that all the work will be done according to the time as assigned and a sense of accomplishment will replace the anxiety you felt at first.

① Decision Makes Works Easier
② Abandonment Is the Only Solution
③ Assignment Solves Every Problem
④ Organization Saves Time and Energy

풀이

보기분석 및 아림's 예측전개!

① 결정은 일을 더 쉽게 만든다.
② 포기는 유일한 해결책이다.
③ 할당이 모든 문제를 해결한다.
④ 조직화(체계성)는 시간과 에너지를 절약한다.

1번은 결정을 해야 일이 수월하게 풀린다는 것, 2번은 다른 것들이 아닌 포기만이 문제를 해결할 수 있는 것, 3번은 해야 할 일 혹은 문제 상황에서 여러 면으로 나눠야 일이 해결된다는 것, 4번은 조직화는 일정한 질서에 맞게 체계적으로 해야 시간과 에너지를 절약 할 수 있다 등의 내용이 전개될 것으로 보인다.

∴ 처리해야 할 일이 많고 그 일들에 대해 내 능력 밖임을 느낄 때 해야 할 일들을 세 가지로 정리해서 말하고 있다. 첫째, 해야 할 일의 목록을 적기, 둘째, 세분화, 마지막으로 시간 배분 등이다. 따라서 이 모든 내용을 다 포함하는 4번이 정답이다.

해석

가끔씩 당신은 당신이 처리해야 할 일이 너무 많고 이 모든 업무들을 해내는 것이 당신의 능력을 넘어선다고 느낀다. 일이 그 정도로 쌓였을 때, 당신은 스스로를 돕기 위해 어떤 조치를 취할 수 있다. 첫째, 해야 할 모든 일의 목록을 적고 어떤 것을 가장 즉각적으로 해야 할 것인지를 결정하라. 둘째, 그 일을 분리시켜라. 그럼 당신이 각 부분이 원하는 대로 성취되고 있는지 더 쉽게 확인할 수 있다. 마지막으로, 각각의 일에 정해진 시간을 분배하라. 그러면 그 일은 체계적으로 수행될 것이다. 만약 당신이 현실적이고, 각각의 일마다 스스로에게 약간의 추가 시간을 허용한다면, 당신은 모든 일이 할당된 시간에 따라 수행될 것이라는 것을 알게 될 것이고, 성취감이 처음 당신이 느꼈던 불안감을 대체할 것이다.

15 다음 중 (A), (B)에 들어갈 단어로 알맞은 것을 고르시오.

상 중 하

Empowerment is a major motivational strategy being used by many organizations today. **Effective empowerment can result in a work force** that is more highly motivated and does higher quality work. ___(A)___, as it turns out, empowerment isn't for everyone. Indeed, a significant number of employees seem to prefer to put in their eight hours a day, have someone else make all decisions, and simply draw their paycheck and go home. ___(B)___, in reality managers need to carefully assess the nature of their organization. Empowerment can indeed work wonders in their right settings. **But trying to force empowerment into organizations where it doesn't fit or onto workers who don't want it can backfire.** And backfiring empowerment can badly burn unsuspecting organization.

	(A)	(B)
①	However	Hence
②	Besides	In practice
③	Nevertheless	What's worse
④	For example	However

풀이

① 그러나 – 그러므로
② 게다가 – 실제에서는
③ 그럼에도 불구하고 – 설상가상으로
④ 예를 들어 – 그러나

∴ (A) 앞으로는 권한위임에 대한 긍정적 측면(동기부여 방법, 인력창출 등)이 나와 있다. 그러나 (A) 뒤로는 권한위임이 모든 이들에게 긍정적인 것은 아니라고 말한다. 앞에서는 긍정적 측면을, 뒤에서는 부정적인 측면을 이야기하므로 역접의 연결사가 나와야 한다. 그 후 (B) 앞에는 근로자들에 대한 권한위임의 부정적 사례가 나오고 (B) 뒤로는 관리자들이 주의 깊게 평가해야 한다는 내용이 나오므로 인과관계의 연결사 '그러므로(hence)'가 나와야 한다.

해석

권한위임은 오늘날 많은 단체들에 의해 사용되고 있는 주요한 동기 부여방법이다. 효과적인 권한위임은 훨씬 더 큰 의욕을 가지고 양질의 일을 하는 인력을 낳을 수 있다. 그러나 알고 보니, 권한위임이 모든 사람에게 좋은 것은 아니다. 실제로, 상당한 많은 수의 근로자들은 하루에 8시간 일하고, 다른 누군가가 모든 결정을 하고, 단순히 월급을 받아 집으로 가는 것을 더 선호하는 것처럼 보인다. 그러므로 현실에서 관리자들은 그 조직의 본성을 주의 깊게 평가할 필요가 있다. 권한위임은 적절한 환경에서는 실제로 놀라운 일을 할 수 있다. 하지만 적합하지 않은 조직에, 혹은 그것을 원하지 않는 근로자들에게 권한위임을 강요하려고 노력하는 것은 역효과를 낳을 수 있다. 그리고 역효과를 낳은 권한위임은 이상한 낌새를 못 채는 단체를 심하게 훼손시킬 수 있다.

16 다음 중 빈칸에 들어갈 말로 알맞은 것을 고르시오.

To escape the chore of scraping with an old credit card, many people use warm water only to find their windscreen freezing over again once they are on the road, with potentially lethal consequences. Pouring hot water will melt the ice but once that's done, the thin layer of tepid, rapidly−evaporating water running down the screen has little heat left to warm the glass and quickly turns back to ice. Happily, this doesn't mean that we are condemned to using those tedious scrapers. For ice to reform, we need more than just sub−zero temperature : pretty obviously, there also has to be water. So, **the secret to rapid removal of ice is to pour warm water over the windscreen and the windscreen wipers and then quickly switch the wipers on at their high speed**. **Keeping the windscreen ice−free, the wipers** _____.

① are melted by the hot water
② remove the thin layer of water
③ are turned off until you are on the road
④ screen the windscreen with frozen water

풀이

① 뜨거운 물에 의해 녹는다
② 얇은 수분층을 제거한다
③ 당신이 운전할 때까지 꺼져 있다
④ 얼어붙은 물로 앞 유리를 가린다

∴ 빈칸 앞에 역접의 연결사가 있지 않은 이상. 앞 문장과 빈칸의 문장은 대등한 이야기가 나와야 한다. 빈칸 앞의 이야기는 얼음을 신속하게 제거하는 비결이다. 그럼 빈칸의 문장에도 무슨 이야기가 나와야겠는가. '얼음을 신속하게 제거하는 비결＝얼음이 없는 것'이어야 한다. 앞 유리에 얼음이 없는 상태를 유지하기 위해서 와이퍼는 물이 없는 환경을 만들어야 한다. 따라서 2번이 정답이다.

해석

오래된 신용카드로 긁어내는 잔일을 피하기 위해 많은 사람들은 따뜻한 물을 이용하지만 결국 도로에서 주행할 때 차의 앞 유리가 다시 얼어버리는, 치명적일 가능성이 있는 결과를 발견한다. 뜨거운 물을 붓는 것은 얼음을 녹이지만, 일단 녹으면 순식간에 증발해버리는 미지근한 얇은 수분 막이 앞 유리에 내려앉아서 유리를 데울 충분한 열이 남아 있지 않아 다시 얼어 버린다. 다행히도, 이것은 우리가 그 지겨운 긁어내는 도구를 사용한 것에 비난받는다는 뜻은 아니다. 얼음이 다시 만들어지기 위해서는 영하의 온도 외에도 필요한 것이 있다. 매우 분명하게, 물이 있어야 한다. 그래서, 얼음을 빠르게 제거하는 비법은 따뜻한 물을 앞 유리와 와이퍼에 부은 다음 빠르게 와이퍼를 최고 속도로 작동시키는 것이다. 앞 유리에 얼음이 없는 상태를 유지하기 위해 와이퍼는 얇은 수분층을 제거한다.

17 다음 Biodiesel에 관한 설명 중 지문의 내용과 일치하지 않는 것은?

상 중 하

Biodiesel is a fuel which is suitable for use in diesel engines and that is not based on petroleum. Biodiesel is often made from plant sources. It's also possible to mix biodiesel with petroleum−based diesel fuel in any ratio. Since most engines designed to run on diesel fuel can use biodiesel, it would seem that this biofuel could displace a great deal of fuel pumped from the ground. There is a bunch of complex chemistry that goes into producing biodiesel from many different sources. A reduction in greenhouse gas emissions is an oft−cited benefit to biodiesel use. Burning biodiesel does release carbon dioxide into the atmosphere, but the plants often used to create the fuel also sucked up carbon dioxide as they grew.

① 기존 석유에서 얻는 디젤 연료를 대신할 연료이다.

② 보통 식물에서 얻을 수 있고, 기존 연료와 혼합 사용도 가능하다.

③ 이 연료는 새롭게 고안된 엔진에서만 사용이 가능하다.

④ 다양한 재료로부터 복잡한 화학 방식으로 만들어 낼 수 있다.

풀이

보기분석 및 아림's 예측전개!

① 대신할 연료 → 대신 할 연료인지 아닌지
② 식물 / 혼합사용 → 식물에서 얻어지는 것인지 혹은 다른 곳인지 / 혼합사용이 가능한지 불가능한지
③ 새롭게 고안된 엔진에서만 → 새롭게 고안된 엔진에서만 사용 가능한지 혹은 기존 엔진에서도 가능한지
④ 다양한 재료 / 복잡한 화학 방식 → 다양한 재료가 아닌 한두 가지인지 / 복잡한지 단순한 화학방식인지

∴ '디젤 연료로 작동하도록 만들어진 대부분의 엔진이 바이오디젤을 사용할 수 있기 때문에'라는 문장에서 새롭게 고안된 엔진에서만이 아닌 대부분의 엔진에서 바이오디젤이 사용 가능하다는 것을 알 수 있다. 따라서 3번이 일치하지 않는다.

해석

바이오디젤은 디젤 엔진을 사용할 경우 적절한 연료이며, 그것은 석유를 기반으로 하지 않는다. 바이오디젤은 흔히 식물 자원으로부터 만들어진다. 또한 바이오디젤과 기존 석유를 기반으로 한 디젤 연료를 어떠한 비율로든 혼합하는 것이 가능하다. 디젤 연료로 작동하도록 만들어진 대부분의 엔진이 바이오디젤을 사용할 수 있기 때문에, 이 바이오연료가 땅에서 뿜어내는 연료의 상당 부분을 대체할 수 있을 것처럼 보인다. 많은 다른 자원으로부터 바이오디젤을 생산해내는 다수의 복잡한 화학 방식이 있다. 온실가스의 감소는 자주 인용되는 바이오디젤 사용의 이점이다. 바이오디젤을 연소하면 대기 중으로 이산화탄소를 방출하지만, 동시에 이 연료를 만들어 내기 위해서 흔히 사용되는 식물들이 자라면서 이산화탄소를 빨아들인다.

18 다음 중 제시된 문장의 위치로 가장 알맞은 것을 고르시오.

> However, as if the research says one thing about interpersonal attraction, it is that, with few exceptions, we are attracted to those who are **similar** or even **identical** to us in socioeconomic status, race, ethnicity, religion, perceived personality traits, and general attitudes and opinions

> "**Opposites attract,**" you say? Not according to the research. (①) We have all heard that people are attracted to their "opposite" in personality, social status, back－ground, and other characteristics. (②) Many of us grow up believing this to be true. (③) "Dominant" people tend to be attracted to other dominant people, not to "submissive" people, as one might otherwise expect. (④)

풀이

∴ 역접의 연결사 however 뒤로는 'similar, identical'(유사한, 동일한)이 나오는데 이는 지문 앞의 'opposite'(반대의)과는 반대이다. 그렇다고 하면 지문에서 반대의 사람에게 끌리는 내용 뒤에 '그러나' 유사한 사람에게 끌리는 내용으로 전개될 것이다. 따라서 3번에 제시문이 들어가고 바로 뒤에 이에 대한 예로 dominant people은 other dominant people에게 끌리는 경향이 있다는 내용이 나오는 것이 적합하다.

해석

"반대가 매력적이다."라고 당신은 말하는가? 연구에 따르면 그것은 아니다. 우리 모두는 사람들이 성격, 사회적 지위, 배경, 그리고 다른 특징들에서 그들과 '반대인' 사람들에게 끌린다고 들어 왔다. 우리 중 많은 사람들은 이것이 사실이라고 믿으며 자라 왔다. 하지만 그 연구가 사람 간의 끌림에 대해 말하고 있는 것처럼, 여기에는 몇 가지 예외를 가진다. 우리는 사회경제적 지위, 인종 민족성, 종교, 인지된 성격적 특징, 그리고 일반적인 태도나 의견에 있어서 우리와 유사한, 심지어 동일한 사람들에게 끌린다. '권력을 쥔' 사람들은 '고분고분한' 사람들이 아닌 다른 권력을 쥔 사람들에게 끌리는 경향이 있는데, 이 점은 어떤 사람이 예상했던 것과는 다르다.

19 다음 중 문장의 순서를 바르게 나열한 것을 고르시오.

> **An attitude is a learned tendency to respond favorably or unfavorably towards a given object.** We are not born with attitudes but we begin to form them soon after birth.

> (A) Of course, the opposite could happen also,; we could develop a favorable attitude towards lying if we are told that telling lies is proper. In a similar fashion we learn the other attitudes which make up our attitude system.
>
> (B) Take, for example, an attitude most of us hold－the attitude to tell the truth. From early childhood we are encouraged to speak the truth.
>
> (C) Our parents and relatives tell us that telling the truth is good and right, and the proper way to act. When we tell truth we may be commended for it. Likewise, we may be punished for lying.

① (A) － (B) － (C)
② (B) － (A) － (C)
③ (B) － (C) － (A)
④ (C) － (A) － (B)

풀이

∴ 제시문에서 태도는 주어진 대상에 대해 호의적 혹은 비호의적으로 반응하는 학습된 경향이라고 말한다. 주어진 문장에 대한 (B)의 예로 어렸을 때부터 진실을 말하도록 장려되고, (B)에 대한 부연설명으로 (C)부모와 친척들에게 학습된 것, (A)물론 이와 반대로 거짓말이 적절하다고 학습되면 거짓말에 대한 호의적인 태도가 나타날 수 있다는 내용이다. 따라서 정답은 (B)-(C)-(A)가 적합하다.

해석

태도는 주어진 대상에 대하여 호의적 또는 비호의적으로 반응하는 학습된 성향이다. 우리는 태도를 가지고 태어난 것이 아니라 태어난 후 태도를 형성하기 시작한다.

(B) 예를 들어, 우리들 대부분이 지니고 있는 태도, 즉 진실을 말하는 태도를 살펴보자. 우리는 아주 어릴 때부터 진실을 말하도록 장려된다.

(C) 우리의 부모들과 친척들은 우리에게 진실을 말하는 것이 좋고 옳은 것이고, 적절한 행동 방법이라고 말해준다. 우리는 진실을 말할 때 그것에 대해 칭찬을 받을지도 모른다. 마찬가지로, 우리는 거짓말하는 것에 대해 처벌을 받을 수도 있다.

(A) 물론, 그 반대 또한 발생할 수 있는데, 만일 우리가 거짓말하는 것이 적절하다고 듣는다면 우리는 거짓말을 하는 것에 대해서 호의적인 태도를 보일 수도 있다. 이와 유사한 방식으로, 우리는 우리의 태도 시스템을 만드는 다른 태도들을 배운다.

20 다음 중 내용상 옳지 않은 것을 고르시오.

상 중 하

Today, at Columbia University Medical school, all second-year medical students take seminar in narrative medicine in addition to their science classes. There they learn to listen more empathically to the stories their patients tell and to "read" those stories with greater acuity. Instead of asking a list of computerlike diagnostic questions, these young doctors broaden their inquiry. "Tell me where it hurts" becomes "Tell me about your life." The goal is empathy, which studies have shown declines in students with every year they spend in medical school. And the result is both high touch and high concept. Studying narrative helps a young doctor relate better to patients and to assess a patient's current condition in the context of that person's full life story. Being a good doctor, Dr. Rita says, requires narrative competence - "the competence that human beings use to absorb, interpret, and respond to stories."

---

① Doctors learn to listen to their patients' story empathically and acutely.

② Doctors ask the patients their inquiry heartily through empathy.

③ Doctors have made the patients pleased who are participating in the narrative medicine.

④ Doctors should have the narrative competence to respond to patient's whole life.

① 의사들은 환자들의 이야기를 감정이입하여 정확하게 듣는 것을 배운다.
② 의사들은 환자들에게 그들의 질문을 감정이입을 통해 진심으로 묻는다.
③ 의사들은 이야기 치료에 참여한 환자들을 만족해하도록 한다.
④ 의사들은 환자들의 일생에 대해 반응하는 이야기 능력이 있어야 한다.

∴ 이야기 치료를 통해 환자들이 만족감을 느끼도록 한다는 내용은 지문에 나와 있지 않다. 따라서 정답은 3번이다.

오늘날 콜롬비아 의대에서 모든 2학년 의대생들이 과학 수업 외에도 이야기 치료 세미나를 수강한다. 거기에서 그들은 환자들의 이야기를 더 공감하여 듣는 것, 그러한 이야기들을 더 예리하게 '읽는 것'을 배운다. 컴퓨터와 같은 진단용 질문들의 리스트를 묻는 것 대신에, 이 젊은 의사들은 질문의 범위를 넓힌다. "어디가 아픈지 나에게 말해주세요."는 "당신의 생활에 대해 나에게 말해주세요."가 된다. 목표는 공감인데, 공감의 연구에 따르면 이 능력은 학생들이 의대에서 시간을 보내는 것에 비해 감소한다. 그리고 결과는 인간적인 접촉과 폭넓은 호소력 모두이다. 이야기 연구는 젊은 의사들이 환자들에게 더 잘 이야기할 수 있게 돕고 환자의 인생 이야기의 맥락에서 그의 현재 상태를 평가하도록 도와준다. 리타 박사는 좋은 의사가 되는 데에는 이야기 능력 ─ 인간이 이야기에 반응하고, 해석하며, 받아들이는 데 사용하는 능력이 요구된다고 말한다.

MEMO

06 2017년 소방직 기출(공채)(하반기)

01 다음 대화를 읽고 빈칸에 들어갈 말을 고르시오.

A : I have a great news.
B : What is it?
A : I got a promotion at my job. You're looking at the new head of the accounting department!
B : Congratulation! _____

① What a coincidence!
② There is nothing to it.
③ You fully deserve it.
④ I hope that you like it.

02 다음 주어진 문장이 들어갈 곳으로 가장 적절한 곳은?

This stops the wheel from spinning, and the bicycle comes to a stop.

You would think all bicycles must have brakes. But the bicycles used for track racing are built without brakes. (①) A track racing bicycle has only essential parts to keep its weight down. (②) So, how do you stop it? (③) This is where the gloves come in. The racer backpedals, and then holds the front wheel tight with his hands. (④) No wonder track bicycle racers wear gloves! If they didn't, their hands would get terribly hurt every time they tried to stop.

03 다음 밑줄 친 부분과 같은 의미의 단어를 고르시오.

They do not respect the <u>indigenous</u> cultures of these people.

① rare
② native
③ historical
④ honorable

04 다음 빈칸에 들어갈 말로 가장 적절한 것은?

For thousands of years, craftspeople, designers, artisans and makers have improved their knowledge and skills to develop increasingly sophisticated accessories. Accessories were no doubt invented to sustain or facilitate life; the invention of bags enabled food to be carried from place to place, whilst footwear was created to wrap the feet and so enable people to withstand the vagaries of working life. But accessories are also created to show the magnificence of the wearer; richly decorated hats emphasize status, whilst jewellery is often displayed to demonstrate wealth. Today, the need to sustain life and desire to show magnificence through the use of accessories continues to drive their popularity. Accessories design must therefore _____ : accessories are increasingly becoming both key fashion items and fashion statements that demand attention as much from those wearing them as from those observing them.

① balance practical requirements with aesthetic considerations

② get some inspiration from pop songs

③ only show the magnificence of the wearer

④ attract both the observers' and the wearers' attention

05 다음 중 문법적으로 올바른 것을 고르시오.

① The number of people purchasing pet food with human-grade ingredients are on the increase.

② Selling products to the public is a way for corporations to raise funds to finance their activities.

③ Motivating by feelings of guilt, they are inclined to make amends for their actions.

④ The stock market, which claims on the earnings of corporations are traded, is the most widely followed financial market in America.

06 다음 밑줄 친 부분과 같은 의미의 단어를 고르시오.

They went to prison on purpose.

① deliberately

② mutually

③ beneficially

④ competitively

07 다음 글의 내용과 일치하는 것은?

> When faced with unconventional situations or fires, sometimes unconventional tactics must be employed.

① a burnt child dreads the fire
② the effective control of unusual fires using untraditional tactics
③ the consequences of the team work in controlling fires
④ the importance of fire prevention

08 다음 밑줄 친 부분 중 문법적으로 틀린 것을 고르시오.

> When they see you ① purchasing the products, they can encourage you to ② buy this item. They think if you try this product, maybe you will buy ③ them ④ even more expensive.

09 다음 빈칸에 들어갈 말로 가장 적절한 것은?

> A drone crashed into a passenger plane last week in Canada, renewing safety concerns about unmanned aircraft and raising questions about how best to enforce regulations now that drones are becoming more and more commonplace. The drone hit a plane carrying six passengers and two crew members en route to an airport in Quebec on Thursday. "This should not have happened," Canada's minister of transport, Marc Garneau, said at a news conference on Sunday. "That drone should not have been there." Nobody was hurt, but the incident could have caused "catastrophic" damage had it hit an engine or incapacitated the pilot, Mr. Garneau said. Researchers at Virginia Tech's College of Engineering demonstrated in 2015 that an eight—pound quadcopter drone could rip apart a nine—foot—diameter engine in less than 1/200th of a second. All in all, as far as air safety is concerned, drone _____.

① has a lot of strength
② may pose a serious threat to airplanes
③ how to control the threat to the drone
④ how to use the drone

10 다음 밑줄 친 부분과 같은 의미의 단어를 고르시오.

> The picture on TV was <u>blurry</u>.

① huge　　　　　② lovely

③ colorful　　　　④ unclear

11 다음 대화를 읽고 빈칸에 들어갈 말로 적절한 것을 고르시오.

> A : Are you ready to order?
> B : Could you recommend a great one?
> A : How about spaghetti with cream sauce?
> B : Okay. I would like to have spaghetti with cream sauce and a glass of wine.
> A : Good choice. It'll take at least 20 minutes to be served.
> 　　　　　　　(20 minutes later)
> A : Here you are.
> B : _____ I ordered spaghetti with cream sauce not tomato sauce.
> A : I'm sorry. I'll get you the right one.

① I think I was overcharged.

② It couldn't be better.

③ What took you so long?

④ This is not what I ordered.

12 다음 밑줄 친 부분과 같은 의미의 단어를 고르시오.

> The increase in bus fares has aroused public <u>anger</u>.

① stubbornness　　② bravery

③ indignation　　　④ compassion

13 글의 흐름상 무관한 문장을 고르시오.

> Do you have a stressful life, high blood pressure, insomnia? Keeping an aquarium may be good therapy for you. ① Seniors who were provided with an aquarium filled with fish had significant blood pressure reduction. ② Watching fish has been shown to calm children who suffer from hyperactivity disorder. ③ Nursing facilities need to be expanded for the health of the elderly. ④ Dental patients who were subjected to hypnosis vs an aquarium experienced the same or greater benefit from the aquarium. Other studies have shown that dental patients required less pain medication after having watched fish in the office. It's little wonder that physician offices, dental clinics, and even waiting rooms for counselors have traditionally kept an aquarium in the waiting room.

14 다음 글의 주제로 가장 적절한 것을 고르시오.

It has become very fashionable to 'think green', and I am fully in favour of this. Climate change is a legitimate political theme, and any politician can express his or her concern with this matter and get votes as a result. This is excellent. But there is a bigger and more urgent danger than climate change. That danger is the poor quality of human thinking. This requires even more urgent attention. Perhaps there should be an even more important slogan than 'think grey'. The grey refers to our grey matter, or brains. Most of the problems, conflicts and fights in the world are caused by poor thinking. An improvement in human thinking would help solve such issues. If we get our thinking right then it becomes easier to solve not only environmental problems, but other problems too.

① the necessity to improve the quality of human thinking
② the necessity to solve the environment problems
③ 'think green' is very important slogan in the world
④ urgent attention requires our attention

15 주어진 문장 뒤에 이어질 글의 순서로 적합한 것은?

It is predicted that there will be more people over 60 than under 15 in 20 years.

(A) Their concern is valid, but a study shows there's a good news to the graying of our nation. Over the years, the older subjects proved to have fewer negative emotions and more positive ones compared with their younger days.
(B) It means as people age, they're more emotionally balanced and better able to solve highly emotional problems. After all, that may lead to a more stable world as well.
(C) It will mean an aging society with an increasing number of old people and fewer youngsters. In reality, some youngsters worry about caring for old people while also keeping the country's productivity going.

① (A) － (C) － (B)
② (B) － (A) － (C)
③ (B) － (C) － (A)
④ (C) － (A) － (B)

16 다음 주어진 문장이 들어가기에 가장 적절한 곳은?

> However, if they are taken in faster than the body can dispose of them, they can be a big risk.

Electronic products are jam−packed with heavy metals, semi−metals and various chemical compounds that can leak into soil and become hazardous. (①) Components like lead, mercury, copper, barium, nickel and even arsenic are all present within a variety of electronic products. (②) As they're being thrown away or placed in the landfills, the products often break which can expose the inner workings and those dangerous chemicals and metals. (③) Normally, these metals and chemicals may not cause many problems, because as they are taken in by the body, it works to get rid of them. (④) Many of these chemicals and metals are known causes of serious health conditions like cancer, diabetes, impaired cognitive function, damaged organs and more. According to the U.N. we produce a lot of e−waste−3 million tons a year.

17 다음 빈칸 (A)와 (B)에 들어갈 말로 가장 적절한 것은?

The distinction between voice and real voice helps us understand the tricky relationship between verbal fluency and verbal power. Sometimes they go together but sometimes they are opposed. That is, on the one hand, sometimes fluency is ____(A)____ : a truly good speaker is never at a loss for words because she has found the door to her best insights and her convictions. But sometimes, on the other hand, we ____(B)____ fluent people; they speak with lively fluency but they are somehow too smooth. "She spoke so expressively and well but you know I didn't really believe her." Such people are good at finding a gear and generating words that fit the situation and the audience; they are never at a loss for words. But somehow all these words−however lively and fluent− don't give us any sense of making contact with the speaker or any sense of knowing her real feelings, attitude or point of view.

	(A)	(B)
①	convincing	distrust
②	persuasive	revere
③	imperative	cause
④	incredulous	suspect

18 다음 글을 요약하고자 한다. 빈칸 (A), (B)에 들어갈 말로 가장 적절한 것을 고르시오.

The green revolution was a mixed blessing. Over time farmers came to rely heavily on broadly adapted, high−yield crops to the exclusion of varieties adapted to local conditions. Monocropping vast fields with the same genetically uniform seeds helps boost yield and meet immediate hunger needs. Yet high−yield varieties are also genetically weaker crops that require expensive chemical fertilizers and toxic pesticides. The same holds true for high−yield livestock breeds, which often require expensive feed and medicinal care to survive in foreign climates. The drive to increase production is pushing out local varieties, diluting livestock's genetic diversity in the process. As a result, the world's food supply has become largely dependent on a shrinking list of breeds designed for maximum yield.

⇩

In their focus on increasing the ___(A)___ of food they produce today, the crops and livestock are subject to the lack of diversity which causes ___(B)___.

	(A)	(B)
①	quality	genetically weaker
②	amount	ecological vulnerability
③	volume	archeological disadvantage
④	price	biological capacity

19 다음 중 문법적으로 틀린 것을 고르시오.

① He spent hours trying to repair the clock.

② The shopping mall wasn't as crowded as usual.

③ Some of the people I work with are not very friendly.

④ Ann pretended not see me when she passed me on the street.

20 글의 흐름으로 보아 글과 무관한 문장을 고르시오.

Childhood friends−friends you've known forever−are really special. They know everything about you, and you've shared lots of firsts. When you hit puberty, though, sometimes these forever−friendships go through growing pains. ① You might find that you have less in common than you used to. ② Maybe you are into rap and she is into pop, or you go to different schools and have different groups of friends. ③ It is important to have common interests with your best friends. ④ Change can be scary, but remember : Friends, even best friends, don't have to be exactly alike. Having friends with other interests keeps life interesting − just think of what you can learn from each other.

서울특별시 지방소방공무원 신규채용(공개경쟁)

응시분야	
성 명	
[필적 감정용 기재란]	

(예시) 서울소방 안전 대한민국

응시번호

(1)

(2)

책 형	※ 책형 확인	※ 감독관 확인
Ⓐ	책형	
Ⓑ	문제지 및 답안지 확인 후 기재	

국 어

한 국 사

영 어

선택과목1

선택과목2

OMR 뒷면

01	02	03	04	05	06	07	08	09	10
③	④	②	①	②	①	②	③	②	④
11	12	13	14	15	16	17	18	19	20
④	③	③	①	④	④	①	②	④	③

01 다음 대화를 읽고 빈칸에 들어갈 말을 고르시오.

<상|중|하>

A : I have a great news.

B : What is it?

A : I got a promotion at my job. You're looking at the new head of the accounting department!

B : Congratulation! _____

① What a coincidence!

② There is nothing to it.

③ You fully deserve it.

④ I hope that you like it.

풀이

① 이런 우연이 다 있다니!

② 별거 아니야.

③ 넌 충분히 그럴 자격이 있어.

④ 당신이 그것을 맘에 들어 했으면 좋겠어요.

∴ 상대방의 승진을 축하하는 상황이기에, '넌 충분히 그럴 자격이 있어.'라는 말이 적합하다.

해석

A : 나 좋은 소식이 있어.

B : 뭔데?

A : 나 오늘 승진했어. 넌 회계부서의 새로운 상사를 보고 있는 거야!

B : 축하해! 넌 충분히 그럴 자격이 있어.

02 다음 주어진 문장이 들어갈 곳으로 가장 적절한 곳은?

<상|중|하>

This stops the wheel from spinning, and the bicycle comes to a stop.

You would think all bicycles must have brakes. But the bicycles used for track racing are built without brakes. (①) A track racing bicycle has only essential parts to keep its weight down. (②) So, how do you stop it? (③) This is where the gloves come in. The racer backpedals, and then holds the front wheel tight with his hands. (④) No wonder track bicycle racers wear gloves! If they didn't, their hands would get terribly hurt every time they tried to stop.

풀이

제시문에 주어진 this와 the wheel의 the에 힌트가 있다. this(이것)가 멈추게 했다고 하면 앞에 이것이 무엇인지와 멈춤에 관한 이야기, the wheel에서 the는 앞에 지칭한 명사를 받는 정관사이므로 wheel이 나와 있어야 한다. how do you stop it? 바로 뒤에 들어가기엔 this와 wheel 이야기가 없다. 3번 뒤의 문장을 보고 제시문과 비교해보면 this는 '장갑을 사용해서 사이클 타이어를 잡는 행위'를 말하며, the front wheel로 보아 제시문은 4번에 오는 것이 적합하다.

해석

당신은 모든 자전거에 브레이크가 있어야 한다고 생각했을 수 있다. 하지만 트랙 레이스에 사용되는 자전거들은 브레이크가 없다. 트랙 레이스용 자전거는 무게를 낮게 유지하기 위해 필수적인 부품들만을 가지고 있다. 그렇다면, 어떻게 당신은 멈출 수 있는가? 장갑에 그 기능이 있다. 레이서는 백 페달을 사용하며 앞 타이어를 손으로 꽉 잡는다. 이것은 바퀴가 회전하는 것을 멈추게 하고, 결국 자전거도 멈추게 된다. 자전거 선수들이 장갑을 끼는 것은 당연하다! 만약 그들이 장갑을 착용하지 않았다면, 멈추려고 할 때마다 손을 심하게 다칠 것이다.

03 다음 밑줄 친 부분과 같은 의미의 단어를 고르시오.

> They do not respect the indigenous cultures of these people.

① rare ② native
③ historical ④ honorable

풀이

① 드문, 희귀한
② 본래의, 토착의
③ 역사상의, 역사의
④ 명예로운

∴ indigenous는 '토착의, 그 지역의 고유의'라는 말로, 가장 유사한 것은 'native 본래의, 토착의'이다.

해석

그들은 이러한 사람들의 토착 문화를 존중하지 않는다.

04 다음 빈칸에 들어갈 말로 가장 적절한 것은?

> For thousands of years, craftspeople, designers, artisans and makers have improved their knowledge and skills to develop increasingly sophisticated accessories. Accessories were no doubt invented to sustain or facilitate life; the invention of bags enabled food to be carried from place to place, whilst footwear was created to wrap the feet and so enable people to withstand the vagaries of working life. But accessories are also created to show the magnificence of the wearer; richly decorated hats emphasize status, whilst jewellery is often displayed to demonstrate wealth. Today, the need to sustain life and desire to show magnificence through the use of accessories continues to drive their popularity. Accessories design must therefore _____ : accessories are increasingly becoming both key fashion items and fashion statements that demand attention as much from those wearing them as from those observing them.

① balance practical requirements with aesthetic considerations
② get some inspiration from pop songs
③ only show the magnificence of the wearer
④ attract both the observers' and the wearers' attention

① 미적인 고려와 더불어 실용적인 요구조건의 균형을 잘 갖추어야 한다.
② 팝송으로부터 일부 영감을 얻는다.
③ 착용자의 화려함만을 보여준다.
④ 보는 사람들과 착용자들의 관심을 끈다.

∴ 액세서리는 인간의 삶을 용이하게 하기 위해 그리고 화려함(부나 지위)을 보여주려고 만들어진다고 했다. 오늘날은 그 두 가지 목적을 모두 충족하기 위해 사용된다고 했기 때문에 액세서리 디자인은 <u>실용적인 요구조건과 미학적인 고려의 균형을 잘 갖추어야 한다</u>는 것을 알 수 있다. 따라서, 정답은 1번이 적합하다.

해석

수천 년 동안 공예가, 디자이너, 장인들, 제작자들은 점점 더 정교한 장신구들을 개발하기 위해 그들의 지식과 기술을 향상시켰다. 액세서리는 삶을 유지하거나 용이하게 하기 위해 발명된 것임이 틀림없다. 가방의 발명은 식료품들이 옮겨질 수 있게끔 했고, 한편 신발은 발을 감쌀 수 있도록 만들어져 사람들이 일하는 삶의 예측불허한 변동을 견뎌 낼 수 있게 해 주었다. 하지만, 액세서리들은 또한 사람들의 장엄함을 보여주기 위해 만들어지기도 했다. 부유하게 장식된 모자들은 사회적 지위를 강조했고, 부를 증명하기 위해 종종 전시되기도 했다. 오늘날, 액세서리를 착용함으로써 삶을 유지하기 위한 욕구라든지 장엄함을 보여주려는 열망은 계속해서 그것들의 인기를 끌고 있다. 그러므로, 액세서리의 디자인은 <u>미적인 고려와 더불어 실용적인 요구조건의 균형을 잘 갖추어야 한다</u>. 액세서리는 점점 더 주목받고 있는 주요 패션 아이템이자 패션 진술이 되어가고 있다.

---

05 다음 중 문법적으로 올바른 것을 고르시오. 상중하

① The number of people purchasing pet food with human−grade ingredients are on the increase.

② Selling products to the public is a way for corporations to raise funds to finance their activities.

③ Motivating by feelings of guilt, they are inclined to make amends for their actions.

④ The stock market, which claims on the earnings of corporations are traded, is the most widely followed financial market in America.

풀이

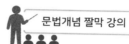

문법개념 짤막 강의

①
수의 일치 ; the number of A = A의 수, 단수동사 사용/ a number of A = 많은 A, 복수 동사 사용
the number of A(people), people을 꾸며주는 수식어구(분사구, 전치사구 purchasing~ingredients)가 많이 붙는 바람에 주어가 굉장히 길어졌고 동사가 저 끝에 are이라고 되어 있다. the number에 수의 일치를 하기 때문에 단수로 is가 왔어야 했다. are → is

②
동명사 수의 일치
동명사, to 부정사, 절이 주어로 왔을 경우 단수 취급한다. 동명사구 selling~이 주어로 왔으므로 단수동사인 is가 잘 쓰였다.

to 부정사의 의미상 주어? for + 명사, 대명사 목적격!(단, 사람의 성격형용사가 있을 시 for가 아닌 of + 명사, 대명사 목적격)
의미상 주어라는 것은 'to + 동사원형'에서 동사원형을 하는 주체를 말한다. 가령, It is natural (　) Jane (　) pass the exam.에서 시험에 통과하는 것은 it이 아닌 Jane이므로 for Jane to pass the exam 인 것이다.

It + be동사 + 인성형용사 + of 목적격 + to 부정사
인성형용사(kind, nice, clever, wise, rude, stupid, cruel, considerate, foolish 등)일 경우에는 It was <u>kind</u>

( ) you ( ) say so. 그렇게 말한 것은 it이 아닌 you라는 것이고 그렇게 말한 당신은 친절하다는 것인데 '친절한'이라는 사람의 인성형용사가 나왔으므로 for가 아닌 kind of you to say so라고 써야 맞다.

raise 타동사 + 명사, rise 자동사 + 전치사 + 명사

1) rise – rose – risen(자동사) 일어나다, 오르다, (해가) 뜨다

The sun rises in the east.
해는 동쪽에서 뜬다.

rise는 자동사이므로 명사인 목적어를 단독으로 취할 수 없어 전치사를 취해야 하므로 in이 온 것이다.

2) raise – raised – raised(타동사) ~을 올리다, 모으다, 일으키다, 기르다

She raised the gun.
그녀가 총을 들어 올렸다.

raise는 타동사이므로 전치사 없이 바로 명사인 the gun을 목적어로 취할 수 있다.

∴ 동명사구 주어는 단수취급, 자금을 모으는 것(for cor – porations to raise funds)은 기업들이 하는 것이므로 for 의미상 주어가 쓰인 것이며, raise 뒤에 명사인 목적어 모두 문법적으로 맞게 쓰였다.

③
현재분사(동원ing) = 능동, 과거분사(- ed,불규칙) = 수동
분사구문 만드는 방법은 아래와 같다.
1) 접속사 생략(접속사의 의미를 살리고자 할 경우, 생략하지 않음)
2) 부사절(접속사가 있는 문장)의 주어와 주절의 주어가 같은지 확인(주어가 같지 않은 경우는 생략 불가!), 'I' 모두 같으므로 부사절의 주어 생략
3) 부사절과 주절의 시제를 비교, 부사절의 태 확인(능동, 수동)

시제 태	부사절 = 주절	부사절(먼저 일어남) > 주절
능동	동사원형ing	having p.p.
수동	(being) p.p.	(having been) p.p.

Because I had little money, I couldn't take the bus.
1) because 생략
2) 부사절(because~money)의 주어 I, 주절의 주어 I가 같으므로 부사절의 주어 생략
3) 부사절의 시제 '과거(had), 능동', 주절의 시제 '과거'이므로 시제가 같고 능동인 '동사원형 ing' 형태로 변환, had → having
∴ Having little money, I couldn't take the bus.

Motivating by feelings of guilt, they are inclined to make amends for their actions.
분사구문이다. 주어는 they인데 주어 입장에서는 죄책감에 의한 자극을 받은 것이므로 수동 개념이다. 따라서 과거분사 motivated로 바꿔야 맞다. motivating → motivated

④
관계대명사 →불완전한 절!, 관계부사 →완전한 절!
관계대명사절은 불완전한 절이 온다. 주격 관대가 오면 관대절 안에 주어가 빠져 있고, 목적격 관대가 오면 관대절 안에 목적어가 빠져 있다. 관대절은 이렇게 불완전하지만 관계부사절은 두 문장의 공통된 부사가 빠진 것이므로 문장성분에 아무런 영향을 주지 않기 때문에 완전한 절이 온다는 것이다.
가령, I have four children. + They are students.의 경우 I have four children who are students.에서 주격관대 뒤에 주어가 없이 are이 왔으므로 주어가 빠진 불완전한 절이다.
Seoul is my hometown. I was born in Seoul.에서 in Seoul 부사구가 빠져서 만들어진 Seoul where I was born is my hometown.이므로 완전하다는 것이다.

The stock market, which claims on the earnings of corporations are traded, is the most widely followed financial market in America.
이 문장을 보자면 콤마로 삽입절이 왔는데 일단 주어는 the stock market, 동사는 단수 is로 온 것이 맞다. 관계사절을 보면 claims 주어, are traded 동사(수동태)로 완전하므로 which가 아닌 where 또는 in which로 써야 맞다.

해석

① 사람이 먹을 수 있는 수준의 재료로 만든 애완동물 사료를 구매하는 사람들의 수가 증가하고 있다.
② 상품을 일반인에게 파는 것은 기업이 활동 자금을 조달하기 위해 기금을 조성하는 방법이다.
③ 죄책감으로 인해 자극받을 때, 사람들은 자신의 행동에 대해 보상을 하려는 경향이 있다.
④ 기업의 수익에 대한 권리가 거래되는 주식 시장은 미국에서 가장 널리 취재되는 금융시장이다.

06 다음 밑줄 친 부분과 같은 의미의 단어를 고르시오.

> They went to prison <u>on purpose</u>.

① deliberately
② mutually
③ beneficially
④ competitively

풀이

① 고의적으로, 의도한 바로
② 서로, 상호 간에, 공통적으로
③ 유익하게
④ 경쟁적으로, 서로 앞다투어

∴ on purpose는 '고의적으로'라는 의미로 deliberately와 동의
어이다.

해석

그들은 <u>고의적으로</u> 감옥에 들어갔다.

07 다음 글의 내용과 일치하는 것은?

> When faced with unconventional situations or fires, sometimes unconventional tactics must be employed.

① a burnt child dreads the fire
② the effective control of unusual fires using untraditional tactics
③ the consequences of the team work in controlling fires
④ the importance of fire prevention

풀이

① 화상을 입은 아이는 불을 무서워한다.
② 전통에서 벗어난 전략을 사용하여 이례적인 화재에 효과적
인 제어
③ 화재를 제어하는 데 있어 팀워크의 중요성
④ 화재 예방의 중요성

∴ unconventional을 unusual, untraditional 등의 동의어를 이
용하여 표현했으므로 정답은 2번이다.

해석

독특한 상황이나 화재를 마주했을 때에는 틀에 박히지 않은 전략
을 사용해서라도 그 상황에 대응해야 한다.

08 다음 밑줄 친 부분 중 문법적으로 틀린 것을 고르시오.

> When they see you ① purchasing the products, they can encourage you to ② buy this item. They think if you try this product, maybe you will buy ③ them ④ even more expensive.

상 중 하

풀이

 문법개념 짤막 강의

①
지각동사 see ; 능동 : 동사원형, 동/원ing(진행강조), 수동 : 과거분사
목적어인 당신(you)이 상품을 보는 것은 능동의 행위이므로 현재분사로 쓰인 것이 맞고 purchase 동사원형 또한 올 수 있다. 하지만 They saw the products (purchase) by you.에서 목적어인 the products는 당신에 의해서 구매되는 것이므로 purchased, 과거분사로 와야 한다.

②
encourage 목적어 to 동사원형
encourage + [목] + to 동사원형(목적어가 to 동사원형을 하게끔 격려하다)이므로 목적격보어 자리에 to buy~ 가 온 것이 맞다. The teacher encourages a boy to learn. 선생님이 소년을 격려하여 공부하게 하다.

③
대명사 수의 일치! them(복수)이 나오면 it(단수)이 아닐까, it(단수)이 나오면 them(복수)이 아닐까.
해석이 중요하다. 이 문장에서 보면 무엇을 사는 것인가. 앞 문장에 힌트가 있다! this item, 단수를 사는 것이므로 단수 대명사로 it을 써야 한다. them → it

④
'훨씬' 이라는 의미의 비교급 강조부사 even!
비교급을 강조할 때에 even, much, a lot, far, still 등이 있는데, 비교급을 강조하여 '훨씬' 이라는 뜻이 있다. 오답 유형에는 'very'가 있는데, very는 비교급 강조부사가 아닌 것을 알아두어야 한다.

해석

당신이 제품을 구매할 때, 그들은 당신에게 이 제품을 구입하도록 권장할 수 있다. 그들은 당신이 만약 이 제품을 사용해 본다면, 아마도 훨씬 더 비싼 것을 살 수도 있을 것이라고 생각한다.

09 다음 빈칸에 들어갈 말로 가장 적절한 것은?

상 중 하

> A drone crashed into a passenger plane last week in Canada, renewing safety concerns about unmanned aircraft and raising questions about how best to enforce regulations now that drones are becoming more and more commonplace. The drone hit a plane carrying six passengers and two crew members en route to an airport in Quebec on Thursday. "This should not have happened," Canada's minister of transport, Marc Garneau, said at a news conference on Sunday. "That drone should not have been there." Nobody was hurt, but the incident could have caused "catastrophic" damage had it hit an engine or incapacitated the pilot, Mr. Garneau said. Researchers at Virginia Tech's College of Engineering demonstrated in 2015 that an eight-pound quadcopter drone could rip apart a nine-foot-diameter engine in less than 1/200th of a second. All in all, as far as air safety is concerned, drone _____.

① has a lot of strength

② may pose a serious threat to airplanes

③ how to control the threat to the drone

④ how to use the drone

풀이

① 많은 힘이 있다.
② 항공기에 심각한 위협을 가져다 줄 수 있다.
③ 드론의 위협을 통제하는 방법
④ 드론을 사용하는 방법

∴ 드론과 비행기가 충돌하는 사고가 발생한 점을 들면서 드론의 위험성을 설명하는 글이다. 교통부 장관이 드론이 항공기와 충돌한 사건은 재앙적인 피해를 일으킬 수도 있다고 말하는 내용으로 보아 부정적인 내용, 안전에 대한 우려가 있는 2번이 정답이다.

지난 주 캐나다에서 드론과 한 여객기가 충돌했다. 그것은 사람이 타지 않은 것에 관한 안정성 염려들을 갱신했으며, 드론들이 점점 더 일반화되었을 때에 대한 규제들을 어떻게 강화시키는지에 관해 의문점들을 현재 증폭시키고 있다. 무인 항공기는 6명의 승객과 2명의 승무원을 태우고 목요일 퀘벡의 한 공항으로 향하던 여객기와 충돌했다. 캐나다의 교통부 장관인 Marc Garneau는 "이러한 일은 결코 일어나서는 안 됩니다."라고 일요일 한 뉴스 기자회견에서 발표하였다. "드론은 그곳에 있으면 안 되었습니다." 아무도 다치지는 않았지만 그 사고가 엔진에 부딪혔거나 조종사를 무력화시켰을 경우 "재앙"과 같은 피해를 입힐 수 있었다고 Garneau는 말했다. 버지니아 공대의 공학 대학의 한 연구원은 2015년에 8파운드짜리 쿼드 코프 무인기(프로펠러가 4개인 헬기)가 1/200초도 되지 않아 9피트 직경의 엔진을 산산조각낼 수 있음을 입증했다. 항공 안전에 관한 한, 대체로, 드론은 항공기에 심각한 위협을 가져다 줄 수 있다.

상 중 **하**

10 다음에 밑줄 친 어휘와 같은 의미를 고르시오.

> The picture on TV was <u>blurry</u>.

① huge ② lovely
③ colorful ④ unclear

풀이

① 거대한
② 사랑스러운
③ 화려한

∴ blurry '더러워진'의 뜻으로 흐릿한(unclear)의 의미와 가장 가깝다.

해석

TV화면이 흐릿해졌다.

상 중 **하**

11 다음 대화를 읽고 빈칸에 들어갈 말로 적절한 것을 고르시오.

> A : Are you ready to order?
> B : Could you recommend a great one?
> A : How about spaghetti with cream sauce?
> B : Okay. I would like to have spaghetti with cream sauce and a glass of wine.
> A : Good choice. It'll take at least 20 minutes to be served.
> (20 minutes later)
> A : Here you are.
> B : _____ I ordered spaghetti with cream sauce, not tomato sauce.
> A : I'm sorry. I'll get you the right one.

① I think I was overcharged.
② It couldn't be better.
③ What took you so long?
④ This is not what I ordered.

풀이

① 음식 값이 많이 청구된 것 같습니다.
② 이보다 더 좋을 순 없어요.
③ 왜 이렇게 늦으셨어요?
④ 제가 주문 한 것이 아닙니다.

∴ 주문한 음식이 나온 상황에서 A의 말이 큰 힌트이다. '죄송합니다. 다시 가져다드리겠습니다.'라는 A의 말과 어울리는 B의 말은 '제가 주문한 것이 아닙니다.'이다.

해석

A : 주문하시겠어요?
B : 괜찮은 것으로 추천해 주실 수 있나요?
A : 크림소스 스파게티 어떠세요?
B : 네. 그럼 저는 크림소스 스파게티와 와인 한 잔을 주문하겠습니다.
A : 좋은 선택이십니다. 적어도 20분은 걸릴 것입니다.
(20분 후)
A : 주문하신 음식입니다.
B : <u>이건 제가 주문한 것이 아닙니다.</u> 저는 토마토소스가 아닌 크림소스 스파게티를 주문했습니다.
A : 죄송합니다. 다시 가져다드리겠습니다.

12 다음 밑줄 친 부분과 같은 의미의 단어를 고르시오.

> The increase in bus fares has aroused public <u>anger</u>.

① stubbornness
② bravery
③ indignation
④ compassion

풀이

① 고집, 완고함
② 용기, 용감함
③ 분개, 분노
④ 연민

∴ anger는 '분노'라는 의미로 indignation과 동의어이다.

해석

버스 운임의 인상은 대중의 <u>분노</u>를 불러 일으켰습니다.

13 글의 흐름상 무관한 문장을 고르시오.

> **Do you have a stressful life, high blood pressure, insomnia? Keeping an aquarium may be good therapy for you.** ① Seniors who were provided with an aquarium filled with fish had significant blood pressure reduction. ② Watching fish has been shown to calm children who suffer from hyperactivity disorder. ③ Nursing facilities need to be expanded for the health of the elderly. ④ Dental patients who were subjected to hypnosis vs an aquarium experienced the same or greater benefit from the aquarium. Other studies have shown that dental patients required less pain medication after having watched fish in the office. It's little wonder that physician offices, dental clinics, and even waiting rooms for counselors have traditionally kept an aquarium in the waiting room.

풀이

수족관의 장점에 관한 글에 관한 것인데 ③번은 수족관의 장점과는 무관하게 요양원 시설의 확충에 관한 것이므로 흐름에 맞지 않다.

해석

고단한 삶과 고혈압, 그리고 불면증을 가지고 계신가요? 수족관을 가지고 있는 것은 좋은 치료법이 될 수 있습니다. 물고기로 채워진 수족관이 제공된 노인들은 유의미한 혈압 감소를 보였습니다. 물고기를 보고 있는 것은 과잉 행동 장애를 앓고 있는 어린이를 진정시킬 수 있다는 결과도 보여줬습니다. <u>요양원 시설은 노인들의 건강을 위해 확장될 필요가 있습니다.</u> 수족관 대 최면요법으로 실험을 한 치과 환자는 수족관을 통해 최면요법과 같거나 더 큰 이득을 경험했습니다. 다른 연구들은 치과 환자들이 물고기를 보고 나서 고통을 덜 느낀다는 것을 보여줬습니다. 진료실, 치과, 그리고 심지어 상담자들을 위한 대기실에서도 전통적으로 수족관을 둔다는 것은 당연한 관례인 것 같습니다.

14 다음 글의 주제로 가장 적절한 것을 고르시오.

It has become very fashionable to 'think green', and I am fully in favour of this. Climate change is a legitimate political theme, and any politician can express his or her concern with this matter and get votes as a result. This is excellent. But there is a bigger and more urgent danger than climate change. That danger is the poor quality of human thinking. This requires even more urgent attention. Perhaps there should be an even more important slogan than 'think grey'. The grey refers to our grey matter, or brains. Most of the problems, conflicts and fights in the world are caused by poor thinking. An improvement in human thinking would help solve such issues. **If we get our thinking right then it becomes easier to solve not only environmental problems, but other problems too.**

① the necessity to improve the quality of human thinking

② the necessity to solve the environment problems

③ 'think green' is very important slogan in the world

④ urgent attention requires our attention

풀이

 보기분석 및 아림's 예측전개!

① 인간 사고의 질을 개선하는 것에 관한 필요성
② 환경문제들을 해결해야 하는 것에 관한 필요성
③ '환경을 생각하라'는 세계에서 매우 중요한 슬로건(구호)이다.
④ 긴급한 관심은 우리의 관심을 필요로 한다.

1번은 인간들의 사고력을 지적하면서 생각의 질을 향상시켜야 안 좋은 상황이 해결 될 수 있다는 내용으로, 2번은 환경이 안 좋은데 이러한 환경문제를 해결해야 다른 것 들 또한 좋아진다는 내용으로, 3번은 '환경을 생각하라'에 관한 슬로건이 이 나라, 저 나라 등에서 열풍이 일어나는 것, 4번은 급박하게 관심을 필요로 해야 하는 것들에 필요한 것은 우리의 관심 이라는 것 등으로 전개될 것으로 보인다.

∴ 이 세상의 문제점인 갈등과 싸움은 인간의 형편없는 생각에 의해서 야기된 것으로 기후변화보다 더 시급한 위험으로 인간들의 사고력을 지적한다. 인간의 생각의 질을 향상시키면 갈등을 해결하는 것이 더 쉬워질 것이라는 것이 위 글의 요지이므로 정답은 1번이다.

해석

'환경을 생각하라'는 매우 유행적으로 번지고 있고, 나는 이것에 완전히 호의적이다. 기후 변화는 적당한 정치적 논지이고, 어떠한 정치가든 이 문제점에 관한 걱정을 표현하여 그 결과로서 표를 얻을 수 있다. 이것은 매우 잘된 일이다. 하지만 기후 변화보다 더 크고 더 긴급한 위험성이 있다. 그것은 인간의 질 낮은 사고력이다. 이것은 훨씬 더 시급한 주의를 요구한다. 아마 '잿빛으로 만들어라' 보다 훨씬 더 중요한 슬로건이 있어야만 한다. 잿빛은 우리의 질 낮은 문제성 또는 생각들을 언급한다. 전 세계의 대부분의 문제, 갈등, 싸움들은 질 낮은 사고력에서 야기되었다. 인간의 사고력의 향상은 이러한 문제점들을 해결하는 데에 도움이 될 것이다. 만약 우리가 우리의 사고력을 바르게 만든다면 환경적 문제점들뿐만 아니라 다른 문제점들도 더 쉽게 해결할 수 있을 것이다.

15 주어진 문장 뒤에 이어질 글의 순서로 적합한 것은?

상 중 하

> It is predicted that there will be more people over 60 than under 15 in 20 years.

(A) Their concern is valid, but a study shows there's a good news to the graying of our nation. Over the years, the older subjects proved to have fewer negative emotions and more positive ones compared with their younger days.

(B) It means as people age, they're more emotionally balanced and better able to solve highly emotional problems. After all, that may lead to a more stable world as well.

(C) It will mean an aging society with an increasing number of old people and fewer youngsters. In reality, some youngsters worry about caring for old people while also keeping the country's productivity going.

① (A) − (C) − (B)

② (B) − (A) − (C)

③ (B) − (C) − (A)

④ (C) − (A) − (B)

풀이

제시문에 60대 이상의 인구가 15세 미만의 인구보다 많아질 것이라고 했으므로, (C)에 있는 고령화 사회로 이어져야 한다. 그리고 (C) 하단부에 젊은이들의 걱정(some youngsters worry~)이 언급되고 이 젊은이들이 (A)에 있는 their concern으로 이어진다. 하지만, 노령화에 대한 긍정적인 면도 있다고 하므로 (B)에서는 젊은이들의 걱정과 달리 노인들이 정서적으로 안정되고 정서적인 문제를 잘 해결한다는 좋은 점 내용으로 이어진다.

해석

20년 내에 15세 미만 인구보다 60세 이상 인구가 더 많아질 것으로 예측된다. (C) 이것은 노령 인구가 늘어나고 젊은이들이 줄어드는 고령화 사회를 의미한다. 현실적으로, 일부 젊은이들은 노인들을 보살피는 것과 국가의 생산성을 유지하는 것들에 관해 걱정한다. (A) 그들의 염려는 타당하지만, 조사에 따르면 우리나라의 노령화에 좋은 소식이 있음을 보여준다. 시간이 지남에 따라, 나이가 많은 사람들은 자신들이 젊은 나이였을 때에 비해 부정적인 감정이 적고 긍정적인 것으로 나타났다. (B) 이것은 나이가 듦에 따라, 감정적으로 균형이 잡혀 감정적인 문제를 더 잘 해결할 수 있다는 것을 의미한다. 결국 그것은 또한 더 안정적인 세계를 만들 수 있도록 이끌 수도 있다.

16 다음 주어진 문장이 들어가기에 가장 적절한 곳은? 상 중 하

However, if they are taken in faster than the body can dispose of them, they can be a big risk.

Electronic products are jam−packed with heavy metals, semi−metals and various chemical compounds that can leak into soil and become hazardous. (①) Components like lead, mercury, copper, barium, nickel and even arsenic are all present within a variety of electronic products. (②) As they're being thrown away or placed in the landfills, the products often break which can expose the inner workings and those dangerous chemicals and metals. (③) Normally, these metals and chemicals may not cause many problems, because as they are taken in by the body, it works to get rid of them. (④) Many of these chemicals and metals are known causes of serious health conditions like cancer, diabetes, impaired cognitive function, damaged organs and more. According to the U.N. we produce a lot of e−waste−3 million tons a year.

풀이

제시문을 보면 however(그러나) 뒤로 they가 몸에 더 빠르게 흡수되면, 큰 위험이 될 수 있다고 한다. 위험은 부정적인 것이므로 however 앞에는 체내 흡수에 관한 부정적이지 않은 내용이 나오고 however 뒤로 체내 흡수에 관한 부정적인 내용이 나와야 한다. 4번 앞에서는 중금속 물질과 화학 물질이 체내에 흡수되지만 많은 문제를 야기하지 않을 수도 있다고 한다. 따라서, 제시문이 4번에 들어오고 그 뒤에는 중금속·화학 물질의 흡수가 심각한 건강문제의 원인(암, 당뇨, 손상된 인지기능, 손상된 장기, 그 외 심각한 건강질환 등)이라는 내용이 나오는 것이 맞다.

해석

전자 제품은 토양으로 새어 나와 위험해질 수 있는 중금속, 반금속 및 다양한 화합물로 꽉 차 있다. 납, 수은, 구리, 바륨, 니켈, 심지어 비소와 같은 구성 요소들이 모두 다양한 전자 제품 내에 존재한다. 그것들은 버려지거나 매립지에 놓이기 때문에 내부의 작동과 위험한 화학 물질, 금속을 노출시킬 수 있는 제품을 종종 파괴시킨다. 보통, 이러한 금속과 화학 물질은 신체에 의해 흡수되고, 신체는 그것들을 제거하도록 동작하기 때문에 많은 문제를 유발하지 않을 수도 있다. 그러나, 신체가 그것들을 없애 버리기 이전에 더 빨리 흡수가 된다면 큰 위험이 될 수 있다. 이러한 화학 물질과 금속의 대부분은 암, 당뇨병, 인지기능장애, 장기 손상 등 심각한 건강 상태의 원인으로 알려져 있다. 유엔에 따르면 우리는 매년 3백만 톤의 전자 폐기물을 생산한다고 한다.

17 다음 밑줄 친 곳에 들어갈 말로 가장 적절한 것은?

The distinction between voice and real voice helps us understand the tricky relationship between **verbal fluency and verbal power**. Sometimes they **go together but** sometimes **they are opposed.** That is, on the one hand, sometimes fluency is _____(A)_____ : a truly good speaker is never at a loss for words because she has found the door to her best insights and her convictions. But sometimes, on the other hand, we _____(B)_____ fluent people; they speak with lively fluency but they are somehow too smooth. "She spoke so expressively and well but you know I didn't really believe her." Such people are good at finding a gear and generating words that fit the situation and the audience; they are never at a loss for words. But somehow all these words—however lively and fluent—don't give us any sense of making contact with the speaker or any sense of knowing her real feelings, attitude or point of view.

	(A)	(B)
①	convincing	distrust
②	persuasive	revere
③	imperative	cause
④	incredulous	suspect

풀이

① 확신하는, 설득력 있는 – 불신하다, 믿지 않다
② 설득력 있는 – 존경하다, 숭배하다
③ 명령하는 – 원인을 제공하다, 야기하다
④ 의심이 많은 – 의심하다

∴ (A) 뒤에서 유창한 사람에 대한 긍정적인 진술이 펼쳐진다. 말을 유창하게 하는 사람은 통찰력과 확신이 있기 때문에 할 말을 잃지 않는다는 말을 통해서 '설득력 있는(convincing, persuasive)'과 같이 긍정적 어구가 들어간다는 것을 알 수 있다. (B) 뒤에서는 이런 사람들이 말은 잘하지만 너무 자연스럽게 말을 잘해서 신뢰를 할 수가 없다는 내용이 이어진다. 따라서, 정답은 '불신하다(distrust)'와 같은 부정적 어구가 와야 한다. 따라서 정답은 1번이다.

해석

목소리와 실제 목소리의 구별은 언어의 유창성과 언어 능력 사이의 까다로운 관계를 이해하는 데 도움이 된다. 때때로 그것은 같으나 때로는 반대이다. 한편으로는, 가끔 유창함은 설득력 있다. ; 그녀는 최고의 통찰력과 확신에 대한 길을 알기 때문에 진정 훌륭한 연설자는 결코 말문이 막히는 상황에 처하지 않는다. 반면에, 때때로, 우리는 유창한 사람들을 믿지 않는다. ; 그들은 강렬한 유창함으로 말하지만 왠지 지나치게 매끄럽다. "그녀는 너무 표현력이 좋았지만 당신은 내가 정말로 그녀를 믿지 않았다는 것을 알 것입니다." 그러한 사람들은 장비를 찾고 상황과 청중에 맞는 단어를 생성하는 데 능숙하다. ; 그들은 절대 말문이 막히지 않는다. 그러나 어쨌든 이러한 모든 말은 – 아무리 효과적이고 유창할지라도 – 연사와의 접촉이나 그녀의 실제 감정, 태도 또는 견해를 알 만한 어떤 인상도 주지 않는다.

18 다음 글을 요약하고자 한다. (A), (B)에 들어갈 말로 가장 적절한 것을 고르시오. 상 중 하

The green revolution was a mixed blessing. Over time farmers came to rely heavily on broadly adapted, high−yield crops to the exclusion of varieties adapted to local conditions. Monocropping vast fields with the same genetically uniform seeds helps boost yield and meet immediate hunger needs. **Yet high−yield varieties are also genetically weaker crops that require expensive chemical fertilizers and toxic pesticides.** The same holds true for high−yield livestock breeds, which often require expensive feed and medicinal care to survive in foreign climates. The drive to increase production is pushing out local varieties, diluting livestock's genetic diversity in the process. As a result, the world's food supply has become largely dependent on a shrinking list of breeds designed for maximum yield.

⇩

In their focus on increasing the ____(A)____ of food they produce today, the crops and livestock are subject to the lack of diversity which causes ____(B)____.

	(A)	(B)
①	quality	genetically weaker
②	amount	ecological vulnerability
③	volume	archeological disadvantage
④	price	biological capacity

풀이

① 품질 – 유전적으로 더 약한
② 양 – 생태적 취약성
③ 용량 – 고고학의 약점
④ 가격 – 생물학적 수용력

∴ (A)는 농부들이 고수확(high−yield) 품종에만 의존하면서 품종의 다양성이 상실되었다는 내용이 나온다. 수확이 높은 (high−yield) 품종에 의존했다는 것은 곧, 식량의 amount(양)을 증대시키기 위해 집중했다는 것을 의미한다.
(B)는 고수확 품종에 집중한 것의 결과로 식량 증대의 장점은 있지만, 유전적으로 더 약하다는 것이(genetically weaker) 문제점으로 지적된다. 가축 또한 생존하기 위해서는 비싼 의료적 돌봄을 받아야 한다는 말을 통해서 '생태학적으로 취약하다'(ecological vulnerability)는 것을 알 수 있다. 따라서 정답은 2번이다.

해석

식량 혁명은 혼합된 축복이다(좋기도 하고 나쁘기도 한 것). 시간이 지남에 따라 농민들은 지역에 적응된 품종을 제외하고 광범위하게 적응된 고수확 작물에 크게 의존하게 된다. 유전적으로 균일한 씨앗을 광대한 들판에 단작하는 것만으로도 수확량을 늘리고 즉각적인 굶주림에 대한 필요를 충족시킬 수 있다. 하지만, 고수익 품종은 값비싼 화학 비료와 유독한 살충제가 필요한, 유전적으로 약한 작물이기도 하다. 타지의 기후에서 생존하기 위해 값비싼 사료와 의약품을 필요로 하는 고등 가축 품종에서도 마찬가지이다. 생산량을 늘리려는 노력은 현지 품종을 밀어내고 있으며, 그 과정에서 가축의 유전적 다양성을 희석시키고 있다. 그 결과, 세계 식량 공급은 수확량이 최대가 되도록 만들어진, 감소하고 있는 품종 목록에 크게 의존하고 있다.

⇨ 오늘날 생산되는 식품은 양을 늘리는 데 중점을 두어 농작물과 가축은 생태적 취약성을 유발하는 다양성의 부족에 처해졌다.

19 다음 중 문법적으로 틀린 것을 고르시오.

상 중 하

① He spent hours trying to repair the clock.

② The shopping mall wasn't as crowded as usual.

③ Some of the people I work with are not very friendly.

④ Ann pretended not see me when she passed me on the street.

풀이

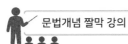 **문법개념 짤막 강의**

①

spend 시간/ 돈 (in) - ing, on 명사 ; 시간/돈을 - ing, 명사에 들이다/쓰다

She spent £100 on a new dress.
그녀는 새 드레스에 100파운드를 들였다.

The company has spent thousands of pounds (in) updating their computer systems.
그 회사는 컴퓨터 시스템을 갱신하는 데 수천 달러를 써 왔다.

try to 동사원형 : ~하려고 노력하다, try - ing : 시험 삼아 ~해보다

She tried to write in pencil.
그녀는 연필로 써 보려고 노력했다.
She tried writing in pencil.
그녀는 연필로 시험 삼아 써 보았다.

②

A 동사 as 형용사/부사 as B : A는 B만큼 ~하다

He was as white as a sheet.
그는 (얼굴이) 백지장처럼 새하얗다(*white는 형용사).

He runs as fast as you (run).
그는 너만큼 빨리 뛴다(*fast는 부사).

③

주어가 'some of 명사'일 때, 동사의 수의 일치는 명사에 맞춘다.

Some of Beethoven's early works are an echo of Mozart.
베토벤의 초기 작품의 어떤 것은 모차르트의 모방이다

목적격 관계대명사는 생략 가능!

③ Some of the people I work with are not very friendly.에서 with 뒤에 생략된 전치사의 목적어이자

선행사는 the people이다. 목적격 관계대명사(whom, that)는 생략이 가능하기 때문에 the people과 I 사이에 관계대명사가 빠져 있는 것이다.

④

pretend + to 동사원형 : ~인 체하다, pretend not to 동사원형 : ~하지 않은 척하다

He pretended to be indifferent.
그는 무관심한 체했다.

He pretend not to see me.
그는 나를 보고도 못 본 체한다.

④ Ann pretended not see me when she passed me on the street.
보기에 to가 빠져 있다. 따라서 pretended not to see 로 바꿔야 한다.

20 글의 흐름으로 보아, 무관한 문장을 고르시오.

Childhood friends—friends you've known forever—are really special. They know everything about you, and you've shared lots of firsts. **When you hit puberty, though, sometimes these forever—friendships go through growing pains.** ① You might find that you have less in common than you used to. ② Maybe you are into rap and she is into pop, or you go to different schools and have different groups of friends. ③ It is important to have common interests with your best friends. ④ Change can be scary, but remember : **Friends, even best friends, don't have to be exactly alike.** Having friends with other interests keeps life interesting—just think of what you can learn from each other.

풀이

어린 시절의 친구들과 사춘기에 이르면, 우정이 성장통을 겪고 심지어 가장 친한 친구라 할지라도 똑같을 수 없다는 것이 주제다. 가장 친한 친구와 공통적인 관심사를 가질 필요는 없다는 내용이기 때문에 공통관심사의 필요성을 이야기하는 3번은 주제에서 벗어난다.

해석

아주 오랜 시간 알아 온 친구인 어린 시절 친구들은 정말 특별한 존재이다. 그들은 당신에 관한 모든 것을 알고 많은 첫 경험들을 함께 공유해 오고 있다. 그렇지만 당신이 사춘기에 접어들면, 때로는 이 영원한 친구 관계가 성장에 대한 고통을 겪게 할 수도 있다. 당신은 예전보다 친구들과의 공통점이 적다는 것을 알 수 있을 것이다. 어쩌면 당신은 랩에 빠졌고 그녀는 팝에 빠져 있을 수 있으며, 다른 학교에 가서 다른 그룹의 친구들을 사귈 수도 있을 것이다. 당신의 가장 친한 친구와 공통된 관심사를 가지는 것은 중요하다. 변화는 두려울 수 있다. 하지만 기억하라 ; 친구, 심지어 가장 친한 친구라 할지라도, 친구들이 정확하게 같을 필요는 없다. 다른 관심을 가진 친구들을 사귄다는 것은 재밌는 삶을 유지시켜 준다. – 그저 서로 무엇을 배울 수 있는지만 생각하라.

07   2018년 소방직 기출(공채)(상반기)

01   다음 글에서 전체 흐름과 관계없는 문장은?

For thousands of years sculpture has filled many roles in human life. The earliest sculpture was probably made to supply magical help to hunters. ① After the dawn of civilization, statues were used to represent gods. ② Ancient kings, possibly in the hope of making themselves immortal, had likenesses carved, and portrait sculpture was born. ③ One of the best—known portraits in the Western world is Leonardo da Vinci's painting titled Mona Lisa. ④ The Greeks made statues that depicted perfectly formed men and women. Early Christians decorated churches with demons and devils, reminders of the presence of evil for the many churchgoers who could neither read nor write.

02   다음 글의 내용과 일치하지 않는 것은?

The Ica stones first came to the attention of the scientific community in 1966 when Dr. javier Cabrera, a local physician, received a small carved rock for his birthday from a poor native. The carving on the rock looked ancient to Dr. Cabrera, but intrigued him because it seemed to depict a primitive fish. Hearing that the doctor was interested in the stone, local natives began to bring him more, which they collected from a river bank (not far from the famous Nazca lines). This soon developed into a vast collection of more than 15,000 stones, many etched with impossible scenes. They clearly depict such dinosaurs as triceratops, stegosaurus, apatosaurus and human figures riding on the backs of flying pterodactyls. What's more, some of the scenes are of men hunting and killing dinosaurs. Others show men watching the heavens through what look like telescopes, performing open—heart surgery and cesarean section births.

① Javier Cabrera received a rock as his birthday present.

② Javier Cabrera became interested in the carving on the rock.

③ Many kinds of dinosaurs were depicted on the Ica stones.

④ None of the carving on the Ica stones portrayed humans.

03 다음 글의 주제로 가장 적절한 것은?

The reluctance of subordinates to provide feedback deprives leaders of one of the most important developmental resources available to them. Traditionally, the boss commented on the performance of his employees : to this day, managers tend to feel more comfortable when feedback, especially negative feedback, flows from the top down rather than in the other direction. As it turns out, however, the appraisal by employees of their boss tends to be more accurate and a better predictor of long-term success than the appraisal by the boss of her subordinates. As Jack Welch, Bill George, Anita Roddick, and other successful leaders have often stated, facing reality is one of the pillars of successful individuals and successful companies. When accurate information that is in the possession of employees does not reach the higher echelons, management loses out, as does the organization as a whole.

① importance of getting employees's feedback
② building a reputation as a successful leader
③ downside of giving negative feedback to employees
④ a typical relationship between a boss and subordinates.

04 글의 흐름으로 보아, 주어진 문장이 들어가기에 가장 적절한 곳은?

If no one else looks puzzled, she will conclude that she is the only one in the room that didn't get the material.

Let's say that one of my students is confused about the class material I just covered and wants to ask me to clarify. (①) Before raising her hand, she will likely look around to room to see if any of her fellow students seem confused or have their hand up as well. (②) To avoid looking stupid, she may choose to keep her hand down and not ask me her question. (③) But as a teacher, I have discovered that if one student is unsure about the material, odds are most of the students are. (④) So in this situation, my class is suffering from pluralistic ignorance because each one assumes they are the only one confused when in fact all the students are confused and all of them are incorrectly concluding that they are the only one.

05 밑줄 친 He(him)가 가리키는 대상이 나머지 셋과 다른 것은?

Phillip Toledano photographed the last days he thought he would have with his father. Toledano's mother died suddenly, and that event caused ① him to realize that his father's mental state was deteriorating; he had no short－term memory, which made ② him continually forget what had happened to his wife. Telling his father of the tragedy that had occurred proved too much, so he began protecting his dad from the truth. ③ He wrote short stories about different moments that he and his father shared and paired them with the photographs. ④ He titled it "Days With My Father." The result captured the beautiful relationship they had with one another.

06 다음 밑줄 친 부분 중 어법상 틀린 것은?

The emergency operations center is a place where accurate reports of conditions at the scene of the disaster ① are received, recorded, and evaluated. Some reports ② received will be far from accurate. For example, when the source is an anonymous telephone call, but data supplied by the emergency forces ③ being likely to be trustworthy. Though seemingly conflicting reports may be received, the discrepancies often can be explained by the fact ④ that the observes were witnessing the events from different vantage points.

07 다음 밑줄 친 부분 중 어법상 틀린 것은?

Sometimes, fire precautions are ignored because people have ① their minds on other problems. In England, for example, people organizing a rugby game were afraid fans might sneak in without paying, so they locked and chained the gate once the game ② had started. They were also afraid fans might riot and use anything heavy as a weapon, so they took away the fire extinguishers. When a ③ dropped cigarette started small fire in garbage under the stands, there was no way to fight it and no way to get out. Fifty－six people ④ were died.

08 빈칸에 들어갈 말로 가장 적절한 것은?

Burn care aims to reduce pain, to provide physical protection, and to provide a(n) _____ environment for healing that minimizes the chances of scarring and infection.

① adverse   ② deficient

③ favorable   ④ inadequate

09 빈칸에 들어갈 말로 가장 적절한 것은?

The owner of the property has the sole responsibility of ensuring that the property is equipped with a minimum of one smoke detector and fire extinguisher. For properties with several floors, it is highly recommended to have these ＿＿＿ on each floor.

① available
② artificial
③ attentive
④ disposable

10 밑줄 친 부분과 의미가 가장 가까운 것은?

Danny can be quite blunt; he gives no consideration to others' feelings with his great candor.

① reluctant
② intelligent
③ hypothetical
④ straightforward

11 밑줄 친 부분과 의미가 가장 가까운 것은?

In clear weather, a pilot could gauge a vessel's position in relation to landmarks and steer clear of dangerous reefs and hidden obstructions. Even in thick weather, a pilot navigating at low tide should be able to spot waves breaking against reefs and boulders, and steer a safe course.

① avoid
② land on
③ eliminate
④ collide with

12 밑줄 친 부분 중 문맥상 낱말의 쓰임이 적절하지 않은 것은?

In the broadest sense, a "disaster" is a sudden and extremely unfortunate event that ① affects many people. It could also be defined as a misfortune that reaches large ② proportions. The words catastrophe and calamity are often used as ③ antonyms for disaster. In the narrowest sense, "disaster" is a relative term, depending upon the number of casualties and the extent of ④ property damage, the length of time involved, and the capacity, size, and strength of forces available to cope with it.

13　다음 글의 빈칸 (A), (B)에 들어갈 말로 가장 적절한 것은?

If we hear a word used in a new way in a new context we can use our past experiences with the word to make a guess about what it means in the new context. If it is used enough in such contexts, it grows a new meaning along with its older ones. 　(A)　, imagine that I say, "These flowers love the sun" or "The waves lovingly caressed the beach." We can readily figure out what these sentences mean based on analogies with our past experiences. We can say that "love" has a metaphorical meaning in these sentences. 　(B)　, with words, it is often hard to know where literal meaning stops and metaphor begins. Are "I love pizza" or "I even love my enemies" metaphors? What about "I love my cat"?

	(A)	(B)
①	For example	However
②	In contrast	Therefore
③	Moreover	As a result
④	Instead	Nevertheless

14　다음 글의 빈칸 (A), (B)에 들어갈 말로 가장 적절한 것은?

No one knows the exact date forks made their first appearance in European society. What is known is that in the fourteenth century, etiquette, or the rules for polite behavior, dictated that food be eaten with the fingers. References to forks begin to appear in letters and journals written in the fifteenth century. 　(A)　, at this point, forks were used only to serve food, not to eat it. By the sixteenth century, there are many references to use of forks at banquets and feasts. 　(B)　, according to the diary written in 1520, Jacques Lesaige, the silk merchant, marveled at the expensive silver forks used to cut meat in the home of his wealthy customers.

	(A)	(B)
①	Still	In contrast
②	Still	For example
③	In other words	On the contrary
④	In other words	In a nutshell

15 다음 대화의 빈칸에 들어갈 말로 가장 적절한 것은?

A : Guess what! I'm going to San Francisco! Have you ever been there?

B : Yes, I've been there several times. There are many interesting places that you can visit, such as the Golden Gate Bridge.

A : What about Fisherman's Wharf?

B : Oh, that's one of my favorites! There are lots of seafood restaurants you can sit at for lunch. By the way, where are you going to stay?

A : I've booked a room at the Pacific Hostel.

B : _____

A : Just three days.

B : why don't you stay longer?

A : I plan to go to New York to see an old friend.

B : I see.

① Why don't you visit your cousin living there?

② How many times have you been to America?

③ How long are you going to be there?

④ When will you come back to Korea?

16 다음 글의 제목으로 가장 적절한 것은?

Ideals of beauty in women may in some instances be closely related with the way of living as technologically determined. In cultures where technological control over food supply is slight and food is frequently scarce as a consequence, a fat woman is often regarded as beautiful. In cultures where food is abundant and women work little, obesity is likely to be regarded as unattractive to the eye. In some societies, a sun—browned skin in women was a mark of the lower class of peasants, for example. Ladies, on the other hand, took great pains to preserve a fair skin. In other cultures, e.g., our own today, the pale skin is a mark of the urban working girl who sees little of the sun, whereas the well—tanned girl is one who can afford to spend much time on golf courses or bathing beaches.

① Technology and Health Care

② Junk Food and Healthy Food

③ Various Sports in Different Cultures

④ Standards of Beauty in Different Cultures

17 주어진 글 다음에 이어질 글의 순서로 가장 적절한 것은?

Each type of built—in building fire protection systems, when activated, requires support from the fire department. This support can come in various forms.

(A) It is not recommended that it be the responsibility of the fire department to place these systems back in service after an activation.

(B) I may mean providing and supple—menting the water supply to a sprinkler or standpipe system, or it may mean conducting typical fire department operations, such as search for victims and occupants, ventilation, and total extinguishment of the fire.

(C) However, the department should be as helpful as possible and ensure that the system is properly restored by a qualified person.

① (A) − (C) − (B)
② (B) − (A) − (C)
③ (C) − (A) − (B)
④ (C) − (B) − (A)

18 다음 글의 요지로 가장 적절한 것은?

Is there a cause and effect relationship between television violence and violence among today's young people? No, says the entertainment industry; yes, says almost all of the research. Some medical associations in the US have all funded studies that link violence on the screen with violence in real life. According to researcher L. Huesmann from the University of Michigan, letting children watch lots of television is like smoking. Both increase the potential for disaster. As Huesmann puts It. "Just as every cigarette increases the chances that some day you will get lung cancer, every exposure to violence increase the chances that some day a child will behave more violently than he or she otherwise would."

① Television violence contributes to real world violence.
② Smoking should be banned from the television screen.
③ The entertainment industry has been developed by television.
④ Death rates from lung cancer are unrelated to smoking habits.

19 다음 글의 주제로 가장 적절한 것은?

One of the linguistic technologies of emotion is venting. Venting means talking about unpleasant emotions in order to make them go away. Unlike relief and entertainment, which may be as old as language itself, venting is a relatively recent invention. People have probably used language to get things off their chest, for thousands of years, but venting is more than just unburdening yourself of a troublesome thought. It Is the use of language for the explicit purpose of getting rid of unpleasant emotions. The idea of venting was largely pioneered by the Viennese physician Sigmund Freud, who argued that speaking about negative emotions was sometimes the only way to be rid of them.

① ways to strengthen positive emotions
② the process of language development
③ differences of language use and emotions
④ venting as a tool to get rid of negative emotions

20 주어진 글 다음에 이어질 글의 순서로 가장 적절한 것은?

One a hot day, your body makes several adjustments to maintain its temperature.

(A) This sweat then cools the skin as it evaporates. But in order to do this extra work your heart rate increase, as does your metabolic rate (the number of calories your body needs to function). All that work—increasing your heart rate, your metabolic rate—eventually makes you feel tired or sleepy.

(B) This increased blood flow near the skin explains why some people look redder when they're feeling hot according to BBC. In addition to vasodilation, the body secretes sweat onto the skin.

(C) For instance, it dilates your blood vessels, a process known as vasodilation, which allows more blood to flow near the skin's surface. This allows warm blood to cool off, releasing heat as it travels near the skin.

① (A) − (C) − (B)
② (B) − (A) − (C)
③ (C) − (A) − (B)
④ (C) − (B) − (A)

MEMO

서울특별시 지방소방공무원 신규채용(공개경쟁)

응시분야

응시분야	
성 명	
[필적 감정용 기재란]	
(예시) 서울소방 안전 대한민국	

책 형

책 형	※ 책형 확인	※ 감독관 확인
Ⓐ	책형	
Ⓑ	문제지 및 답안지 확인 후 기재	

국 어

문번	①	②	③	④
1	①	②	③	④
2	①	②	③	④
3	①	②	③	④
4	①	②	③	④
5	①	②	③	④
6	①	②	③	④
7	①	②	③	④
8	①	②	③	④
9	①	②	③	④
10	①	②	③	④
11	①	②	③	④
12	①	②	③	④
13	①	②	③	④
14	①	②	③	④
15	①	②	③	④
16	①	②	③	④
17	①	②	③	④
18	①	②	③	④
19	①	②	③	④
20	①	②	③	④

한 국 사

문번	①	②	③	④
1	①	②	③	④
2	①	②	③	④
3	①	②	③	④
4	①	②	③	④
5	①	②	③	④
6	①	②	③	④
7	①	②	③	④
8	①	②	③	④
9	①	②	③	④
10	①	②	③	④
11	①	②	③	④
12	①	②	③	④
13	①	②	③	④
14	①	②	③	④
15	①	②	③	④
16	①	②	③	④
17	①	②	③	④
18	①	②	③	④
19	①	②	③	④
20	①	②	③	④

영 어

1	①	②	③	④
2	①	②	③	④
3	①	②	③	④
4	①	②	③	④
5	①	②	③	④
6	①	②	③	④
7	①	②	③	④
8	①	②	③	④
9	①	②	③	④
10	①	②	③	④
11	①	②	③	④
12	①	②	③	④
13	①	②	③	④
14	①	②	③	④
15	①	②	③	④
16	①	②	③	④
17	①	②	③	④
18	①	②	③	④
19	①	②	③	④
20	①	②	③	④

선택과목1

문번	①	②	③	④
1	①	②	③	④
2	①	②	③	④
3	①	②	③	④
4	①	②	③	④
5	①	②	③	④
6	①	②	③	④
7	①	②	③	④
8	①	②	③	④
9	①	②	③	④
10	①	②	③	④
11	①	②	③	④
12	①	②	③	④
13	①	②	③	④
14	①	②	③	④
15	①	②	③	④
16	①	②	③	④
17	①	②	③	④
18	①	②	③	④
19	①	②	③	④
20	①	②	③	④

선택과목2

문번	①	②	③	④
1	①	②	③	④
2	①	②	③	④
3	①	②	③	④
4	①	②	③	④
5	①	②	③	④
6	①	②	③	④
7	①	②	③	④
8	①	②	③	④
9	①	②	③	④
10	①	②	③	④
11	①	②	③	④
12	①	②	③	④
13	①	②	③	④
14	①	②	③	④
15	①	②	③	④
16	①	②	③	④
17	①	②	③	④
18	①	②	③	④
19	①	②	③	④
20	①	②	③	④

응시번호

(1)					
(2)	⓪①②③④⑤⑥⑦⑧⑨	⓪①②③④⑤⑥⑦⑧⑨	⓪①②③④⑤⑥⑦⑧⑨	⓪①②③④⑤⑥⑦⑧⑨	⓪①②③④⑤⑥⑦⑧⑨

OMR 뒷면

01	02	03	04	05	06	07	08	09	10
③	④	①	②	②	③	④	③	①	④
11	12	13	14	15	16	17	18	19	20
①	③	①	②	③	④	②	①	④	④

(상 중 하)

01 다음 글에서 전체 흐름과 관계없는 문장은?

For thousands of years sculpture has filled many roles in human life. The earliest sculpture was probably made to supply magical help to hunters. ① After the dawn of civilization, statues were used to represent gods. ② Ancient kings, possibly in the hope of making themselves immortal, had likenesses carved, and portrait sculpture was born. ③ One of the best-known portraits in the Western world is Leonardo da Vinci's painting titled Mona Lisa. ④ The Greeks made statues that depicted perfectly formed men and women. Early Christians decorated churches with demons and devils, reminders of the presence of evil for the many churchgoers who could neither read nor write.

풀이

수천 년 동안 조각은 인간의 삶에서 많은 역할을 해 왔고. 가장 초기의 조각상은 사냥꾼들에게는 주술적인 도움을 주기 위해, 문명 이후에는 신을 나타내기 위해, 또는 왕들이 자신들이 불멸의 존재가 되기를 기원하며, 조각들을 만들었다는 내용이 나오고 있다. 하지만 3번은 서양에서 가장 잘 알려진 초상화에 대한 언급으로 "모나리자"를 이야기하고 있기 때문에 전체적인 흐름에 맞지 않는다.

해석

수천 년 동안 조각상은 인간의 삶에서 많은 역할을 해 왔다. 가장 초기의 조각은 아마도 사냥꾼들에게 주술적인 도움을 주기 위해 만들어졌을 것이다. 문명이 시작된 후에, 동상들은 신을 나타내기 위해 사용되었다. 고대 왕들은 스스로 불멸의 존재가 되기를 기원하며 자신들과 닮도록 조각하게 시켰으며, 그 결과 초상화 조각이 탄생했다. 서양에서 가장 잘 알려진 초상화들 중 하나는 레오나르도 다 빈치의 '모나리자'이다. 그리스인들은 남성과 여성을 완벽하게 묘사하는 동상을 만들었다. 초기 기독교인들은 읽지도 쓰지도 못하는 많은 교회 신자들에게 악의 존재를 상기시켜 주기 위해 악령과 악마로 교회를 장식했다.

02 다음 글의 내용과 일치하지 않는 것은?

The Ica stones first came to the attention of the scientific community in 1966 when Dr. Javier Cabrera, a local physician, received a small carved rock for his birthday from a poor native. The carving on the rock looked ancient to Dr. Cabrera, but intrigued him because it seemed to depict a primitive fish. Hearing that the doctor was interested in the stone, local natives began to bring him more, which they collected from a river bank(not far from the famous Nazca lines). This soon developed into a vast collection of more than 15,000 stones, many etched with impossible scenes. They clearly depict such dinosaurs as triceratops, stegosaurus, apatosaurus and human figures riding on the backs of flying pterodactyls. What's more, some of the scenes are of men hunting and killing dinosaurs. Others show men watching the heavens through what look like telescopes, performing open-heart surgery and cesarean section births.

① Javier Cabrera received a rock as his birthday present.
② Javier Cabrera became interested in the carving on the rock.
③ Many kinds of dinosaurs were depicted on the Ica stones.
④ None of the carving on the Ica stones portrayed humans.

보기분석 및 아림's 예측전개!

① Javier는 그의 생일선물로 돌을 받았다.
② Javier는 돌의 새겨진 무늬에 관심을 갖게 되었다.
③ 많은 종류의 공룡들이 이카의 돌에 묘사되어있다.
④ 이카의 돌에 새겨진 어떠한 것도 인간을 묘사하지 않았다.

① 돌, 생일선물 → 돌을 생일선물로 받았는지, 다른 것을 생일선물로 받았는지 혹은 돌을 무엇의 선물로 받았는지
② 조각하는 것, 관심 → 조각하는 것에 관심(흥미)을 갖게 되었는지, 아닌지
③ 공룡들의 종류, Ica 돌들 → 공룡의 종류들이 돌에 묘사되었는지 아닌지 혹은 하나의 종류만 묘사되었는지
④ 없다, 인간을 묘사한 → 인간을 묘사한 조각이 없는 지 혹은 있는지

∴ 4번에서는 이카의 돌에 새겨진 어떤 것도 인간을 묘사한 것이 없었다고 하였으나, 글의 하단 부분에 날고 있는 공룡의 등에 타고 있는 인간의 모습, 공룡을 낚아채 죽이는 인간들의 모습, 하늘을 바라보는 모습, 심장 절개 수술과 제왕 절개 분만을 하는 모습 등 다양한 모습의 인간들을 묘사하고 있다고 나온다. 따라서 정답은 4번이다.

이카의 돌은 1966년 지역 의사인 Javier Cabrera 박사가 가난한 현지인으로부터 그의 생일을 위해 작게 조각된 바위를 받았을 때 처음으로 과학계의 주목을 받게 되었다. 바위에 새겨진 조각은 오래된 것처럼 보였지만, 원시의 물고기를 묘사하는 것처럼 보였기 때문에 그에게 강한 흥미를 불러 일으켰다. 의사가 돌에 관심이 있다는 소식을 듣고, 현지 원주민들은 그들이 강둑(유명한 나스카 평원에서 그리 멀지 않은)에서 수집했던 돌들을 그에게 더 가져오기 시작했다. 이것은 곧 15,000개 이상의 거대한 돌 더미로 발전되었고, 많은 돌들에 불가능한 장면들이 새겨져 있었다. 그것들은 트리케라톱스, 스테고 사우루스, 아파토 사우루스와 같은 공룡들과, 날고 있는 공룡의 등에 타고 있는 인간의 모습들을 명확히 묘사한다. 게다가, 몇몇 장면들은 공룡을 낚아채 죽이는 사람들에 대한 것이다. 다른 것들은, 망원경처럼 보이는 것을 통해 하늘을 바라보는 모습, 심장 절개 수술을 행하는 모습, 그리고 제왕 절개 분만을 하는 모습 등을 보여 준다.

03 다음 글의 주제로 가장 적절한 것은?

The reluctance of subordinates to provide feedback deprives leaders of one of the most important developmental resources available to them. Traditionally, the boss commented on the performance of his employees : to this day, managers tend to feel more comfortable when feedback, especially negative feedback, flows from the top down rather than in the other direction. As it turns out, however, the appraisal by employees of their boss tends to be more accurate and a better predictor of long-term success than the appraisal by the boss of her subordinates. As Jack Welch, Bill George, Anita Roddick, and other successful leaders have often stated, facing reality is one of the pillars of successful individuals and successful companies. When accurate information that is in the possession of employees does not reach the higher echelons, management loses out, as does the organization as a whole.

① importance of getting employees's feedback
② building a reputation as a successful leader
③ downside of giving negative feedback to employees
④ a typical relationship between a boss and subordinates.

풀이

보기분석 및 아림's 예측전개!

① 직원들의 피드백을 받는 것의 중요성
② 성공적인 지도자로서의 평판을 쌓는 것
③ 직원들에게 부정적인 피드백을 주는 것의 단점
④ 상사와 부하직원 사이의 전형적인 관계

1번은 직원들의 피드백을 받아야 회사의 성장에 보탬이 된다는 긍정적인 면으로 전개, 2번은 성공한 지도자로서 주변인들의 정확한 평가 및 판단인 평판을 어떻게 받아들이며 수용하는지에 관해, 3번은 상사가 직원들에게 부정적인 피드백을 주었을 때 직원들의 사기와 일의 능률이 떨어질 수 있다는 단점, 4번은 상사와 부하직원의 전형적인 관계는 신뢰로 이루어지는 정직한 관계로 서로를 존중하며 진정한 파트너십과 상하 관계의 존재에 대해 전개 될 것으로 보인다.

∴ 첫 문장에서 '부하 직원들이 피드백을 제공하기를 꺼리는 것은 지도자들이 이용할 수 있는 가장 중요한 개발 자원 중 하나를 지도자들에게서 빼앗아가는 것이다.'라고 말하며 however 뒤로 상사를 대상으로 직원들이 하는 평가의 긍정적인 면, 마지막 문장에서도 직원들의 피드백이 위로(경영진) 전달되어야 한다고 말하므로 정답은 1번이다.

해석

부하 직원들이 피드백을 제공하기를 꺼리는 것은 지도자들이 이용할 수 있는 가장 중요한 개발 자원 중 하나를 지도자들에게서 빼앗아가는 것이다. 전통적으로, 상사는 직원들의 성과에 대해 언급했다. 오늘날 관리자는 피드백, 특히 부정적인 피드백이 하향식으로 이루어질 때, 그 반대의 경우보다 더 편안함을 느끼는 경향이 있다. 하지만, 알려진 것처럼, 직원들에 대해서 사장이 하는 평가보다 상사를 대상으로 직원들이 하는 평가가 장기적인 성공에 대한 더 정확하고 더 나은 예측 인자가 되는 경향이 있다. Jack Welch, Bill George, Anita Roddick, 그리고 다른 성공한 지도자들이 종종 말하는 것처럼, 현실을 마주하는 것은 성공한 개인들과 성공하는 기업들을 이끄는 기본적인 부분 중의 하나이다. 직원들이 보유하고 있는 정확한 정보가 더 높은 계층에 도달하지 못하면 경영진은 손해를 입고, 전체적으로 그 기업도 마찬가지이다.

04 글의 흐름으로 보아, 주어진 문장이 들어가기에 가장 적절한 곳은?

If no one else looks puzzled, she will conclude that she is the only one in the room who didn't get the material.

Let's say that one of my students is confused about the class material I just covered and wants to ask me to clarify. (①) Before raising her hand, she will likely look around to room to see if any of her fellow students seem confused or have their hand up as well. (②) To avoid looking stupid, she may choose to keep her hand down and not ask me her question. (③) But as a teacher, I have discovered that if one student is unsure about the material, odds are most of the students are. (④) So in this situation, my class is suffering from pluralistic ignorance because each one assumes they are the only one confused when in fact all the students are confused and all of them are incorrectly concluding that they are the only one.

풀이

제시된 문장의 내용 중 '만약 아무도 당황하는 듯이 보이지 않는다면'이라는 말이 있다. 따라서 제시문 앞에는 당황하는 듯한 상황이 나와야 하는데, 2번 문장 앞에 '혼란스러워 보이는 학생이 있는지 또는 손을 들고 있는지 알아보기 위해 방안을 둘러보며'라는 내용이 있고 그 뒤로 '바보 같아 보이지 않게 하기 위해, 그녀는 손을 아래로 내리고 질문을 제기 하지 않는다'라는 내용이 이어진다. 따라서 정답은 2번이다.

해석

예를 들어, 나의 학생 중 한 명이 방금 받은 수업 자료에 대해 헷갈려 명확히 물어보기를 원한다고 가정해 보자. 그녀가 손을 들기 전에, 그녀는 동료 학생들 중에 혼란스러워 보이는 학생이 있는지 또는 손을 들고 있는지 알아보기 위해 교실을 둘러볼 것이다. 만약 아무도 당황하는 듯 보이지 않는다면, 그녀는 본인이 교실에서 자료를 이해하지 못한 유일한 사람이라고 결론지을 것이다. 바보 같아 보이지 않게 하기 위해, 그녀는 손을 아래로 내리고 그녀의 질문을 제기하지 않는 쪽을 선택할지도 모른다. 하지만 선생님으로서, 나는 만약 한 학생이 그 자료에 대해 확실히 알지 못한다면, 대부분의 학생들이 그러할 가능성이 있다는 것을 알게 되었다. 그래서 이러한 상황에서, 우리 반은 다원적 무지(실제로는 구성원 대부분이 잘 모르는데, 나만 이해하지 못하고 있다고 잘못 생각하는 현상)에 시달리고 있다. 왜냐하면 학생들 모두가 (나만 이해하지 못한) 유일한 사람이라고 잘못 결론을 내리고, 각각은 그들이 수업에 혼란스러워하는 유일한 사람이라고 가정하기 때문이다.

05 밑줄 친 He(him)가 가리키는 대상이 나머지 셋과 다른 것은?

Phillip Toledano photographed the last days he thought he would have with his father. Toledano's mother died suddenly, and that event caused ① him to realize that his father's mental state was deteriorating; he had no short-term memory, which made ② him continually forget what had happened to his wife. Telling his father of the tragedy that had occurred proved too much, so he began protecting his dad from the truth. ③ He wrote short stories about different moments that he and his father shared and paired them with the photographs. ④ He titled it "Days With My Father." The result captured the beautiful relationship they had with one another.

풀이

2번의 '단기 기억 상실로 아내에게 무슨 일이 있었는지를 잊어버린 사람'은 Phillip Toledano의 아버지이며, 나머지 1, 3, 4번은 Phillip Toledano 자신을 나타낸다.

해석

Phillip Toledano는 그가 생각하기에 아버지와 함께 있을 마지막 날들을 사진으로 찍었다. Toledano의 어머니는 갑자기 돌아가셨고, 그 사건으로 그는 아버지의 정신 상태가 악화되고 있다는 것을 깨닫게 되었다. 그는 단기 기억 상실로 그의 아내에게 무슨 일이 있었는지 계속 까먹었다. 일어난 비극을 아버지에게 말하는 것이 너무하다고 판단돼서 그는 아버지를 진실로부터 보호하기 시작했다. 그는 아버지와 공유한 다른 순간들에 대한 짧은 이야기를 썼고, 그것들을 사진과 함께 짝지어 두었다. 그는 그것에 "우리 아버지와 함께한 날들"이라는 이름을 붙였다. 그 결과는 그들이 서로 함께 보낸 아름다운 관계가 담겨졌다.

06 다음 밑줄 친 부분 중 어법상 틀린 것은?

The emergency operations center is a place where accurate reports of conditions at the scene of the disaster ① are received, recorded, and evaluated. Some reports ② received will be far from accurate. For example, when the source is an anonymous telephone call, but data supplied by the emergency forces ③ being likely to be trustworthy. Though seemingly conflicting reports may be received, the discrepancies often can be explained by the fact ④ that the observes were witnessing the events from different vantage points.

풀이

 문법개념 짤막 강의

①
수의 일치 ; 단수동사 vs. 복수동사
동사에서는 수, 시제, 태, 세 가지 유형으로 문제가 나온다. 이 문제에서 물어보는 것은 '수'이다. 주어가 단수이면 단수동사, 주어가 복수이면 복수동사이다. where 관계부사절 내 accurate reports [of conditions] [at the scene of the disaster] are received, recorded, and evaluated. 에서 주어는 accurate reports, 복수이므로 are이 오는 것이 맞다.

②
분사 ; 현재분사(능동) vs. 과거분사(수동)
Some reports received 보고서는 수신'되는' 것이므로 수동을 뜻하는 과거분사가 나와야 한다. 따라서 현재분사(-ing)가 아닌 과거분사(-ed)가 쓰인 것이 맞다.

③
문장을 볼 때 제일 먼저 할 일은? 동사를 찾아라!
but data [supplied by the emergency forces] being likely to be trustworthy. but 이하 절에서 supplied는 동사의 과거형이 아니라 [응급기관에 의해 제공된] '제공된'의 과거분사이다. 따라서 이 문장에는 동사가 없는 상태이며 datum(단수), data(복수)이므로 being을 are로 바꿔야 한다. being → are

④
동격의 접속사 that ; the fact = that S V

the discrepancies often can be explained by the fact that the observes were witnessing the events from different vantage points.에서 'that' 앞에 나온 the fact 는 뒤에 나오는 that절의 내용과 같다. '그 사실 = 목격자들 은 각기 다른 유리한 지점에서 사건들을 목격하고 있었다' 를 말하며, 이때 that은 접속사이므로 문장성분이 빠진 불 완전한 관계대명사 that절(주어, 목적어, 보어 중 하나 생 략)과는 달리 완전한 절이어야 한다.

해석

응급 센터는 재해 현장의 상태에 대한 정확한 보고가 수신, 기록, 평가되는 곳이다. 수신된 일부 보고서는, 결코 정확하지 않을 수 있다. 예를 들어, 출처가 익명의 전화일 때(정확하지 않을 것이 다). 하지만 응급기관에 의해 제공되는 데이터는 신뢰할 수 있을 것이다. 겉으로 보기에는 상충되는 보고서가 접수될 수 있지만, 그 불일치는 흔히 목격자들이 다른 유리한 지점에서 사건들을 목 격했다는 사실에 의해 설명될 수 있다.

07 다음 밑줄 친 부분 중 어법상 틀린 것은?

Sometimes, fire precautions are ignored because people have ① their minds on other problems. In England, for example, people organizing a rugby game were afraid fans might sneak in without paying, so they locked and chained the gate once the game ② had started. They were also afraid fans might riot and use anything heavy as a weapon, so they took away the fire extinguishers. When a ③ dropped cigarette started small fire in garbage under the stands, there was no way to fight it and no way to get out. Fifty—six people ④ were died.

풀이

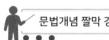
문법개념 짤막 강의

①
대명사 수의 일치
Sometimes, fire precautions are ignored because people have their minds on other problems.에서 their 은 people 복수의 소유격을 뜻하므로 his, her 등 단수가 아 닌 복수로 쓴 것이 맞다.

②
시제 : 과거보다 먼저 일어났다면? 과거완료 had p.p.
so they locked and chained the gate once the game had started. 일단 경기가 시작하면 그 다음에 문을 잠그고 사슬로 묶는 것이기 때문에 과거(locked and chained) 보 다 더 이전을 나타내는 had + p.p.로 쓰인 것이다.

③
분사 : 현재분사(능동) vs. 과거분사(수동)
a dropped cigarette started small fire in garbage에 서 담배(cigarette) 입장에서는 '떨어뜨려진' 것이므로 수 동을 뜻하는 과거분사(ed)가 온 것이다.

④
자동사는 수동태 불가!
'die 죽다'는 자동사이므로 수동태로 사용될 수 없다. 따라 서 were died는 died(과거시제)로 써야 한다.

때때로, 화재 예방책은 사람들이 다른 문제들에 대해 마음을 두고 있기 때문에 무시되기도 한다. 예를 들어, 영국에서 럭비 경기를 조직하는 사람들은 팬들이 돈을 내지 않고 몰래 들어올까 봐 두려워했다. 그래서 그들은 경기가 시작되자 문을 잠그고 사슬로 묶었다. 그들은 또한 팬들이 무거운 것을 무기로 사용해 폭동을 일으키지 않을까 우려해 소화기를 치웠다. 떨어뜨린 담배가 스탠드 아래의 쓰레기에 작은 불을 붙이기 시작했을 때는, 싸울 방법도 나갈 방법도 없었다. 결국 56명이 죽었다.

08 빈칸에 들어갈 말로 가장 적절한 것은? 상 중 **하**

> Burn care aims to reduce pain, to provide physical protection, and to provide a(n) _____ environment for healing that minimizes the chances of scarring and infection.

① adverse ② deficient

③ favorable ④ inadequate

풀이

① 반대의
② 부족한
③ 우호적인
④ 불충분한

∴ 화상치료는 치유를 위한 _____ 환경을 제공하는 것을 목표로 한다는 것이므로 긍정 뉘앙스의 단어가 들어와야 한다. 따라서 흉터와 감염을 최소화할 수 있는 '우호적인' 말이 들어오는 것이 적합하다.

해석

화상 치료는 통증을 줄이고 신체적인 보호를 제공하며, 흉터와 감염의 가능성을 최소화하는 치유를 위한 우호적인 환경을 제공하는 것을 목표로 한다.

09 빈칸에 들어갈 말로 가장 적절한 것은? 상 중 **하**

> The owner of the property has the sole responsibility of ensuring that the property is equipped with a minimum of one smoke detector and fire extinguisher. For properties with several floors, it is highly recommended to have these _____ on each floor.

① available ② artificial

③ attentive ④ disposable

풀이

① 이용 가능한
② 인공적인
③ 주의를 기울이는
④ 일회용의

∴ 해당 건물주는 화재탐지기와 소화기를 갖추고 있는지 확인할 책임이 있다고 했으므로 각 층에 이것들이 있어야 한다는 내용인 '이용 가능한'의 의미가 와야 알맞다. 따라서 정답은 1번이다.

해석

해당 건물주는 자신이 소유한 부동산이 최소 하나의 화재 탐지기와 소화기를 갖추고 있는지 확인해야 할 책임이 있다. 여러 층이 있는 건물의 경우 각 층에 이용 가능한 이러한 것들을 비치하는 것을 적극 추천한다.

10 밑줄 친 부분과 의미가 가장 가까운 것은?

Danny can be quite blunt; he gives no consideration to others' feelings with his great candor.

① reluctant
② intelligent
③ hypothetical
④ straightforward

풀이

① 꺼리는
② 지적인
③ 가설의
④ 직설적인

∴ '솔직함으로 다른 사람들의 감정을 고려하지 않는다'이므로 4번의 '직설적인'의 의미가 어울린다.

해석

Danny는 꽤 직설적이다; 그는 굉장한 솔직함으로 다른 사람들의 감정을 고려하지 않는다.

11 밑줄 친 부분과 의미가 가장 가까운 것은?

In clear weather, a pilot could gauge a vessel's position in relation to landmarks and steer clear of dangerous reefs and hidden obstructions. Even in thick weather, a pilot navigating at low tide should be able to spot waves breaking against reefs and boulders, and steer a safe course.

① avoid
② land on
③ eliminate
④ collide with

풀이

① 피하다
② 착륙하다
③ 제거하다
④ 충돌하다

∴ steer clear of는 '~를 피하다'의 뜻으로 이와 유사한 것은 1번 avoid이다. 또한 '도선사'와 '위험한 암초', '숨겨진 장애물' 등의 단어에서도 '피할 수 있다'를 유추할 수 있다.

해석

맑은 날씨에, 도선사는 주요 지형지물과 관련해서 선박의 위치를 측정할 수 있고 위험한 암초와 숨겨진 장애물을 피할 수 있어야 한다. 심지어는 자욱한 날씨에, 썰물에서 항해하는 도선사는 암초와 바위에 부딪치는 파도를 발견할 수 있고 안전한 항로를 안내할 수 있어야 한다.

12 밑줄 친 부분 중 문맥상 낱말의 쓰임이 적절하지 않은 것은?

In the broadest sense, a "disaster" is a sudden and extremely unfortunate event that ① affects many people. It could also be defined as a misfortune that reaches large ② proportions. The words catastrophe and calamity are often used as ③ antonyms(→ synonym) for disaster. In the narrowest sense, "disaster" is a relative term, depending upon the number of casualties and the extent of ④ property damage, the length of time involved, and the capacity, size, and strength of forces available to cope with it.

풀이

catastrophe(재앙, 참사)와 calamity(재앙, 재난) 단어는 '재난'에 대한 반의어가 아닌 동의어이므로 antonym이 아닌 synonym(동의어)로 바꿔야 한다.

해석

가장 넓은 의미에서, "재난"은 많은 사람들에게 영향을 미치는 갑작스럽고 극도로 불운한 사건이다. 그것은 또한 상당 부분에 이르는 불운으로 정의될 수도 있다. catastrophe와 calamity 단어는 흔히 재난이라는 반의어(→동의어)로 쓰인다. 가장 좁은 의미에서 "재난"은 사상자의 수와 재산 피해의 정도, 관련 시간의 길이 그리고 이에 대처하기 위해 사용할 수 있는 힘의 크기와 힘의 강도에 따른 상대적인 용어이다.

13 다음 글의 빈칸 (A), (B)에 들어갈 말로 가장 적절한 것은?

If we hear a word used in a new way in a new context we can use our past experiences with the word to make a guess about what it means in the new context. If it is used enough in such contexts, it grows a new meaning along with its older ones. ____(A)____, imagine that I say, "These flowers love the sun" or "The waves lovingly caressed the beach." We can readily figure out what these sentences mean based on analogies with our past experiences. We can say that "love" has a metaphorical meaning in these sentences. ____(B)____, with words, it is often hard to know where literal meaning stops and metaphor begins. Are "I love pizza" or "I even love my enemies" metaphors? What about "I love my cat"?

	(A)	(B)
①	For example	However
②	In contrast	Therefore
③	Moreover	As a result
④	Instead	Nevertheless

풀이

① 예를 들어 – 그러나
② 대조적으로 – 그러므로
③ 게다가 – 결과적으로
④ 대신에 – 그럼에도 불구하고

∴ (A) 뒤로 'imagine that I say'가 나오는데 imagine, consider, let's say, think about 등'의 표현들은 명령문의 형태이지만 실제는 "예시"를 뜻한다. 앞서 새로운 문맥에서 어떤 단어가 사용되면, 사람들은 이 단어의 뜻을 유추하기 위해 관련된 과거의 경험을 사용한다고 하였다. 'imagine that I say' 뒤의 "These flowers love the sun" or "The waves lovingly caressed the beach."로 보아 for example(예를 들어)이 적절하다.

(B)의 경우 (B)를 중심으로 우리는 이 문장들에서 "사랑"이 은유적인 의미를 가지고 있다고 말할 수 있다는 내용과, 단어와 함께, 문자 그대로의 의미가 어디에서 끝나고 은유가 시작되는지를 아는 것은 종종 어렵다는, 서로 반대되는 내용이 나왔으므로 however(하지만)가 알맞다.

해석

만약 우리가 새로운 문맥에서 새로운 방식으로 사용되는 단어를 듣는다면, 우리는 그것이 새로운 상황에서 무엇을 의미하는지에 대해 추측하기 위해 그 단어와 함께 우리의 과거 경험을 사용할 것이다. 만일 그것이 그러한 맥락에서 충분히 사용된다면, 그것은 예전의 의미들과 함께 새로운 뜻을 가지게 된다. 예를 들어, "이 꽃들은 태양을 사랑해" 또는 "파도가 사랑스럽게 해변을 어루만졌다."라고 말했다고 하자. 우리는 이러한 문장들이 우리의 과거 경험과 유사함에 기초하여 무엇을 의미하는지 쉽게 이해할 수 있다. 우리는 이 문장들에서 "사랑"이 은유적인 의미를 가지고 있다고 말할 수 있다. 하지만, 단어로 인해서 문자 그대로의 의미가 어디에서 끝나고 은유가 시작되는지를 아는 것은 종종 어렵다. "나는 피자를 사랑해요." 아니면 "심지어 내 적을 사랑해요."는 은유법인가? "난 내 고양이를 사랑해요"는 어떤가?

14 다음 글의 빈칸 (A), (B)에 들어갈 말로 가장 적절한 것은?

No one knows the exact date forks made their first appearance in European society. What is known is that in the fourteenth century, etiquette, or the rules for polite behavior, dictated that food be eaten with the fingers. References to forks begin to appear in letters and journals written in the fifteenth century. ___(A)___, at this point, forks were used only to serve food, not to eat it. By the sixteenth century, there are many references to use of forks at banquets and feasts. ___(B)___, according to the diary written in 1520, Jacques Lesaige, the silk merchant, marveled at the expensive silver forks used to cut meat in the home of his wealthy customers.

	(A)	(B)
①	Still	In contrast
②	Still	For example
③	In other words	On the contrary
④	In other words	In a nutshell

풀이

① 그럼에도 불구하고 – 반대로
② 그럼에도 불구하고 – 예를 들어
③ 다시 말하자면 – 반대로
④ 다시 말하자면 – 아주 간결하게

∴ (A) 앞에 15세기에 등장하기 시작한 포크에 대한 언급이 있지만 이때 포크는 먹는 데 이용된 것이 아니라 오직 음식을 제공하기 위해 사용되었다는 말에서 still(그럼에도 불구하고)이 나와야 한다. (B) 뒤로는 1520년에 일기를 쓰던 Jacques LeSaige의 구체적인 사례를 들고 있기 때문에 for example (예를 들어)이 들어가야 하며, 따라서 정답은 2번이다.

해석

아무도 포크가 유럽 사회에 처음 등장한 정확한 날짜를 모른다. 알려진 것은 14세기에는 예절, 또는 공손한 행동을 위한 규칙으로서 음식을 손가락으로 먹도록 지시했다는 것이다. 포크에 대한 언급은 15세기에 쓰여진 편지와 잡지에 등장하기 시작한다. <u>그럼에도 불구하고</u>, 이때 포크는 음식을 먹기 위해서가 아니라 오직 음식을 제공하기 위해 사용되었다. 16세기에 이르러서야, 연회와 만찬에서 포크가 사용되었다는 언급이 나타난다. <u>예를 들어</u>, 1520년에 작성된 일기에 따르면, 실크 상인 Jacques LeSaige는 부유한 그의 고객들의 집에서 비싼 은으로 만든 포크가 고기를 자르는 데 사용되는 것에 놀라워했다.

15 다음 대화의 빈칸에 들어갈 말로 가장 적절한 것은?

상 중 하

A : Guess what! I'm going to San Francisco! Have you ever been there?

B : Yes, I've been there several times. There are many interesting places that you can visit, such as the Golden Gate Bridge.

A : What about Fisherman's Wharf?

B : Oh, that's one of my favorites! There are lots of seafood restaurants you can sit at for lunch. By the way, where are you going to stay?

A : I've booked a room at the Pacific Hostel.

B : _____

A : Just three days.

B : Why don't you stay longer?

A : I plan to go to New York to see an old friend.

B : I see.

① Why don't you visit your cousin living there?

② How many times have you been to America?

③ How long are you going to be there?

④ When will you come back to Korea?

풀이

① 그곳에 살고 있는 사촌을 방문해 보는 게 어때?

② 미국에 몇 번 가봤니?

③ 그곳에는 얼마나 오래 있을 거야?

④ 한국에 언제 올 거야?

∴ 빈칸 뒤에 "Just three days. 3일만 있을 거야"라고 하므로 여기에 대한 질문으로 "얼마나 오래 있을 건지"의 질문이 나와야 한다.

해석

A : 있잖아! 나 샌프란시스코에 가! 거기 가본 적이 있어?

B : 응, 몇 번 가 봤어. Golden Gate Bridge 같이 네가 방문할 수 있는 재미있는 곳이 많이 있어.

A : Fisherman's Wharf는 어때?

B : 오, 그건 내가 제일 좋아하는 것 중 하나야! 점심 때 앉아서 먹을 수 있는 해산물 음식점이 많이 있어. 그런데, 어디에 있을 거야?

A : Pacific Hostel을 예약해 두었어.

B : 그곳에는 얼마나 오래 있을 거야?

A : 단지 3일 동안.

B : 좀 더 머무르지 그래?

A : 나는 오랜 친구를 만나러 뉴욕에 갈 계획이야.

B : 그렇구나.

16 다음 글의 제목으로 가장 적절한 것은?

Ideals of beauty in women may in some instances be closely related with the way of living as technologically determined. In cultures where technological control over food supply is slight and food is frequently scarce as a consequence, a fat woman is often regarded as beautiful. In cultures where food is abundant and women work little, obesity is likely to be regarded as unattractive to the eye. In some societies, a sun-browned skin in women was a mark of the lower class of peasants, for example. Ladies, on the other hand, took great pains to preserve a fair skin. In other cultures, e.g., our own today, the pale skin is a mark of the urban working girl who sees little of the sun, whereas the well-tanned girl is one who can afford to spend much time on golf courses or bathing beaches.

① Technology and Health Care
② Junk Food and Healthy Food
③ Various Sports in Different Cultures
④ Standards of Beauty in Different Cultures

풀이

 보기분석 및 아림's 예측전개!

① 기술과 의료
② 인스턴트 식품과 건강 식품
③ 다른 문화에서 다양한 스포츠들
④ 다른 문화에서 미의 기준들

1번은 기술이 발전 함에 따라 의료 또한 발전한다는 내용이, 2번은 인스턴트 식품과 건강 식품의 비교를 통해 무엇이 얼마나 몸에 좋고 나쁜지, 3번은 문화마다 다른 독특한 스포츠들에 대한 설명이, 4번은 문화 마다 미의 기준이 달라서 이곳에서는 아름다운 기준이 되지만 다른 곳에서는 아니라는 내용 등이 전개될 것으로 보인다.

∴ 뚱뚱한 여자가 음식이 부족한 문화에서는 아름다움의 상징이지만 음식이 풍부한 곳에서는 매력이 없는 것으로 보이고, 햇볕에 탄 피부가 낮은 계급의 농부의 표시인 곳도 있지만 해수욕장이나 골프 코스에서 시간을 보낼 여유가 있는 사람으로 여겨질 수 있다는, 비교와 대조를 통한 전개와 가장 어울리는 것은 4번이다.

해석

여성들의 아름다움에 대한 이상이 어떤 경우에는 기술적으로 결정된 삶의 방식과 밀접한 관련이 있을 수 있다. 음식 공급에 대한 기술적 통제가 약하고 결과적으로 음식이 부족한 문화에서 뚱뚱한 여자는 종종 아름다운 것으로 여겨진다. 음식이 풍부하고 여자들이 일을 적게 하는 문화에서, 비만은 사람들의 눈에 매력이 없는 것으로 여겨지기 쉽다. 예를 들어 몇몇 사회에서는, 햇볕에 탄 여자의 피부는 낮은 계급의 농부들의 표시였다. 반면에 여성들은 흰 피부를 보존하기 위해 많은 노력을 기울인다. 다른 문화, 예컨대 오늘날 우리 사회에서 창백한 피부는 태양을 거의 보지 못하는 도시에서 일하는 소녀의 표시이다. 반면에 햇볕에 잘 탄 소녀는 골프 코스나 해수욕장에서 많은 시간을 보낼 여유가 있는 사람으로 여겨진다.

17 주어진 글 다음에 이어질 글의 순서로 가장 적절한 것은?

Each type of built-in building fire protection systems, when activated, requires support from the fire department. This support can come in various forms.

(A) It is not recommended that it be the responsibility of the fire department to place these systems back in service after an activation.

(B) I may mean providing and supple-menting the water supply to a sprinkler or standpipe system, or it may mean conducting typical fire department operations, such as search for victims and occupants, ventilation, and total extinguishment of the fire.

(C) However, the department should be as helpful as possible and ensure that the system is properly restored by a qualified person.

① (A) - (C) - (B) 　② (B) - (A) - (C)
③ (C) - (A) - (B) 　④ (C) - (B) - (A)

풀이

주어진 문장에서 내장형 화재 보호 시스템은 작동될 때 소방당국의 지원을 받아야 하고 이는 다양한 형태로(in various forms)로 제공될 수 있다고 했기 때문에 이에 대한 구체적인 사례를 (B)에서 나열했다. 가령, sprinkler, standpipe system, fire department operations 등을 말한다. 그 후 (A) 시스템이 작동한 후에 원래의 장소로 되돌려놓는 것은 소방당국의 책임이 아니지만 (C) 소방당국은 가능한 한 도움이 되어야 하고 자격 있는 작업자가 시스템을 적절히 복구했는지 확인해야 한다는 내용인 (B) - (A) - (C)가 적절하다.

해석

각 유형의 건물 내장형 화재 보호 시스템은 작동될 때 소방서의 지원을 받아야 한다. 이러한 지원은 다양한 형태로 제공될 수 있다.
(B) 스프링클러나 소화전 설비에 물을 공급하고 보충하거나 작동 중인 소방호스 헤드에서의 물의 흐름을 통제하거나, 아니면 피해자와 거주자 수색, 환기, 그리고 화재의 총 진압 같은 소방당국의 전형적인 일을 수행하는 것을 말한다.
(A) 화재예방시스템이 작동을 한 후에 이러한 시스템을 원래의 장소로 되돌려놓는 것을 소방당국의 책임으로 두도록 권장하지는 않는다.
(C) 하지만 소방당국은 가능한 도움이 되어야 하고, 반드시 자격 있는 작업자가 시스템을 적절히 복구했는지 확인해야 한다.

18 다음 글의 요지로 가장 적절한 것은?

Is there a cause and effect relationship between television violence and violence among today's young people? No, says the entertainment industry; yes, says almost all of the research. Some medical associations in the US have all funded studies that link violence on the screen with violence in real life. According to researcher L. Huesmann from the University of Michigan, letting children watch lots of television is like smoking. Both increase the potential for disaster. As Huesmann puts It. "Just as every cigarette increases the chances that some day you will get lung cancer, every exposure to violence increase the chances that some day a child will behave more violently than he or she otherwise would."

① Television violence contributes to real world violence.

② Smoking should be banned from the television screen.

③ The entertainment industry has been developed by television.

④ Death rates from lung cancer are unrelated to smoking habits.

풀이

보기분석 및 아림's 예측전개!

① TV폭력이 현실 세계의 폭력에 기여한다.
② 흡연이 TV화면에 나오는 것을 금지해야 한다.
③ 엔터테인먼트 산업은 TV에 의해 발전되었다.
④ 폐암으로 인한 사망률은 흡연 습관과는 관련이 없다.

1번은 시청자들이 TV에 폭력이 나오는 장면을 보면 현실 세계에서도 폭력이 일어날 가능성이 높아진다는 것이, 2번은 흡연이 TV에 나오면 건강 혹은 청소년들에게 부정적인 영향을 끼치므로 나오는 것이 금지되어야 한다는 내용이, 3번은 엔터테인먼트 산업이 TV프로그램에 많이 나와 TV에 의해 발전되었다는 것이, 4번은 폐암으로 인한 사망률은 흡연 습관과는 관련이 없는데 대부분의 사람들은 그렇게 생각하고 있지 않으므로 연구 결과를 가지고 증명해 보이는 내용이 전개될 것으로 보인다.

∴ 이 글은 '오늘날의 젊은이들 사이에 텔레비전 폭력과 폭력 간의 인과관계'를 묻는 질문과 더불어 마지막 Huesmann의 인용 문장, 즉 '모든 담배가 언젠가 폐암에 걸릴 확률을 높여 주듯이, 폭력에 노출될 때마다 아이들이 언젠가는 다른 때보다 더 난폭하게 행동할 가능성이 높아진다는 것'이 요지이므로 정답은 1번이다.

해석

오늘날의 젊은이들 사이에 TV폭력과 폭력 간의 인과관계가 있는가? 엔터테인먼트 업계에서는 아니라고 하지만, 거의 모든 조사 결과는 그렇다고 한다. 미국의 일부 의학협회는 스크린상의 폭력과 실제 생활에서의 폭력을 연관시키는 연구에 자금을 모두 지원해 왔다. 미시간 대학의 연구원 L. Htiesmann에 따르면 아이들에게 TV를 많이 보게 하는 것은 흡연과 같다. 둘 다 재난의 가능성을 증가시켰다. Huesmann은 "모든 담배가 언젠가 폐암에 걸릴 확률을 높여 주듯이, 폭력에 노출될 때마다 아이들이 언젠가는 다른 때보다 더 난폭하게 행동할 가능성이 높아진다."라고 말한다.

19 다음 글의 주제로 가장 적절한 것은?

상 중 하

One of the linguistic technologies of emotion is venting. **Venting means talking about unpleasant emotions in order to make them go away**. Unlike relief and entertainment, which may be as old as language itself, venting is a relatively recent invention. People have probably used language to get things off their chest, for thousands of years, but venting is more than just unburdening yourself of a troublesome thought. It Is the use of language for the explicit purpose of getting rid of unpleasant emotions. **The idea of venting was largely pioneered by the Viennese physician Sigmund Freud, who argued that speaking about negative emotions was sometimes the only way to be rid of them**.

① ways to strengthen positive emotions
② the process of language development
③ differences of language use and emotions
④ venting as a tool to get rid of negative emotions

풀이

보기분석 및 아림's 예측전개!

① 긍정적인 감정을 강화하는 방법들
② 언어 발달의 과정
③ 언어 사용과 감정의 차이
④ 부정적인 감정을 없애기 위한 도구로서의 표출

1번은 긍정적인 감정을 만들고 유지하기 위해 할 수 있는 방법들, 가령, 운동, 명상, 취미 등을 소개할 것이다. 2번은 언어가 발달하는 데 있어서 옛날부터 현대사회까지 어떠한 일이 있었는지를, 3번은 언어 사용과 감정에 있어서 각기 다른 감정에 따라 사용하는 언어가 다르다는 것을 이야기할 것이다. 4번의 경우 부정적인 감정을 없애려면 그저 참고 있는 것이 아니라 그것들을 밖으로 표출해야 부정적 감정들이 없어진다고 주장할 것이다.

∴ 표출(venting)은 부정적인 감정을 없애기 위해 그 감정에 대해 말하는 것으로, 프로이트의 감정 언어 기술 중 하나이다. 부정적인 감정에 대해 말하는 것이 때때로 그것들을 없앨 수 있는 유일한 방법이라고 마지막 문장에서 언급하고 있으므로 정답은 4번이다.

해석

감정의 언어 기술 중 하나가 "표출"이다. 표출은 부정적인 감정을 없애기 위해서 불쾌한 감정에 대해 이야기하는 것을 의미한다. 언어 자체만큼이나 오래된 구원과 즐거움과는 달리, 표출은 비교적 최근에 만들어졌다. 사람들은 아마도 수천 년 동안 "가슴 속의 것들을 털어 버리기 위해" 언어를 사용해 왔을 것이나, 표출은 단지 골치아픈 생각을 털어놓는 것 이상이다. 그것은 불쾌한 감정을 없애겠다는 명백한 목적을 띤 언어의 사용이다. 표출의 아이디어는 대부분 오스트리아의 심리학자 지그문트 프로이트에 의해 개척되었는데, 그는 부정적인 감정에 대해 말하는 것이 때때로 그것들을 없앨 수 있는 유일한 방법이라고 주장했다.

20 주어진 글 다음에 이어질 글의 순서로 가장 적절한 것은?

One a hot day, your body makes several adjustments to maintain its temperature.

(A) This sweat then cools the skin as it evaporates. But in order to do this extra work your heart rate increase, as does your metabolic rate(the number of calories your body needs to function). All that work – increasing your heart rate, your metabolic rate – eventually makes you feel tired or sleepy.

(B) This increased blood flow near the skin explains why some people look redder when they're feeling hot according to BBC. In addition to vasodilation, the body secretes sweat onto the skin.

(C) For instance, it dilates your blood vessels, a process known as vasodilation, which allows more blood to flow near the skin's surface. This allows warm blood to cool off, releasing heat as it travels near the skin.

① (A) – (C) – (B)
② (B) – (A) – (C)
③ (C) – (A) – (B)
④ (C) – (B) – (A)

풀이

더운 날, 몸의 체온을 유지하기 위해 몇 가지를 조절하는 방법의 구체적인 예시로 (C)가 언급되고, (C) 끝 부분에서 따뜻한 피가 식도록 해 주어, 피부 근처로 이동하면서 열을 방출하는데 (B)에서 이것이 왜 어떤 사람들이 더워 보일 때 더 붉게 보이는지를 설명한다고 하였다. (B)의 끝 부분에서 혈관 확장 외에도, 신체는 피부에 땀(sweat)을 배출하는데 (A)의 이 땀((B)에서 말하는 땀을 받은 this sweat)이 증발하면서 피부를 시원하게 한다고 하였다. 즉 정답은 4번이다.

해석

어느 더운 날, 당신의 몸은 체온을 유지하기 위해 몇 가지를 조절한다.
(C) 예를 들어, 당신의 몸은 당신의 혈관을 팽창시키는, 혈관 확장으로 알려진 과정을 통해 피부 표면 근처로 더 많은 피가 흐르게 한다. 이것은 따뜻한 피가 식도록 해 주어, 피부 근처로 이동하면서 열을 방출해준다.
(B) BBC에 따르면, 이러한 피부 근처의 혈류량 증가는 왜 어떤 사람들은 덥다고 느낄 때 더 붉게 보이는지를 설명해 준다. 혈관 확장 외에도, 신체는 피부에 땀을 배출한다.
(A) 그러면 이 땀이 증발하면서 피부를 시원하게 한다. 하지만 이 추가 작업을 하기 위해서, 당신의 심장 박동 수가 증가하고, 대사율(당신의 몸이 기능하는데 필요한 칼로리의 수)도 증가한다. 심장 박동 수와 신진대사 속도를 증가시키는 모든 일들은 결국 여러분을 피곤하거나 졸리게 만든다.

MEMO

08 | 2018년 소방직 기출(경채)(상반기)

01 다음 글에 나타난 사고 현장에서 확인해야 하는 사항이 아닌 것은?

When rescuers come to the exposure scene, they have to implement several actions before doing their job.

• Oxygen levels
• Toxicity levels
• Explosive limits
• Radiological monitoring

① 산소 수준   ② 유독성 수준
③ 폭발성 한계   ④ 무전기 모니터링

02 다음 대화의 빈칸에 들어갈 말로 가장 적절한 것은?

A : Dad, you bought a fire extinguisher?
B : Yes, we had a small fire in the office this morning, but we were able to _____. So, I thought we'd better have a fire extinguisher at home as well.

① take it up   ② put it off
③ put it out   ④ take it off

03 다음은 지진 중·후의 대처에 관한 글이다. 글의 내용과 다른 것을 고르시오.

What to do in an earthquake

During an Earthquake

If you're indoors, stay there. Get under a desk or table, or stand against an interior wall. Stay clear of exterior walls, glass, heavy furniture, fireplaces and appliances. The kitchen is a particularly dangerous spot. If you're in an office building, stay away from windows, glass, and outside walls and do not use the elevator. If you're outside, get into the open. Try to stay away trees, light posts, signs and power lines.

After an Earthquake

Check for fire or fire hazard, such as electrical leakage or gas leakage. If you smell gas, shut off the main gas valve. If there's evidence of damage to electrical wiring, shut off the power at the control box. Do not use candles or matches in this situation. If you leave home, leave a message telling friends and family your location.

① 지진 후 : 초나 성냥 사용하기
② 지진 후 : 가스가 새는지 확인 및 누전 확인하기
③ 지진 중 : 건물 내부에 있는 경우에는 창문이나 유리에서 멀리 떨어져 있을 것
④ 지진 중 : 외부에 있는 경우에는 나무에서 멀리 떨어져 있을 것

04 다음 중 단어의 정의로 적절하게 짝지어지지 않은 것은?

① stuck : shaking or shivering
② drowning : trapped under water and unable to breathe
③ seizure : a sudden failure of the heart.
④ choking : stop breathing because something is blocking your throat

05 다음 글을 읽고 빈칸에 들어갈 말로 가장 알맞은 것을 고르시오.

> Insulating materials retard the movement of heat energy though a wall, roof, or any other part of the building envelope. _____
> _____

① The materials are separate in energy.
② Gases do not conduct heat easily because their molecules are far apart.
③ The structure of covering the frame is comprised of building materials.
④ Most modern designers focus on creating cool products that people want to buy.

06 다음 대화를 읽고 빈칸에 들어갈 말로 가장 알맞은 것을 고르시오.

> A : Can you show me the way to National Fire Service Academy? Should I take the subway?
> B : No, you'd better take the bus. And get off at South Market.
> A : How far is it?
> B : _____

① About 10 to 15 minutes.
② The bus stop is over there.
③ The bus number is 139.
④ Between post office and subway station.

07 다음 밑줄 친 부분 중 어법상 어색한 것은?

> The more we surround ① ourselves with people who are the same ② as we are, who hold the same views, and who share the same values, ③ the great the likelihood ④ that we will shrink as human beings rather than grow.

08 다음 대화를 읽고 빈칸에 들어갈 말로 가장 알맞은 것을 고르시오.

> A : Sir, you have to wear gloves. We have a regulation for the rink safety.
> B : Oh, I didn't know that. Where can I get a pair?
> A : You can get them right next to the counter.
> B : _____

① I'll order it immediately.
② I'll go get a pair right away.
③ I don't have any idea.
④ Not that I know of.

09 다음 글을 읽고 밑줄 친 부분에 들어갈 말로 알맞은 것을 고르시오.

> First aid for _____
> • Reassure the victim
> • Wash bite area with running water and soap
> • Scrap the sting with something having dull edge such as credit card
> • Put ice bag wrapped in towel on the bite area
> • Watch the victim for sings of bad allergic reaction

① insect bites
② accidental hazards
③ volcano eruptions
④ natural disasters

10 다음 빈칸에 들어갈 말로 가장 알맞은 것은?

> A : William, what's the matter? Your eyes are bloodshot!
> B : I know. Actually I couldn't sleep the last two day studying for the mid-term exam.
> A : No, I didn't.
> B : Why didn't you _____ it in advance?
> A : I couldn't because of my part-time job.

① account for
② prepare for
③ attach to
④ break apart

11 다음 글의 제목으로 가장 적절한 것은?

> The blood types were first identified by Austrian immunologist Karl Landsteiner in 1901. There are four main blood group defined by the ABO system. ABO blood group system is the classification of human blood based on the inherited properties of red blood cells (erythrocytes) as determined by the presence or absence of the antigens A and B, which are carried on the surface of the red cells. Persons may thus have type A, type B, type O, or type AB blood.

① 혈액형의 분류
② 혈액형의 기원
③ 혈액형 연구의 이점
④ 혈액형 발견자

12 다음 보기의 문장이 들어갈 위치로 가장 적절한 곳은?

Another major distraction for safe driving is eating food behind the wheel, which causes drivers to concentrate on the food.

Research has shown that teens tend to engage in cell phone tasks much more frequently—and in much more risky situations—than adults. (①) Thus, our studies indicate that teens are four times more likely to get into a related crash or near—crash event than their adult counterparts. (②) Studies of automobile drivers by the virginia Tech Transportation Institute found that dialing a cell phone made the risk of crash or near—crash event 2.8 times as high as non—distracted driving. (③) From having to unwrap food packaging to holding the food with at least one hand to chewing and swallowing it, eating takes a lot of effort. (④) Not to mention the risk of spilling hot beverages and food items that can be quite painful and distracting for a driver to deal with on the road.

13 다음 주어진 글의 흐름과 관계없는 문장을 고르시오.

① Weekly changing the bed linen reduces the risk of exposure to dust mites. ② The mite's gut contains potent digestive enzymes that persist in their feces. ③ Cotton covers not covered with complete mattress covers are very likely to become colonized by bacteria and molds; they must be cleaned periodically (at least every 2nd—3rd month). ④ Dust mite—proof bedclothes may reduce the exposure to 20%.

14 다음 중 영작이 옳지 않은 것은?

① 그는 부자임에도 불구하고, 전혀 허세를 떨지 않는다.
  In spite of being rich, he does not put on any airs.
② 그는 화를 면하기 위해서, 거짓말을 했고 자신의 친구에게 책임을 돌렸다.
  To save his own skin, he lied and blamed the accident on his friend.
③ 그 책은 잘못 인쇄되었다.
  The book was out of print.
④ 그는 분노했다.
  He hit the ceiling.

15 다음 중 문법적으로 옳지 않은 것은?

Two employees are suing Microsoft, ① alleging their jobs gave them PTSD. ⋯ Apple brought a lawsuit Microsoft, ② claiming that the idea for Windows had been taken from Apple's designs. ⋯ The reorganization also seeks to foster a more collaborative corporate culture at Microsoft, ③ that has been criticized for internal conflict. ⋯ By 1986, Microsoft had increased its employees to 1, 153 and its stock went public, meaning people outside the company ④ were allowed to became part — owners.

16 다음 대화를 읽고, 빈칸에 들어갈 말로 알맞은 것은?

A : It won't come out! It won't come out!
B : _____, Steve. Let the cookies go and pull your hands out of the jar slowly.

① Walk on air
② Pull yourself together
③ Make yourself scarce
④ Stick out like a sore thumb

17 다음 글을 읽고, 밑줄 친 'This'가 무엇인지 고르시오.

This may occur as an overflow of water from water bodies, such as a river, lake, or ocean. This can be local, impacting a neighborhood or community, or very large, affecting entire river basins.

① drought
② flooding
③ tornado
④ volcano

18 다음 중 대화의 흐름이 어색한 것은?

① A : How intense is the pain now?
   B : It is severe.
② A : Where is the gas station please?
   B : I don't know. I'm a stranger here today.
③ A : Are you the first witness of the fire?
   B : I don't know. But I just called you as soon as I saw the fire.
④ A : Dessert is a must here! Are you satisfied with it, aren't you?
   B : Yes, I doubt they are using fresh ingredients.

19 다음 글을 읽고 빈칸에 들어갈 말로 알맞은 것을 고르시오.

This is a colorless, odorless gas with a density about 60% higher than that of dry air. _____ is produced during the processes of decay of organic materials and the fermentation of sugars in bread, beer and wine making. It is produced by combustion of wood, carbohydrates and fossil fuels such as coal, peat, petroleum and natural gas.

① Ash　　　　　　② Gasoline
③ Halon　　　　　④ Carbon dioxide

20 다음 빈칸에 공통으로 들어갈 말로 알맞은 것은?

- Cyclists are _____ up traffic.
- _____ the painting up the wall.
- Her legs couldn't _____ her up.
- Armed men _____ up a gas station.

① delay　　　　　② postpone
③ take　　　　　　④ hold

MEMO

서울특별시 지방소방공무원 신규채용(공개경쟁)

책 형	※ 책형 확인	※ 감독관 확인
Ⓐ	책형	
Ⓑ	문제지 및 답안지 확인 후 기재	

국 어 · 한 국 사 · 영 어 · 선택과목1 · 선택과목2

시 험 번 호

OMR 뒷면

01	02	03	04	05	06	07	08	09	10
④	③	①	①	②	①	③	②	①	②
11	12	13	14	15	16	17	18	19	20
①	③	②	③	③	②	②	④	④	④

상 중 **하**

01 다음 글에 나타난 사고 현장에서 확인해야 하는 사항이 아닌 것은?

> When rescuers come to the exposure scene, they have to implement several actions before doing their job.
> • Oxygen levels
> • Toxicity levels
> • Explosive limits
> • Radiological monitoring

① 산소 수준
② 유독성 수준
③ 폭발성 한계
④ 무전기 모니터링

풀이

Oxygen level 산소 수준, Toxicity level 유독성 수준, Explosive limit 폭발성 한계, Radiological monitoring 방사능 탐지를 말하므로 4번에 무전기 모니터링은 없다.

해석

구조자들이 유해환경에 노출된 사고현장에 올 때, 그들은 일을 시작하기 전에 몇 가지 조치를 시행해야 합니다.
• 산소 수준
• 유독성 수준
• 폭발성 한계
• 방사능 탐지

상 중 **하**

02 다음 대화의 빈칸에 들어갈 말로 가장 적절한 것은?

> A : Dad, you bought a fire extinguisher?
> B : Yes, we had a small fire in the office this morning, but we were able to _____. So, I thought we'd better have a fire extinguisher at home as well.

① take it up
② put it off
③ put it out
④ take it off

풀이

① 집어 들다
② 연기하다
③ (불을) 끄다
④ (옷 등을) 벗다. 이륙하다

∴ 소화기를 샀고 작은 불이 났다는 이야기가 나오므로 뒤에 불을 끌 수 있었다는 내용이 나와야 적합하다.

해석

A : 아빠, 소화기 샀어요?
B : 응. 오늘 아침에 사무실에 작은 불이 났는데 소화기가 있어서 끌 수 있었어. 그래서 우리 집에서도 소화기가 있어야 한다고 생각했어.

03

상중하

03 다음은 지진 중·후의 대처에 관한 글이다. 글의 내용과 다른 것을 고르시오.

What to do in an earthquake

During an Earthquake

If you're indoors, stay there. Get under a desk or table, or stand against an interior wall. Stay clear of exterior walls, glass, heavy furniture, fireplaces and appliances. The kitchen is a particularly dangerous spot. If you're in an office building, stay away from windows, glass, and outside walls and do not use the elevator. If you're outside, get into the open. Try to stay away trees, light posts, signs and power lines.

After an Earthquake

Check for fire or fire hazard, such as electrical leakage or gas leakage. If you smell gas, shut off the main gas valve. If there's evidence of damage to electrical wiring, shut off the power at the control box. Do not use candles or matches in this situation. If you leave home, leave a message telling friends and family your location.

---

① 지진 후 : 초나 성냥 사용하기
② 지진 후 : 가스가 새는지 확인 및 누전 확인하기
③ 지진 중 : 건물 내부에 있는 경우에는 창문이나 유리에서 멀리 떨어져 있을 것
④ 지진 중 : 외부에 있는 경우에는 나무에서 멀리 떨어져 있을 것

풀이
지진이 진행된 후 초나 성냥의 사용은 금해야 한다고 나와 있으므로 1번이 정답이다.

해석

지진 발생 시 할 일
지진 중
당신이 실내에 있다면, 그대로 있으십시오. 책상, 탁자 밑으로 들어가거나 벽에 기대어 앉으십시오. 외벽, 유리, 무거운 가구, 벽난로 및 가전제품으로부터 떨어지십시오. 부엌은 특히 위험한 곳입니다. 사무실 건물에 있는 경우 창문, 유리 및 바깥벽에 가까이 가지 말고, 엘리베이터를 이용하지 마십시오. 당신이 밖에 있다면 개방된 곳으로 가십시오. 나무, 가벼운 기둥, 간판 및 전선은 피하십시오.

지진 후
누전이나 가스 누출과 같은 화재 또는 화재의 위험이 있는지 확인하십시오. 가스 냄새가 나는 경우 주가스 밸브를 차단하십시오. 전기 배선 손상의 증거가 있는 경우, 제어 상자에서 전원을 차단하십시오. 이 상황에서 양초나 성냥은 사용하지 마십시오. 집을 떠나게 되면 친구나 가족에게 자신의 위치를 알리는 문자를 남기십시오.

상중하

04 다음 중 단어의 정의로 적절하게 짝지어 지지 않은 것은?

① stuck : shaking or shivering
② drowning : trapped under water and unable to breathe
③ seizure : a sudden failure of the heart
④ choking : stop breathing because something is blocking your throat

풀이

① 1. (…에 빠져) 움직일 수 없는, 2. (불쾌한 상황·장소에) 갇힌
② 익사
③ 발작
④ 질식

∴ stuck은 '1. (…에 빠져) 움직일 수 없는, 2. (불쾌한 상황·장소에) 갇힌' 뜻을 가지고 있으나 shaking, shivering은 '떨림'을 의미하므로 서로 맞지 않다.

해석

① 갇힘 : 흔들리거나 떨림
② 익사 : 물속에 갇혀서 숨을 쉴 수 없음
③ 발작 : 갑작스러운 심장 부전
④ 질식 : 목구멍이 막혀서 숨이 멈춤

05 다음 글을 읽고 빈칸에 들어갈 말로 가장 알맞은 것을 고르시오.

상 중 하

> Insulating materials retard the movement of heat energy though a wall, roof, or any other part of the building envelope. _____

① The materials are separate in energy.
② Gases do not conduct heat easily because their molecules are far apart.
③ The structure of covering the frame is comprised of building materials.
④ Most modern designers focus on creating cool products that people want to buy.

풀이

① 그 자재는 에너지를 분리시킨다.
② 가스의 분자들은 분리가 되기 때문에 열을 쉽게 전도시킬 수 없다.
③ 뼈대를 감싸는 구조물은 건축자재로 구성된다.
④ 대부분의 현대 디자이너들은 사람들이 사고 싶어 하는 멋진 상품들을 만드는데 초점을 맞춘다.

∴ 첫 문장에서 보온재가 열에너지의 움직임을 지연시킨다고 했으므로 뒤에 왜 열을 쉽게 전도시킬 수 없는지에 관한 이유로 가스의 분자들이 분리가 되기 때문이라는 내용이 오는 것이 적합하다.

해석

보온재는 벽, 지붕 또는 건물 외장의 다른 부분을 통해 열에너지의 움직임을 지연시킨다. 가스의 분자들은 분리가 되기 때문에 열을 쉽게 전도시킬 수 없다.

06 다음 대화를 읽고 빈칸에 들어갈 말로 가장 알맞은 것을 고르시오.

상 중 하

> A : Can you show me the way to National Fire Service Academy? Should I take the subway?
> B : No, you'd better take the bus. And get off at South Market.
> A : How far is it?
> B : _____

① About 10 to 15 minutes.
② The bus stop is over there.
③ The bus number is 139.
④ Between post office and subway station.

풀이

① 약 10분에서 15분 정도요.
② 버스 정류장은 저기에 있어요.
③ 버스 번호는 139번입니다.
④ 우체국과 지하철역 사이에 있습니다.

∴ 중앙소방학교까지 버스를 타고 얼마나 가야 하는지 물었으므로 정답은 거리에 관련한 답인 '약 10분에서 15분 정도 걸린다'의 내용이 나와야 알맞다.

해석

A : 중앙소방학교에 가는 길을 가르쳐 주실래요? 지하철을 타야 하나요?
B : 아니오, 버스를 타시는 게 더 낫습니다. South Market에서 내리세요.
A : 얼마나 먼가요?
B : 약 10분에서 15분 정도요.

07 다음 밑줄 친 부분 중 어법상 어색한 것은?

상 중 하

The more we surround ① <u>ourselves</u> with people who are the same ② <u>as</u> we are, who hold the same views, and who share the same values, ③ <u>the great</u> the likelihood ④ <u>that</u> we will shrink as human beings rather than grow.

풀이

문법개념 짤막 강의

①
재귀대명사 ; 단수 - self, 복수 - selves
주어와 목적어와 같을 때 재귀대명사를 사용한다. 단수는 - self, 복수는 - selves이다. I love myself.에서 주어인 I와 목적어인 myself, Love yourself. 에서는 명령문의 숨은 주어가 you이므로 yourself가 쓰인 것이다. ①에서 주어 we와 목적어 자리가 같기 때문에 ourselves가 나온 것이므로 맞다.

②
유사관계대명사 as
유사관계대명사 as란 선행사가 the same, such, as의 어구가 올 때 관계대명사의 역할을 하는 경우를 말한다.

This is <u>the same</u> watch as I lost. (목적격 as)
이것은 내가 잃어버린 시계와 같은 종류의 시계이다.

<u>Such</u> men as heard him praised him. (주격 as)
그의 이야기를 들은 사람들은 그를 칭찬했다.

'People who are the same (people) as we are,'에서 as 유사관계대명사 절 내에 보어가 빠져있고 선행사가 the same (people)이므로 유사관계대명사 as가 쓰였다.

③
the 비교급 S+V, the 비교급 S+V ; ~하면 할수록 더 ~하다
<u>The harder</u> they worked, <u>the hungrier</u> they became.
열심히 일하면 할수록 더 배고파진다.

<u>The higher</u> up you go, <u>the colder</u> it becomes.
높이 올라가면 갈수록 더 추워진다.

The more we surround~, the greater the likelihood that we will shirnk~
the great을 비교급으로 the greater 바꿔줘야 맞는 문장이 된다. be동사가 생략되어 있으며 the likelihood 바로 뒤에 나오는 that은 동격의 접속사(= the likelihood)이다.

따라서 the great → the greater 비교급으로 바꿔줘야 한다.

④
동격의 that
동격의 that절은 앞에 나온 명사를 설명해주는 접속사이므로 문장이 불완전한 관계대명사 절과는 달리 완전한 문장구조를 취한다.

<u>The opinion</u> that he really doesn't understand you is mine.
그 의견 = 그가 당신을 정말로 이해하지 않는 다는 것

I will make <u>the suggestion</u> that houses should be built on this site.
그 주장 = 주택들이 이 지역에 지어져야 하는 것

'~<u>the likelihood</u> that we will shrink as human beings rather than grow.'에서 the likelihood 가능성에 대한 설명에 관한 동격의 that절이 나온 것이다.
가능성 = 우리는 인간으로서 성장하기보다는 움츠러들 것이다.

해석

우리와 똑같은 견해를 갖고 똑같은 가치를 공유하는 사람들로 자신을 둘러싸면 쌀수록, 인간으로서 성장하기보다는 움츠러들 가능성이 더욱 더 커지게 된다.

08 다음 대화를 읽고 빈칸에 들어갈 말로 가장 알맞은 것을 고르시오.

A : Sir, you have to wear gloves. We have a regulation for the rink safety.

B : Oh, I didn't know that. Where can I get a pair?

A : You can get them right next to the counter.

B : _____

① I'll order it immediately.

② I'll go get a pair right away.

③ I don't have any idea.

④ Not that I know of.

풀이 ------------------------------------

① 제가 그것을 즉시 주문할게요.

② 지금 즉시 착용하고 오겠습니다.

③ 잘 모르겠습니다.

④ 제가 알기로는 아닙니다.

∴ 장갑을 끼어야만 하는 상황인데 몰랐다고 말하면서 어디서 구입할 수 있는지를 묻고 있다. 이에 글의 흐름상 바로 착용하고 오겠다는 내용이 와야 하므로 2번이 적합하다.

해석 ------------------------------------

A : 선생님, 장갑을 끼셔야합니다. 링크 안전에 대한 규정이 있습니다.

B : 오. 저는 그것을 몰랐습니다. 한 쌍을 어디서 구할 수 있습니까?

A : 카운터 옆에서 장갑을 바로 가져올 수 있습니다.

B : 지금 즉시 착용하고 오겠습니다.

09 다음 글을 읽고 밑줄 친 부분에 들어갈 말로 알맞은 것을 고르시오.

First aid for _____

• Reassure the victim

• Wash bite area with running water and soap

• Scrap the sting with something having dull edge such as credit card

• Put ice bag wrapped in towel on the bite area

• Watch the victim for sings of bad allergic reaction

① insect bites

② accidental hazards

③ volcano eruptions

④ natural disasters

풀이 ------------------------------------

① 벌레 물림

② 사고 위험

③ 화산 분출

④ 자연 재해

∴ 글의 내용으로 보아 '벌레 물림'에 대한 응급처치가 적절하다.

해석 ------------------------------------

벌레 물림에 대한 응급 처치

• 피해자를 안심시키십시오.

• 흐르는 물과 비누로 물기 부위를 닦으십시오.

• 신용 카드와 같이 가장자리가 둔한 물건으로 침을 제거합니다.

• 물린 자국에 수건으로 싼 얼음주머니를 놓으십시오.

• 심한 알레르기 반응을 보이는 피해자의 징조를 주시하십시오.

10 다음 빈칸에 들어갈 말로 가장 알맞은 것은?

A : William, what's the matter? Your eyes are
   bloodshot!
B : I know. Actually I couldn't sleep the last
   two day studying for the mid−term
   exam.
A : No, I didn't.
B : Why didn't you _____ it in advance?
A : I couldn't because of my part−time job.

① account for
② prepare for
③ attach to
④ break apart

풀이

① ~를 설명하다
② ~를 준비하다
③ ~에 붙이다
④ 분해하다, 부수다

∴ A는 시험 준비 때문에 이틀 간 잠을 못자 눈이 충혈 되었고,
  B는 시험 준비를 못했다고 했으므로, A가 B에게 왜 미리 대비
  하지 않았느냐고 묻는 것이 적절하다.

해석

A : 윌리엄, 무슨 일이야? 네 눈이 충혈됐어!
B : 나도 알아. 사실 지난 이틀간 중간고사 시험을 위해 공부하느
   라 잠을 못 잤어.
A : 난, 못했는데.
B : 왜 미리 준비하지 않았니?
A : 아르바이트 때문에 할 수 없었어.

11 다음 글의 제목으로 가장 적절한 것은?

The blood types were first identified by
Austrian immunologist Karl Landsteiner in
1901. **There are four main blood group
defined by the ABO system.** ABO blood
group system is the classification of human
blood based on the inherited properties of
red blood cells (erythrocytes) as determined
by the presence or absence of the antigens A
and B, which are carried on the surface of the
red cells. Persons may thus have type A, type
B, type O, or type AB blood.

① 혈액형의 분류   ② 혈액형의 기원
③ 혈액형 연구의 이점   ④ 혈액형 발견자

풀이

보기분석 및 아림's 예측전개!

① 혈액형은 어떤 시스템에 의해 다음과 같이 분리된다. 가
  령, ABO식 혈액형 분류법이 있는데 이것은 ABO식 혈액
  형은 적혈구가 가지고 있는 항원의 유무 또는 조합으로
  혈액을 분류하는 방식으로 A형, B형, O형, AB형으로 분
  류된다는 식으로 전개가 될 것으로 보인다.
② '기원'의 전개방식은 최초의 시작을 기준으로 시간에 따
  른 전개방법으로 진술이 된다. 가령, ABO식의 혈액형 기
  원이라고 하면, '실제로 ABO식 혈액형을 결정하는 유전
  자는 인간뿐만 아니라 다른 영장류에서도 일부 관찰되며,
  인류가 다른 영장류들과 분화되기 훨씬 이전의 공조상에
  서 나타난 형질이다', '인류가 다른 영장류들과 분화되기
  훨씬 이전의 공조상에서 나타난 형질'에 관한 내용에 초
  점으로 전개가 될 것으로 보인다.
③ 혈액형 연구를 하면서 보통 혈액형 마다 두루 보이는 특성
  을 말하면서 혈액형 성격설을 알았으면 새로운 사람을 만
  났을 때 사람의 특성을 빠르게 파악할 수 있고, 인간관계에
  도움이 될 수도 있다는 내용으로 전개 될 것으로 보인다.
④ 혈액형마다의 발견자가 누구이며 언제, 어디서, 어떻게
  발견되었는지에 관한 설명이 나올 것이다.

∴ 첫 문장에 혈액형은 오스트리아 면역학자에 의해 밝혀졌다
  고 나오고 ABO시스템에는 4개의 주요 혈액군, 또한 적혈구
  의 유전적 특성에 기반한 분류, 마지막에 이렇게 해서 4개의
  혈액형을 가질 수 있다고 하는 것으로 보아 1번 혈액형의 분
  류가 정답이다.

혈액형은 1901년에 오스트리아의 면역학자인 Karl Landsteiner에 의해 처음으로 밝혀졌다. ABO 시스템에 의해 정의된 4개의 주요 혈액 군이 있다. ABO 혈액형 시스템은 적혈구의 표면에 있는 항원 A와 B의 유무에 의해 결정되는 적혈구(초생체)의 유전적 특성을 바탕으로 인간의 혈액을 분류하는 것이다. 따라서 사람은 A형, B형, O형 또는 AB형 혈액을 가질 수 있다.

상 중 하

12 다음 보기의 문장이 들어갈 위치로 가장 적절한 곳은?

Another major distraction for safe driving is eating food behind the wheel, which causes drivers to concentrate on the food.

Research has shown that teens tend to engage in cell phone tasks much more frequently—and in much more risky situations—than adults. (①) Thus, our studies indicate that teens are four times more likely to get into a related crash or near—crash event than their adult counterparts. (②) Studies of automobile drivers by the virginia Tech Transportation Institute found that dialing a cell phone made the risk of crash or near—crash event 2.8 times as high as non—distracted driving. (③) From having to unwrap food packaging to holding the food with at least one hand to chewing and swallowing it, eating takes a lot of effort. (④) Not to mention the risk of spilling hot beverages and food items that can be quite painful and distracting for a driver to deal with on the road.

풀이

보기 문장은 another mjor distaction, 또 다른 주요한 주의 산만함에 대해 말하고 있다. 그렇다면 앞에도 주요한 주의 산만함이 나오고 뒤에 '운전 중에 음식 먹는 것'이 나오므로 이와 같은 내용이 나와야 한다. 3번 앞을 보면 주의 산만함에 휴대폰 사용이 나온 후 또 다른 주의 산만함인 '운전 중에 음식 먹는 것', 3번 뒤로 이것에 대한 설명으로 적어도 한 손으로 포장을 풀어야 하는 것에서부터 음식을 씹고 삼키는 것까지 먹는 데 많이 노력이 필요하기 때문이라고 나오므로 정답은 3번이 적합하다.

해석

연구에 따르면, 10대들은 성인들보다 훨씬 더 자주 그리고 더 위험한 상황에서 휴대폰을 사용하는 경향이 있다고 한다. 따라서, 연구는 10대들이 성인들보다 이와 관련된 추락이나 충돌에 가까운 사건이 발생할 확률이 4배 더 높다는 것을 보여 준다. 버지니아 공대의 자동차 운전자에 대한 연구에 따르면 전화를 거는 것이 무면허 운전보다 2.8배나 더 큰 충돌이나 사고의 위험이 있다고 한다. 안전 운행을 위한 또 다른 주요한 주의 산만함은 운전자들로 하여금 음식에 집중하게 하는, 운전 중 음식을 먹는 것이다. 적어도 한 손으로 포장을 풀어야 하는 것부터 음식을 씹고 삼키는 것까지, 먹는 데 많은 노력이 필요하다. 운전자가 도로에서 다루기엔 상당히 고통스럽고 산만해질 수 있는 뜨거운 음료와 음식물들을 쏟을 위험성은 말할 것도 없다.

13 다음 주어진 글의 흐름과 관계없는 문장을 고르시오.

> ① Weekly **changing the bed linen reduces the risk of exposure to dust mites.** ② The mite's gut contains potent digestive enzymes that persist in their feces. ③ Cotton covers not covered with complete mattress covers are very likely to become colonized by bacteria and molds; they must be cleaned periodically (at least every 2nd − 3rd month). ④ Dust mite − proof bedclothes may reduce the exposure to 20%.

풀이

진드기 예방법에 대해 설명하고 있는데, 문맥상 진드기 소화 요소와 관련된 2번의 내용은 위 글의 주제와 어울리지 않는다.

해석

린넨 시트를 매주 교체하면 먼지 진드기에 노출될 위험이 줄어든다. 진드기의 내장에는 배설물에 잔류하는 강력한 소화 효소가 함유되어 있다. 매트리스 커버로 완전히 덮여 있지 않은 면 커버는 박테리아와 곰팡이들이 대량 서식할 가능성이 매우 높으므로 주기적으로 청소해야 한다(적어도 2~3개월마다). 먼지 진드기 방지이불을 사용하면 노출을 20%까지 줄일 수 있다.

14 다음 중 영작이 옳지 않은 것은?

① 그는 부자임에도 불구하고, 전혀 허세를 떨지 않는다.

In spite of being rich, he does not put on any airs.

② 그는 화를 면하기 위해서, 거짓말을 했고 자신의 친구에게 책임을 돌렸다.

To save his own skin, he lied and blamed the accident on his friend.

③ 그 책은 잘못 인쇄되었다.

The book was out of print.

④ 그는 분노했다.

He hit the ceiling.

풀이

① in spite of ~임에도 불구하고, put on airs 잘난 체하다, 뽐내다.
② save one's (own) neck[skin] 생명을 지키다, 재앙을 면하다
④ hit the ceiling (몹시 화가 나서) 길길이 뛰다

∴ 'out of print (책이) 절판된'이므로 알맞은 해석은 '그 책은 절판되었다'이다.

15 다음 중 문법적으로 옳지 않은 것은?

Two employees are suing Microsoft, ① <u>alleging</u> their jobs gave them PTSD. … Apple brought a lawsuit Microsoft, ② <u>claiming</u> that the idea for Windows had been taken from Apple's designs. … The reorganization also seeks to foster a more collaborative corporate culture at Microsoft, ③ <u>that</u> has been criticized for internal conflict. … By 1986, Microsoft had increased its employees to 1, 153 and its stock went public, meaning people outside the company ④ <u>were</u> allowed to became part－owners.

풀이

문법개념 짤막 강의

①, ②
현재분사(Ving) 능동!, 과거분사(－ed, 불규칙) 수동!
① 분사구문의 주어는 two employees, ② 주어는 Apple 이다. two employees가 allege(주장하다) 주장한 것, 능동이므로 현재분사로, Apple이 claim(주장하다) 주장한 것, 능동이므로 현재분사로 알맞게 쓰였다.

③
콤마 관계대명사 that → (X)
전치사나 콤마(,) 뒤에는 관계대명사 that이 올 수 없다. 본문에서는 which를 사용해야 한다. that → which로 바꿔야 한다.

④
5형식 to 부정사 수동태
allow A to B(동/원) (A가 B하도록 허용하다)에서 A는 목적어, to B는 목적격보어 자리이다. 5형식에서 수동태의 주어는 오직 목적어만이 가능하다. 따라서 목적어가 수동태 문장의 주어로 오면서 A is be＋p.p to B(동/원)이 된 구조이다. 주어인 people outside the company(회사 밖의 사람들이) 허용되는 것이므로 알맞게 쓰였다.

해석

두 명의 직원은 그들의 직업이 외상 후 스트레스 장애를 주었다고 주장하며 마이크로소프트사를 고소하고 있다. … 애플은 마이크로소프트사의 윈도우에 대한 아이디어가 애플사의 디자인에서 따온 것이라고 주장하며 소송을 제기했다. … 이번 조직 개편은 내부 갈등으로 비난을 받고 있는 마이크로소프트에 보다 협력적인 기업 문화를 조성하기 위한 방안 또한 모색하고 있다. … 1986년까지 마이크로소프트는 직원을 1,153명으로 늘렸고, 그것의 주가는 공개되었는데, 이것은 회사 밖의 사람들이 이 회사를 소유하도록 허용했다는 것을 의미한다.

16 다음 대화를 읽고, 빈칸에 들어갈 말로 알맞은 것은?

A : It won't come out! It won't come out!
B : _____, Steve. Let the cookies go and pull your hands out of the jar slowly.

① Walk on air
② Pull yourself together
③ Make yourself scarce
④ Stick out like a sore thumb

풀이

① 기뻐 날뛰다
② 침착해, 마음[정신]을 가다듬다
③ 한동안 모습을 보이지 않다
④ 주제넘다, (불쾌할 정도로) 아주 두드러지다

∴ 잡고 있는 쿠키를 천천히 놓고 손을 빼내보라는 것으로 보아 빈 칸에는 Pull yourself together. '침착해'라는 말이 적절하다.

해석

A : 손이 빠지지가 않아! 손이 빠지지가 않아!
B : 침착해, 스티브. 쿠키를 내려놓고 천천히 항아리에서 손을 빼봐.

17 다음 글을 읽고, 밑줄 친 'This'가 무엇인지 고르시오.

상 중 하

> This may occur as an overflow of water from water bodies, such as a river, lake, or ocean. This can be local, impacting a neighborhood or community, or very large, affecting entire river basins.

① drought
② flooding
③ tornado
④ volcano

풀이

① 가뭄
② 홍수
③ 토네이도
④ 화산

∴ 물의 범람으로 발생하는 것은 flooding(홍수)이다.

해석

이것은 강이나 호수, 바다와 같은 수역에서 나오는 물의 범람으로 발생할 수 있다. 이것은 지역적일 수 있고, 인근 지역이나 지역 사회에 영향을 미칠 수 있고, 또는 전체 하천 유역에 영향을 미칠 수 있다.

18 다음 중 대화의 흐름이 어색한 것은?

상 중 하

① A : How intense is the pain now?
　 B : It is severe.
② A : Where is the gas station please?
　 B : I don't know. I'm a stranger here today.
③ A : Are you the first witness of the fire?
　 B : I don't know. But I just called you as soon as I saw the fire.
④ A : Dessert is a must here! Are you satisfied with it, aren't you?
　 B : Yes, I doubt they are using fresh ingredients.

풀이

디저트가 만족스럽다고 했는데 그 후 신선한 재료를 사용하고 있는지 의심스럽다는 것은 대화의 흐름이 어색하다. 따라서 정답은 4번이다.

해석

① A : 지금 고통이 얼마나 강한가요?
　 B : 극심해요.
② A : 주유소가 어디 있나요?
　 B : 모르겠어요. 저도 오늘 여기가 처음이에요.
③ A : 당신이 화재의 첫 번째 목격자인가요?
　 B : 모르겠어요. 근데 저는 화재를 보자마자 당신한테 전화했어요.
④ A : 여기서는 디저트를 꼭 먹어야해요! 만족스럽죠, 그쵸?
　 B : 네, 저는 그들이 신선한 재료를 사용하고 있는지 의심스러워요.

19 다음 글을 읽고 빈칸에 들어갈 말로 알맞은 것을 고르시오.

> This is a colorless, odorless gas with a density about 60% higher than that of dry air. _____ is produced during the processes of decay of organic materials and the fermentation of sugars in bread, beer and wine making. It is produced by combustion of wood, carbohydrates and fossil fuels such as coal, peat, petroleum and natural gas.

① Ash

② Gasoline

③ Halon

④ Carbon dioxide

풀이

① 재

② 휘발유

③ 할론(할로겐 계열 브로민 원소를 함유한 소화제(消火劑)용 가스로 소화 성능이 뛰어나 소화기용 소화제로 많이 사용되었으나 오존층 파괴 물질로 밝혀짐에 따라 최근에는 규제 대상 물질이 되었다.)

④ 이산화탄소

∴ 무색, 무취, 부패과정, 발효과정, 연소에 의해서 생성되는 가스는 Carbon dioxide(이산화탄소)이다.

해석

이것은 건조한 공기보다 밀도가 약 60% 높은 무색 무취 가스이다. 이산화탄소는 유기 물질의 부패 과정과 빵, 맥주 및 와인 제조 과정 중 당류의 발효 과정에서 생산된다. 이것은 석탄, 이탄, 석유 및 천연 가스와 같은 목재, 탄수화물 및 화석 연료의 연소에 의해 생성된다.

20 다음 빈칸에 공통으로 들어갈 말로 알맞은 것은?

> • Cyclists are _____ up traffic.
> • _____ the painting up the wall.
> • Her legs couldn't _____ her up.
> • Armed men _____ up a gas station.

① delay

② postpone

③ take

④ hold

풀이

① 연기하다

② 연기하다

③ 가지고 가다

④ 잡고 있다. 쥐다

∴ hold up : 1. (쓰러지지 않도록) ~을 떠받치다. 2. (~ 의 흐름[진행]을) 지연시키다[방해하다]이므로 공통적으로, 문맥에 맞게 들어갈 수 있는 것은 4번이다.

해석

• 자전거 타는 사람들이 교통을 막고 있다.
• 그림을 벽에 걸다.
• 그녀의 다리는 그녀를 지탱하지 못했다.
• 무장한 군인들이 주유소를 지키고 있다.

09 | 2019년 소방직 기출(공채)

01 다음 밑줄 친 부분과 의미가 가장 가까운 것은?

The ability to communicate effectively is often listed as a required <u>attribute</u> in many job advertisements.

① nutrition　　　　② qualification

③ distribution　　　④ compensation

02 다음 빈칸에 들어갈 말로 가장 적절한 것은?

Fire departments are dedicated to saving lives and property from the _____ of fire. Saving lives is the highest priority at the incident scene.

① perils　　　　　② shelters

③ overviews　　　④ sanctuaries

03 다음 빈칸에 들어갈 말로 가장 적절한 것은?

One of the biggest problems in a high-rise fire is the _____ use of the stairwells for fire suppression activities and occupant evacuation. Many training materials have attempted to direct firefighters to establish one stairwell for evacuation and another for fire suppression. This does not work due to the occupants leaving via the closest exit.

① ingenious　　　　② simultaneous

③ pretentious　　　④ meticulous

04 다음 밑줄 친 he[him]가 가리키는 대상이 나머지 셋과 다른 것은?

Victor is a motorman for the Chicago Transit Authority. "Thank you for riding with me this evening. Don't lean against the doors, I don't want to lose you." ① <u>he</u> tells passengers over the intercom as the train departs. As the train makes its way north, ② <u>he</u> points out notable sites, including which connecting buses are waiting in the street below. People compliment ③ <u>him</u> all the time, telling the city he's the best motorman. Why does he have such a positive approach to his job? "My father is a retired motorman, and one day he took me to work with ④ <u>him</u> and I was so impressed looking out that window," he says, speaking of the city skyline. "Ever since I was five years old, I knew I wanted to run the train."

05 다음 글의 제목으로 가장 적절한 것은?

When we attempt to make major change in our lives, it is natural for us to want to go from all to nothing or vice versa. Let's take Bob, for instance. Bob never really exercised in the past, but wanted to get into shape. To do so, he decided to exercise for an hour every day of the week. Within a few weeks, Bob burned out, lost his motivation, and stopped exercising. He took on too much, too quickly. On the other hand, if Bob had eased into a fitness regimen by starting with two half-hour workouts per week, and then slowly added workout days and workout time over a few months, he would've had a better chance of sticking with the program and of the change lasting. Easing into change helps make it seem less overwhelming and more manageable.

① Extremes Don't Work
② How to Avoid Obesity
③ Why Is It Easy to Be Unhealthy?
④ Workout Time : The More, The Better!

06 다음 글의 주제로 가장 적절한 것은?

Having a children's party can be an example of a relatively inexpensive benefit to provide for your employees that can yield great returns on the investment. There are unlimited occasions and places to entertain children today. As a boss, you can help your employees' children celebrate holidays, Halloween, spring, or any other event or season. Employees and their children will appreciate the company providing this benefit. This is an excellent way to show appreciation to your employees' families for all the sacrifices they make to support their husbands, wives, fathers, or mothers as they go off to work each day. Finally, everyone will feel good about the company or organization.

① drawbacks of regular family gatherings
② merits of medical support for employees
③ employees' sacrifices for company growth
④ supporting family-related events and its effects

07 다음 글에서 필자가 주장하는 바로 가장 적절한 것은?

Many people store their medications in the bathroom. But this popular spot is actually one of the worst places to keep medicine. Bathroom cabinets tend to be warm and humid, an environment that speeds up a drug's breakdown process. This is especially true for tablets and capsules. Being exposed to heat and moisture can make medicines less potent before their expiration date. For example, a warm, muggy environment can cause aspirin tablets to break down into acetic acid (vinegar), which can irritate the stomach. Instead, keep medicines in a cool, dry, secure place out of a child's reach. Be aware that medicine that is improperly stored can become toxic.

① 올바른 장소에 약을 보관하라.
② 목욕 전에는 약을 복용하지 마라.
③ 약은 따뜻한 물과 함께 복용하라.
④ 의약품 보관 시 유효기간을 확인하라.

08 다음 글의 요지로 가장 적절한 것은?

Training is all about influencing others, so if you want to maximize your influence on employees' future behavior, the implications for your organization's training programs are clear. Although many companies typically focus their training exclusively on the positive — in other words, on how to make good decisions — a sizable portion of the training should be devoted to how others have made errors in the past and how those errors could have been avoided. Specifically, illustrations and personal testimonials of mistakes should be followed by a discussion of what actions would have been appropriate to take in these and similar situations.

① 타인의 잘못을 관대하게 용서해 주어야 한다.
② 회사 내에서 긍정적인 분위기를 만들어야 한다.
③ 회사의 발전을 위해 토론 문화를 확대해야 한다.
④ 실수에 관한 내용도 직원 훈련에 포함되어야 한다.

09 다음 글에서 전체 흐름과 관계없는 문장은?

Gum disease is frequently to blame for bad breath. In fact, bad breath is a warning sign for gum disease. ① This issue occurs initially as a result of plaque buildup on the teeth. ② Bacteria in the plaque irritate the gums and cause them to become tender, swollen and prone to bleeding. ③ Foul—smelling gases emitted by the bacteria can also cause bad breath. ④ Smoking damages your gum tissue by affecting the attachment of bone and soft tissue to your teeth. If you pay attention when you notice that bacteria—induced bad breath, though, you could catch gum disease before it gets to its more advanced stages.

10 James Baldwin에 관한 다음 글의 내용과 일치하지 않는 것은?

James Baldwin was one of the leading African American authors of the past century. Novelist, essayist, poet, dramatist—as a writer, he knew no limits. Born in Harlem in 1924 to an unwed domestic worker from Maryland, Baldwin shouldered a good deal of household responsibility in helping raise his eight siblings. Baldwin found an early outlet in writing. He edited the junior high school newspaper. He graduated from DeWitt Clinton High School and worked in construction in New Jersey until he moved to Greenwich Village in 1944. His first sale was a book review to The Nation in 1946. Baldwin came to know civil rights activists Martin Luther King Jr. and Malcolm X. Baldwin earned a number of awards, including a Guggenheim Fellowship. In 1987, the author died of cancer, leaving unfinished a biography of Martin Luther King Jr. Baldwin appeared on a commemorative U.S. postage stamp in 2004—emblematic of his enduring power for the next generations.

① 아프리카계 미국인 작가였다.
② 1944년에 Greenwich Village로 이사했다.
③ Martin Luther King Jr.의 전기를 완성했다.
④ 2004년 미국 기념우표에 나왔다.

11 다음 밑줄 친 부분 중 어법상 틀린 것은?

Curiosity is the state of mind in which we are driven to go beyond what we already know and to seek what is novel, new, and ① <u>unexplored.</u> Without regular activation of the brain's curiosity circuits, we can ② <u>subtly</u> settle into what is overly familiar, routine, and predictable. These are not bad things, but excessively predictable ③ <u>lives</u> can lead to stagnation. Indeed, this may be one of the reasons so many people ④ <u>struggling</u> early in their retirement. While it can be nice to leave the stress of work behind, the lack of challenge, stimulation, or novelty is sometimes a high price to pay.

12 다음 밑줄 친 부분 중 어법상 틀린 것은?

When people think of the word philan-thropist, they're apt to picture a grand lady in pearls ① <u>writing</u> out checks with a lot of zeros. But the root meaning of philanthropy is ② <u>much</u> more universal and accessible. In other words, it doesn't mean "writing big checks." Rather, a philanthropist tries to make a difference with whatever ③ <u>riches</u> he or she possesses. For most of us, it's not money—especially these days—but things like our talents, our time, our decisions, our body, and our energy ④ <u>what</u> are our most valuable assets.

13 다음 빈칸에 들어갈 말로 가장 적절한 것은?

When you are with Marines gathering to eat, you will notice that the most junior are served first and the most senior are served last. When you witness this act, you will also note that no order is given. Marines just do it. At the heart of this very simple action is the Marine Corps' approach to leadership. Marine leaders are expected to eat last because the true price of leadership is the willingness to place the needs of others above your own. Great leaders truly care about those they are privileged to lead and understand that the true cost of the leadership privilege comes at the expense of _____.

① health   ② self−interest
③ faith   ④ freedom

14 다음 빈칸에 들어갈 말로 가장 적절한 것은?

A large body of evidence suggests that a single decision to vote in fact increases the likelihood that others will vote. It is well known that when you decide to vote it also increases the chance that your friends, family, and coworkers will vote. This happens in part because they imitate you and in part because you might make direct appeals to them. And we know that direct appeals work. If I knock on your door and ask you to head to the polls, there is an increased chance that you will. This simple, old —fashioned, person—to—person technique is still the primary tool used by the sprawling political machines in modern—day elections. Thus, we already have a lot of evidence to indicate that _____ may be the key to solving the voting puzzle.

① financial aid
② social connections
③ political stance
④ cultural differences

15 다음 빈칸에 들어갈 말로 가장 적절한 것은?

In The Joy of Stress, Dr. Peter Hanson described an experiment in which two groups of office workers were exposed to a series of loud and distracting background noises. One group had desks equipped with a button that could be pushed at any time to shut out the annoying sounds. The other group had no such button. Not surprisingly, workers with the button were far more productive than those without. But what's remarkable is that no one in the button group actually pushed the button. Apparently, the knowledge that they could shut out the noise if they wanted to was enough to enable them to work productively in spite of the distractions. Their sense of _____ resulted in a reduction in stress and an increase in productivity.

① humor
② achievement
③ control
④ responsibility

16 다음 중 문맥상 낱말의 쓰임이 적절하지 않은 것은?

Individuals with low self−esteem may be locking on events and experiences that happened years ago and tenaciously ① <u>refusing</u> to let go of them. Perhaps you've heard religious and spiritual leaders say that it's important to ② <u>forgive</u> others who have hurt you in the past. Research also suggests it's important to your own mental health and sense of well−being to ③ <u>recollect</u> old wounds and forgive others. Looking back at what we can't change only reinforces a sense of helplessness. Constantly replaying ④ <u>negative</u> experiences in our mind serves to make our sense of worth more difficult to change. Becoming aware of the changes that have occurred and can occur in your life can help you develop a more realistic assessment of your value.

17 다음 보기의 문장이 들어갈 위치로 가장 적절한 것은?

But what if one year there was a drought and there wasn't much corn to go around?

When people bartered, most of the time they knew the values of the objects they exchanged. (①) Suppose that three baskets of corn were generally worth one chicken. (②) Two parties had to persuade each other to execute the exchange, but they didn't have to worry about setting the price. (③) Then a farmer with three baskets of corn could perhaps bargain to exchange them for two or even three chickens. (④) Bargaining the exchange value of something is a form of negotiating.

18 다음 빈칸 (A), (B)에 들어갈 말로 가장 적절한 것은?

Balloons should never be given to children under eight years old. Always supervise children of any age around balloons; they are easily popped, and if inhaled, small pieces can __(A)__ the airway and hinder respiration. Balloons are not visible on X—rays, so if a child has swallowed a piece of balloon, the reason for distress may not be __(B)__.

	(A)	(B)
①	block	apparent
②	block	undetectable
③	expand	apparent
④	expand	undetectable

19 다음 빈칸 (A), (B)에 들어갈 말로 가장 적절한 것은?

Culture consists of the rules, norms, values, and mores of a group of people, which have been learned and shaped by successive generations. The meaning of a symbol such as a word can change from culture to culture. To a European, __(A)__, a "Yankee" is someone from the United Sates; to a player on the Boston Red Sox, a "Yankee" is an opponent; and to someone from the American South, a "Yankee" is someone from the American North. A few years ago, one American car company sold a car called a Nova. In English, nova means bright star — an appropriate name for a car. In Spanish, __(B)__, the spoken word nova sounds like the words "no va," which translate "It does not go." As you can imagine, this name was not a great sales tool for the Spanish — speaking market.

	(A)	(B)
①	for example	as a result
②	for example	however
③	similarly	moreover
④	similarly	in fact

20 주어진 글 다음에 이어질 글의 순서로 가장 적절한 것은?

When people eat, they tend to confuse or combine information from the tongue and mouth (the sense of taste, which uses three nerves to send information to the brain) with what is happening in the nose (the sense of smell, which utilizes a different nerve input).

(A) With your other hand, pinch your nose closed. Now pop one of the jellybeans into your mouth and chew, without letting go of your nose. Can you tell what flavor went into your mouth?

(B) It's easy to demonstrate this confusion. Grab a handful of jellybeans of different flavors with one hand and close your eyes.

(C) Probably not, but you most likely experienced the sweetness of the jellybean. Now let go of your nose. Voilà —the flavor makes its appearance.

① (B) − (A) − (C)

② (B) − (C) − (A)

③ (C) − (A) − (B)

④ (C) − (B) − (A)

서울특별시 지방소방공무원 신규채용(공개경쟁)

책 형	※ 채점 확인	※ 감독관 확인
Ⓐ	책형	
Ⓑ	문제지 및 답안지 확인 후 기재	

국 어

문번	①	②	③	④
1	①	②	③	④
2	①	②	③	④
3	①	②	③	④
4	①	②	③	④
5	①	②	③	④
6	①	②	③	④
7	①	②	③	④
8	①	②	③	④
9	①	②	③	④
10	①	②	③	④
11	①	②	③	④
12	①	②	③	④
13	①	②	③	④
14	①	②	③	④
15	①	②	③	④
16	①	②	③	④
17	①	②	③	④
18	①	②	③	④
19	①	②	③	④
20	①	②	③	④

한 국 사

문번	①	②	③	④
1	①	②	③	④
2	①	②	③	④
3	①	②	③	④
4	①	②	③	④
5	①	②	③	④
6	①	②	③	④
7	①	②	③	④
8	①	②	③	④
9	①	②	③	④
10	①	②	③	④
11	①	②	③	④
12	①	②	③	④
13	①	②	③	④
14	①	②	③	④
15	①	②	③	④
16	①	②	③	④
17	①	②	③	④
18	①	②	③	④
19	①	②	③	④
20	①	②	③	④

영 어

1	①	②	③	④
2	①	②	③	④
3	①	②	③	④
4	①	②	③	④
5	①	②	③	④
6	①	②	③	④
7	①	②	③	④
8	①	②	③	④
9	①	②	③	④
10	①	②	③	④
11	①	②	③	④
12	①	②	③	④
13	①	②	③	④
14	①	②	③	④
15	①	②	③	④
16	①	②	③	④
17	①	②	③	④
18	①	②	③	④
19	①	②	③	④
20	①	②	③	④

선택과목1

문번	①	②	③	④
1	①	②	③	④
2	①	②	③	④
3	①	②	③	④
4	①	②	③	④
5	①	②	③	④
6	①	②	③	④
7	①	②	③	④
8	①	②	③	④
9	①	②	③	④
10	①	②	③	④
11	①	②	③	④
12	①	②	③	④
13	①	②	③	④
14	①	②	③	④
15	①	②	③	④
16	①	②	③	④
17	①	②	③	④
18	①	②	③	④
19	①	②	③	④
20	①	②	③	④

선택과목2

문번	①	②	③	④
1	①	②	③	④
2	①	②	③	④
3	①	②	③	④
4	①	②	③	④
5	①	②	③	④
6	①	②	③	④
7	①	②	③	④
8	①	②	③	④
9	①	②	③	④
10	①	②	③	④
11	①	②	③	④
12	①	②	③	④
13	①	②	③	④
14	①	②	③	④
15	①	②	③	④
16	①	②	③	④
17	①	②	③	④
18	①	②	③	④
19	①	②	③	④
20	①	②	③	④

응 시 번 호

(1)	⓪	①	②	③	④	⑤	⑥	⑦	⑧	⑨
(2)	⓪	①	②	③	④	⑤	⑥	⑦	⑧	⑨
	⓪	①	②	③	④	⑤	⑥	⑦	⑧	⑨
	⓪	①	②	③	④	⑤	⑥	⑦	⑧	⑨
	⓪	①	②	③	④	⑤	⑥	⑦	⑧	⑨
	⓪	①	②	③	④	⑤	⑥	⑦	⑧	⑨

OMR 뒷면

정답 및 풀이

01	02	03	04	05	06	07	08	09	10
②	①	②	④	①	④	①	④	④	③

11	12	13	14	15	16	17	18	19	20
④	④	②	②	③	③	③	①	②	①

상 중 하

01 다음 밑줄 친 부분과 의미가 가장 가까운 것은?

The ability to communicate effectively is often listed as a required attribute in many job advertisements.

① nutrition
② qualification
③ distribution
④ compensation

풀이 ----------

① 영양분
② 자질, 특성
③ 분배, 분포
④ 보상

'효과적으로 의사소통을 할 수 있는 능력은 취업광고에서 필요한 (요구되는 – required) attribute', attribute 단어의 뜻과 가까운 것은 qualification(자질, 특성)이다.

해석 ----------

효과적으로 의사소통을 할 수 있는 능력은 종종 많은 취업 광고에 필요한 자질로 기재된다.

상 중 하

02 다음 빈칸에 들어갈 말로 가장 적절한 것은?

Fire departments are dedicated to saving lives and property from the _____ of fire. Saving lives is the highest priority at the incident scene.

① perils
② shelters
③ overviews
④ sanctuaries

풀이 ----------

① 위험
② 피난처
③ 개관, 개요
④ 보호구역, 피난처

∴ 소방서는 생명과 재산을 구하는데, 이러한 상황은 화재의 안 좋은 상황에서 발생되는 것이므로 peril(위험)이 들어가야 적절하다.

해석 ----------

소방서는 화재의 위험으로부터 생명과 재산을 구하는 일에 전념한다. 사건 현장에서 인명구조는 최우선이다.

03 다음 빈칸에 들어갈 말로 가장 적절한 것은?

One of the biggest problems in a high-rise fire is the _____ use of the stairwells for fire suppression activities and occupant evacuation. Many training materials have attempted to direct firefighters to establish one stairwell for evacuation and another for fire suppression. This does not work due to the occupants leaving via the closest exit.

① ingenious
② simultaneous
③ pretentious
④ meticulous

풀이

① 영리한
② 동시의
③ 허세부리는
④ 꼼꼼한, 세심한

∴ 지문의 표시된 부분을 정리하면 다음과 같다.
문제/고층 화재 → 계단의 _____사용/ 화재 진압과 대피 훈련용 자료 → 대피용과 화재진압용 계단이 따로
그러나 효과× → 가장 가까운 것 이용

빈칸을 포함한 첫 문장은 전체 지문의 내용을 대표하며, 이어지는 내용을 요약한다. 화재 시 본래 계단을 용도에 따라 다르게 설정하지만, 실제 거주자들은 용도에 관계없이 가장 가까운 것을 이용한다는 내용이 이어지므로 '동시의'라는 단어가 들어가야 한다.

해석

고층 화재에서 가장 큰 문제 중 하나는 화재 진압 활동과 거주자 대피를 위해 계단을 <u>동시에</u> 사용한다는 것이다. 많은 훈련용 자료들은 소방관들에게 대피를 위한 계단 하나와 화재 진압을 위한 또 다른 계단을 설정하도록 지시하고 있다. 그러나 이는 거주자들이 가장 가까운 출구를 통해 탈출하려 하기 때문에 효과가 없다.

04 다음 밑줄 친 he[him]가 가리키는 대상이 나머지 셋과 다른 것은?

Victor is a motorman for the Chicago Transit Authority. "Thank you for riding with me this evening. Don't lean against the doors, I don't want to lose you." ① he tells passengers over the intercom as the train departs. As the train makes its way north, ② he points out notable sites, including which connecting buses are waiting in the street below. People compliment ③ him all the time, telling the city he's the best motorman. Why does he have such a positive approach to his job? "My father is a retired motorman, and one day he took me to work with ④ him and I was so impressed looking out that window," he says, speaking of the city skyline. "Ever since I was five years old, I knew I wanted to run the train."

풀이

Victor는 운전사이며, 승객들에게 말을 하는 사람은 ① 운전수이다. ② 운전수가 승객들에게 주목할 만한 장소를 설명하는 것이며 이에 사람들이 칭찬하는 것도 ③ 운전수이다. 이렇게 자기의 일에 긍정적인 태도를 가지게 된 것은 Victor가 말하길 ④ 아버지가 자기를 데리고 함께 일하러 간 경험에서 비롯되었다고 말한다. 따라서 ①~③은 Victor를 지칭하고 ④는 Victor의 아버지를 가리킨다.

해석

Victor는 시카고 교통국의 운전수다. "오늘 이 기차에 탑승해 주셔서 감사합니다. 문에 기대지 마십시오. 위험합니다." <u>그는</u> 기차가 출발할 때 인터폰을 통해 승객들에게 말한다. 열차가 북쪽으로 향할 때, <u>그는</u> 아래 거리에서 환승 버스가 대기하고 있는 곳을 포함한 주목할 만한 장소들을 소개한다. 사람들은 항상 <u>그가</u> 시민들에게 최고의 운전수라 칭찬한다. 그는 왜 자기 일에 대해 그렇게 긍정적인 태도를 가질까? 그는 도시의 스카이라인에 대해 말하면서 "아버지는 은퇴한 자동차 운전사이신데, 어느 날 <u>그가</u> 나를 데리고 함께 일하러 가셨고, 나는 그 창문을 내다보는 것이 너무 인상적이었다"고 말한다. "5살 때부터 나는 열차 운전수가 되고 싶다는 것을 알게 되었다."

05 다음 글의 제목으로 가장 적절한 것은?

When we attempt to make major change in our lives, it is natural for us to want to go from all to nothing or vice versa. Let's take Bob, for instance. Bob never really exercised in the past, but wanted to get into shape. To do so, he decided to exercise for an hour every day of the week. Within a few weeks, Bob burned out, lost his motivation, and stopped exercising. He took on too much, too quickly. On the other hand, if Bob had eased into a fitness regimen by starting with two half-hour workouts per week, and then slowly added workout days and workout time over a few months, he would've had a better chance of sticking with the program and of the change lasting. **Easing into change helps make it seem less overwhelming and more manageable**.

① Extremes Don't Work
② How to Avoid Obesity
③ Why Is It Easy to Be Unhealthy?
④ Workout Time : The More, The Better!

풀이

보기분석 및 아림's 예측전개!

① extreme 극단 → 부정
② obesity 비만
③ unhealthy 건강하지 못한
④ more 많은 → 긍정

1번은 많이 하는 것에 부정적인 것, 4번은 많이 하면 할수록 좋다라는 것이므로 1번과 4번이 반대 뉘앙스이다. 보기를 먼저 분석하고 어떤 내용으로 전개될 것인지 예측을 해 보고 지문을 읽는 것이 속도 및 정확성에 좋다.

∴ '변화'에 대한 소재로 Bob의 예를 통해 정답을 유추할 수 있다. 운동을 안 했었는데 너무 많이, 빨리 하는 바람에 지치고 의욕을 잃게 되었다. 이와는 반대로 천천히 했다면 더 좋은 기회와 변화를 가질 수 있었다고 하면서 마지막 문장에 주제문이 나온다. 천천히 변화를 하는 것이 부담을 덜 주고 관리가 쉽다고 하는 것이므로 '극단적인 것은 효과가 없다'가 제목으로 알맞다.

해석

우리가 삶에 큰 변화를 주려고 할 때, 모든 것에서 아무 것도 없는 상태로 또는 그 반대로 가고 싶어하는 것은 당연하다. Bob을 예로 들어보자. Bob은 과거에 운동을 한 적이 없지만 몸매를 가꾸고 싶었다. 그러기 위해 그는 매일 1시간씩 운동을 하기로 했다. 몇 주 안에 Bob은 지쳤고 의욕을 잃었으며, 그로 인해 운동을 중단했다. 그는 너무 많이, 너무 빨리 떠맡았다. 다른 한편으로는 만약 Bob이 일주일에 두 번 30분 운동과 함께 건강 식이요법을 익숙해지도록 하고 몇 달 동안 천천히 운동 목표와 운동 시간을 늘렸다면, 그는 그 프로그램을 고수하고, 변화를 지속할 수 있는 더 나은 기회를 가졌을 것이다. 천천히 변화하는 것은 대상에게 부담을 덜 주고 쉽게 관리할 수 있도록 도와준다.

06 다음 글의 주제로 가장 적절한 것은?

Having a children's party can be an example of a relatively inexpensive benefit to provide for your employees that can yield great returns on the investment. There are unlimited occasions and places to entertain children today. As a boss, you can help your employees' children celebrate holidays, Halloween, spring, or any other event or season. Employees and their children will appreciate the company providing this benefit. **This is an excellent way to show appreciation to your employees' families** for all the sacrifices they make to support their husbands, wives, fathers, or mothers as they go off to work each day. Finally, everyone will feel good about the company or organization.

① drawbacks of regular family gatherings
② merits of medical support for employees
③ employees' sacrifices for company growth
④ supporting family – related events and its effects

풀이

보기분석 및 아림's 예측전개!

① 정기적인 가족모임의 단점들
② 직원 의료 지원의 장점들
③ 회사 성장을 위한 직원의 희생
④ 가족 관련 행사지원과 그 효과

① family gatherings 가족모임 → 부정
② medical support 의료지원 → 긍정
③ sacrifices 희생
④ family – related events 가족관련 행사 → 긍정

보기 키워드로 보아 가족과 관련한 행사, 모임을 가지고 내용이 전개될 것 같다. 1번과 4번을 보면 1번은 가족모임을 해서 어떠한 불편함이 있어 안 좋다고 전개가 될 것이지만 4번의 경우에는 가족관련 행사로 얻는 긍정적인 내용이 전개될 것으로 보인다.

∴ 첫 문장에 아이들의 파티가 직원들에게 비싸지 않은 혜택의 예로 나온다. 아이들에게 파티를 열어줌으로써 직원들의 가족들에게 감사함을 보여줄 수 있는 좋은 방법이 된다고 말하며, 마지막 문장에 모든 사람이 좋아할 것이라고 말한다.

해석

아이들의 파티를 열어주는 것은 당신의 직원들에게 제공하는 투자에 큰 이익을 가져다 줄 수 있는, 비교적 비싸지 않은 복리후생 혜택 중 하나의 예가 될 수 있다. 오늘날에는 아이들을 즐겁게 해 줄 수 있는 무한한 기회와 장소가 있다. 상사로서, 직원들의 자녀들이 휴일, 할로윈, 봄, 또는 다른 어떤 행사나 계절을 축하하는 것을 도울 수 있다. 직원들과 그들의 아이들은 이 혜택을 제공하는 회사에 감사할 것이다. 이것은 직원들이 매일 출근하면서 남편, 아내, 아버지 또는 어머니를 부양하기 위해 희생한 모든 것에 대해 직원들의 가족들에게 감사를 표하는 훌륭한 방법이다. 결과적으로, 모든 사람들이 회사나 조직에 대해 좋게 생각할 것이다.

07 다음 글에서 필자가 주장하는 바로 가장 적절한 것은?

Many people store their medications in the bathroom. But this popular spot is actually one of the worst places to keep medicine. Bathroom cabinets tend to be warm and humid, an environment that speeds up a drug's breakdown process. This is especially true for tablets and capsules. Being exposed to heat and moisture can make medicines less potent before their expiration date. For example, a warm, muggy environment can cause aspirin tablets to break down into acetic acid (vinegar), which can irritate the stomach. Instead, keep medicines in a cool, dry, secure place out of a child's reach. Be aware that medicine that is improperly stored can become toxic.

① 올바른 장소에 약을 보관하라.
② 목욕 전에는 약을 복용하지 마라.
③ 약은 따뜻한 물과 함께 복용하라.
④ 의약품 보관 시 유효기간을 확인하라.

풀이

보기분석 및 아림's 예측전개!

1번은 사람들이 약을 보관하는 장소를 잘못 알고 있으며 잘못 보관한다는 내용이, 2번은 목욕 전에 약을 복용했을 시 몸에 어떻게 좋지 않은지가, 3번은 찬물이 아니라 따뜻한 물에 약을 먹어야 약에 대한 효과가 좋다는 내용이, 4번의 경우에는 사람들이 보통 약에 대해 유효기간을 신경 쓰지 않고 복용한다는 내용이 전개될 것으로 보인다.

∴ 첫 문장에서 많은 사람들은 약을 화장실에 보관한다고 하고 그 뒤에 바로 접속사 but(그러나)이 나온다. 그렇다면 화장실에 보관하는 것에 대해 긍정적인 말이 나오겠는가, 그것은 좋은 방법이 되지 못하므로 옳은 보관방법이 나오겠는가? but은 앞 내용과 반대되는 내용이 나와야 하므로 후자가 옳다. 후반부 주제 문장에서 보여주듯 예로 나온 화장실(습하고 따뜻한 환경)이 아니라 서늘하고 건조한, 안전한 곳에 약을 보관해야 한다고 나온다.

해석

많은 사람들은 화장실에 약을 보관한다. 그러나 이 인기 많은 장소가 실은 약을 보관하기에 제일 나쁜 곳이다. 화장실 캐비넷은 습기가 많고 따뜻한 편인데, 이는 약의 약효를 반감시키는 속도를 빠르게 한다. 특히 캡슐이나 타블렛 형태의 약이 그렇다. 열과 습기에 노출되는 것은 약의 원래 유효기간보다 더 빨리 약효를 잃게 한다. 예를 들어 따뜻하고 후덥지근한 환경은 아스피린을 아세트 산으로 변화시킬 수 있는데 이는 위에 자극을 줄 수 있다. 대신에 약을 서늘하고 건조하며 아이들의 손에 닿지 않는 안전한 곳에 보관해야 한다. 잘못 보관된 약은 독이 될 수 있음을 주의해야 한다.

08 다음 글의 요지로 가장 적절한 것은? 상 중 하

Training is all about influencing others, so if you want to maximize your influence on employees' future behavior, the implications for your organization's training programs are clear. Although many companies typically focus their training exclusively on the positive — in other words, on how to make good decisions — a sizable portion of the training should be devoted to how others have made errors in the past and how those errors could have been avoided. Specifically, illustrations and personal testimonials of mistakes should be followed by a discussion of what actions would have been appropriate to take in these and similar situations.

① 타인의 잘못을 관대하게 용서해 주어야 한다.
② 회사 내에서 긍정적인 분위기를 만들어야 한다.
③ 회사의 발전을 위해 토론 문화를 확대해야 한다.
④ 실수에 관한 내용도 직원 훈련에 포함되어야 한다.

보기분석 및 아림's 예측전개!

1번은 우리가 살아가면서 다른 사람들에 의해 상처를 받지만 때론 상황이 반대가 되어 나도 누군가에게 상처를 줄 수도 있을 것이고, 혹은 누군가의 잘못을 콕 찝어 내거나 마음에 미워하는 마음을 가지고 살아가면 오히려 본인의 마음에 더욱 안 좋다는 내용이 전개될 것이다. 2번은 회사에서 딱딱한 분위기가 아닌 긍정적인 분위기가 있어야 회사의 생산력도 높아지고 회사 성장에 도움이 될 것이라는 내용이, 3번은 상급자, 하급자 계급에 의한 결정이 아닌 모두가 함께 이야기하고 결정하는 토론 문화가 회사에 좋다는 내용이, 4번은 회사에서 직원들을 훈련시킬 때 회사에서는 좋은, 긍정적인 성과에 관한 것으로 훈련을 시키는 것만이 아니라 실수에 관한 내용도 훈련에 포함시켜야 한다는 내용이 전개될 것이다.

∴ 문장의 시작인 첫 단어, training(훈련)이 소재이다. 문장 중반부를 보면 Although(비록~일지라도) A(many~positive), B(a sizable~avoided) 구조가 보이는데 이때 하고 싶은 말은 A가 아닌 B이다. B의 내용을 보면, A sizable portion of the training /should be devoted /to how others have made errors in the past /and how those errors could have been avoided. 훈련의 상당 부분은 과거에 다른 사람들이 어떻게 실수를 저질렀는지 그리고 어떻게 그러한 실수를 피할 수 있었는지에 집중해야 한다고 했다.
또 한 가지 팁을 말하자면, should, must, have to V (~해야만 한다) 등 이러한 조동사는 주로 글쓴이가 하고자 하는 말을 좀 더 강하게 표현하고자 할 때 함께 쓰이므로 주제, 제목, 요지, 주장의 문장에 가깝다.

해석

훈련은 다른 모든 사람들에게 영향을 미치는 것이기 때문에, 직원들의 미래 행동에 대해 영향력을 최대한 발휘하고 싶다면, 당신의 조직 훈련 프로그램의 결과는 분명하다. 비록 많은 기업들이 전형적으로 그들의 훈련을 긍정적인 것, 즉 어떻게 좋은 결정을 내릴 것인가에만 초점을 맞추고 있지만, 훈련의 상당 부분은 과거에 다른 사람들이 어떻게 실수를 저질렀는지 그리고 어떻게 그러한 실수를 피할 수 있었는지에 집중해야 한다. 구체적으로, 실수에 대한 실례와 개인적인 증언은 이러한 상황과 유사한 상황에서 어떤 조치를 취하는 것이 적절했었을지에 대한 논의가 뒤따라야 한다.

09 다음 글에서 전체 흐름과 관계없는 문장은?

Gum disease is frequently to blame for bad breath. In fact, bad breath is a warning sign for gum disease. ① This issue occurs initially as a result of plaque buildup on the teeth. ② Bacteria in the plaque irritate the gums and cause them to become tender, swollen and prone to bleeding. ③ Foul−smelling gases emitted by the bacteria can also cause bad breath. ④ Smoking damages your gum tissue by affecting the attachment of bone and soft tissue to your teeth. If you pay attention when you notice that bacteria−induced bad breath, though, you could catch gum disease before it gets to its more advanced stages.

보기분석 및 아림's 예측전개!

전체 흐름과 관계없는 문장의 유형은 항상 초반부가 제일 중요하다. 여기서 글쓴이가 말하고자 하는 바가 무엇인지를 찾아야 한다. Gum disease(잇몸 질환) → bad breath(입 냄새), 잇몸 질환이 입 냄새를 유발한다는 내용으로, 이것에 관한 원인이 1번의 plaque buildup 플라크의 축적이다. 1번에서 this issue가 나오는데 this라는 것은 앞에 나온 명사를 지칭하므로 issue는 '잇몸 질환이 입 냄새를 유발한다는 것'이다. 2번은 the를 사용함으로써 앞에 플라크가 먼저 나온 후 그 뒤에 위치한 것으로, 플라크 안의 박테리아가 잇몸에 나쁜 영향을 미치는 것, 3번은 박테리아의 더러운 냄새가 입 냄새를 유발한다는 내용이다. 반면 4번은 흡연이 잇몸 조직을 손상시킨다는 내용이다.

∴ 이 글은 잇몸 질환과 입 냄새에 관한 것으로 잇몸 질환을 일으키는 원인으로 플라크 축적과 그 안에 있는 박테리아를 지적하고 있다. 입 냄새를 키워드로 전개하고 있으며 흡연과는 상관없기 때문에 4번이 전체 흐름과 관계없다.

해석

잇몸 질환은 종종 입 냄새의 원인으로 지목된다. 사실, 입 냄새는 잇몸 질환을 경고하는 표시다. 이는 처음에 치아의 플라크가 쌓인 결과로서 발생한다. 플라크 안의 박테리아는 잇몸을 자극하여 잇몸이 따갑고 부어오르고 출혈이 일어나게 한다. 박테리아가 내뿜는 악취나는 가스도 입 냄새를 유발한다. 흡연 또한 치아에 뼈와 부드러운 조직을 부착하는 것에 영향을 미침으로써 당신의 잇몸 조직을 손상시킬 수 있다. 하지만 박테리아가 유발하는 입 냄새를 알아차릴 때 주의를 기울인다면, 더 악화되기 전에 잇몸병을 알아차릴 수 있다.

10 James Baldwin에 관한 다음 글의 내용과 일치하지 않는 것은?

James Baldwin was one of the leading African American authors of the past century. Novelist, essayist, poet, dramatist — as a writer, he knew no limits. Born in Harlem in 1924 to an unwed domestic worker from Maryland, Baldwin shouldered a good deal of household responsibility in helping raise his eight siblings. Baldwin found an early outlet in writing. He edited the junior high school newspaper. He graduated from DeWitt Clinton High School and worked in construction in New Jersey until he moved to Greenwich Village in 1944. His first sale was a book review to The Nation in 1946. Baldwin came to know civil rights activists Martin Luther King Jr. and Malcolm X. Baldwin earned a number of awards, including a Guggenheim Fellowship. In 1987, the author died of cancer, **leaving unfinished a biography of Martin Luther King Jr**. Baldwin appeared on a commemorative U.S. postage stamp in 2004 — emblematic of his enduring power for the next generations.

① 아프리카계 미국인 작가였다.
② 1944년에 Greenwich Village로 이사했다.
③ Martin Luther King Jr.의 전기를 완성했다.
④ 2004년 미국 기념우표에 나왔다.

풀이

보기분석 및 아림's 예측전개!

일치, 불일치의 유형의 정답은 보통 3, 4번에 있으며 1번~4번의 보기대로 순차적으로 지문에 나온다. 2번~4번을 보자면 이사를 한 건지, 그저 방문을 했던 건지, 전기를 완성했는지, 미완성했는지, 기념우표에 나왔는데 2004년부터는 안 나오게 되었는지, 아니면 처음부터 안 나왔는지 등 생각해보고 읽으면 정답을 찾는 것에 도움이 된다.

∴ 3번을 보면, 마틴 루터킹의 전기를 완성 한 것이 아닌 leaving unfinished a biography of Martin Luther King Jr에서 unfinished, 완성하지 못하고 암으로 죽었음을 알 수 있다.

해석

제임스 볼드윈은 지난 세기의 대표적인 아프리카계 미국인 작가 중 한 명이었다. 소설가, 수필가, 시인, 극작가 – 작가로서 한계를 겪지 않았다. 1924년 할렘에서 메릴랜드 출신의 미혼 가정 노동자에게서 태어난 볼드윈은 8명의 형제 자매를 양육하는 데 많은 가계의 책임을 떠맡았다. 볼드윈은 글을 쓰는 데서 이른 위안을 찾았다. 그는 중학교 신문을 편집했다. 그는 DeWitt Clinton High School을 졸업하고 뉴저지에서 건설 일을 하다가 1944년 Greenwich Village로 이사했다. 그의 첫 번째 판매는 1946년 The Nation에 대한 서평이었다. 볼드윈은 인권운동가 마틴 루터 킹 주니어와 말콤 X를 알게 되었다. 볼드윈은 Guggenheim Fellowship을 포함한 많은 상을 받았다. 1987년 그는 마틴 루터 킹의 전기를 끝내지 못한 채 암으로 세상을 떠났다. 볼드윈은 2004년 미국의 기념우편 우표에 등장했는데, 이는 다음 세대에 대한 그의 영속력을 상징한다.

11 다음 밑줄 친 부분 중 어법상 틀린 것은?

Curiosity is the state of mind in which we are driven to go beyond what we already know and to seek what is novel, new, and ① unexplored. Without regular activation of the brain's curiosity circuits, we can ② subtly settle into what is overly familiar, routine, and predictable. These are not bad things, but excessively predictable ③ lives can lead to stagnation. Indeed, this may be one of the reasons so many people ④ struggling early in their retirement. While it can be nice to leave the stress of work behind, the lack of challenge, stimulation, or novelty is sometimes a high price to pay.

풀이

문법개념 짤막 강의

①
품사 병렬구조
밑줄 주변에 and, but, or 등의 접속사가 나왔을 경우 '병렬구조'를 묻는 문제이다. 가령, A and B에서 A가 형용사라면 B도 형용사, A가 부사라면 B도 부사가 되어야 한다.
1번을 보자면, be동사의 보어 자리로 and 앞에 novel, new 등의 형용사가 나왔으므로 and 뒤에도 형용사가 나와야 한다. unexplored 형용사가 나왔으므로 형용사끼리의 병렬구조이다.

②, ③
품사의 역할
영어에는 8품사가 있는데 품사마다의 역할이 있다. 가령, 형용사는 명사를 수식, 명사는 주어, 목적어, 보어 자리에 위치, 부사는 동사, 다른 부사, 형용사, 문장 전체 수식 등을 말한다.
②에서 동사 settle into를 수식해야 하기 때문에 형용사 subtle이 아닌 부사 subtly가 와야 한다.
③에서 lives는 명사로 '생명체, 삶'이라는 뜻이며 형용사 predictable의 수식을 받아 주어로 쓰였다.

④
접속사 + 1 = 동사 개수
접속사가 없다면 한 문장의 동사의 개수는 한 개가 원칙이다. 하지만 접속사나 접속사의 역할을 포함한 것(관계사, 분사구문)이 나오면 동사의 개수는 '접속사 + 1'이 된다.
4번의 문장을 보면 this may be one of the reasons so many people struggling(→ struggle) early in their retirement. 동사는 may be 하나가 있다. 그러나 this(주어), may be(동사), one of the reasons(보어)로 문장성분이 동사에 맞는 구조로 다 나왔으므로 완전한 문장인데 그 뒤를 보면 문장이 끝나지 않았다. 이는 the reason과 so many people 주어 사이에 관계부사 why가 생략되었기 때문이며 관계부사는 '접속사 + 부사'이므로 뒤에 절이 나오게 된다. 따라서, 주어 so many people 뒤에 동사가 나와야 하는 자리이기 때문에 동사 형태인 struggle이 나와야 한다.

해석

호기심은 우리가 이미 알고 있는 것을 넘어서서 새로운 것, 그리고 탐구되지 않은 것을 추구하도록 만드는 마음의 상태를 말한다. 뇌의 호기심 회로가 규칙적으로 활성화되지 않는다면, 우리는 지나치게 친숙하고, 일상적이며, 예측할 수 있는 것에 미묘하게 안주할 수 있다. 이런 것들은 나쁜 것은 아니지만 지나치게 예측 가능한 삶은 정체로 이어질 수 있다. 사실, 이것이 많은 사람들이 은퇴 초기에 고군분투하는 이유들 중 하나일 것이다. 일의 스트레스를 뒤로 미루는 것은 좋은 일이지만, 도전, 자극, 또는 참신함의 부족은 때때로 큰 대가를 치르게 된다.

12 다음 밑줄 친 부분 중 어법상 틀린 것은?

When people think of the word philanthropist, they're apt to picture a grand lady in pearls ① <u>writing</u> out checks with a lot of zeros. But the root meaning of philanthropy is ② <u>much</u> more universal and accessible. In other words, it doesn't mean "writing big checks." Rather, a philanthropist tries to make a difference with whatever ③ <u>riches</u> he or she possesses. For most of us, it's not money — especially these days — but things like our talents, our time, our decisions, our body, and our energy ④ <u>what</u> are our most valuable assets.

풀이

 문법개념 짤막 강의

①
분사의 역할
pretty girls에서 형용사를 찾아보자. 형용사는 명사를 수식하는 것으로 pretty(예쁜)이다. 분사의 역할에 형용사의 기능이 있으므로 명사를 앞 혹은 뒤에서 수식해준다. a sleeping baby에서 이렇게 sleeping 짧은 경우는 앞에서 수식해주지만 본 지문에서처럼 writing~zeros 같이 긴 경우는 주격관대 + be동사가 생략된 경우로 뒤에서 수식해준다.
1번에서 writing 현재 분사가 능동형으로 앞에 있는 a grand lady를 수식한 것이다.

②
비교급 강조부사
비교급은 – er, more~than을 이용해서 표현해주는데 해석은 '~보다 더 – 한'으로 해석된다. 근데 '더' 앞에 '훨씬'이라는 말을 써서 비교급을 강조해주는 부사가 있는데 그 중에 하나가 much이다.
2번에서 much 비교급 강조 부사로서 뒤에 있는 more을 강조하고 있다.

③
복합관계형용사
일단, 복합관계사는 '관계사 + ever'의 형태이다. 3번에서 whatever는 복합관계 형용사로서 riches를 꾸며주

고 있다. 해석은 '어떤 명사라도', '어떤 부(riches)라도' 라고 한다. whatever + 명사 + 주어 + 동사 형태로 whatever riches가 동사인 possesses의 목적어 역할을 하고 있다.

④
관계대명사 what
관계대명사 what의 가장 큰 특징은 관계대명사 앞에 선행사인 명사가 없는 것이다. what은 선행사를 포함하고 있기 때문이다. (the thing(s) which/that) 또한 당연히 관계대명사 절 안에 주어, 목적어, 보어 중 하나가 없이 불완전해야 한다.
4번에서 what은 선행사를 포함하는 관계대명사이므로 앞에 선행사인 things가 있다. 뒤에 like our talents, our time, our decisions, our body, and our energy는 전치사(like) + 명사 구조로 things의 예를 말해준다. 따라서 앞에 things를 꾸며주는 관계대명사 that 혹은 which로 고쳐야 한다.

해석

사람들은 자선가라는 단어를 생각할 때, 진주 목걸이를 한 할머니가 0이 많은 수표를 작성하는 모습을 상상하기 쉽다. 그러나 자선의 근본적 의미는 훨씬 보편적이고 접근하기 쉽다. 즉, '큰 수표를 쓰는 것'을 의미하는 것이 아니다. 오히려 자선가는 자신이 가진 어떤 부이든 그로써 영향을 미치려 한다. 특히 요즘은 대부분 돈이 아닌, 특히 요즘은 우리의 재능, 시간, 결정, 신체, 에너지와 같은 것들이 가장 가치 있는 자산이다.

13 다음 빈칸에 들어갈 말로 가장 적절한 것은?

상 중 하

When you are with Marines gathering to eat, you will notice that the most junior are served first and the most senior are served last. When you witness this act, you will also note that no order is given. Marines just do it. At the heart of this very simple action is the Marine Corps' approach to leadership. Marine leaders are expected to eat last because the true price of leadership is the willingness to place the needs of others above your own. **Great leaders truly care about those they are privileged to lead** and understand that the true cost of the leadership privilege comes at the expense of _____.

① health
② self—interest
③ faith
④ freedom

---

14 다음 빈칸에 들어갈 말로 가장 적절한 것은?

A large body of evidence suggests that **a single decision to vote** in fact **increases the likelihood that others will vote**. It is well known that when you decide to vote it also increases the chance that your friends, family, and coworkers will vote. This happens in part because they imitate you and in part because you might make direct appeals to them. And we know that direct appeals work. If I knock on your door and ask you to head to the polls, there is an increased chance that you will. This simple, old-fashioned, person-to-person technique is still the primary tool used by the sprawling political machines in modern-day elections. Thus, we already have a lot of evidence to indicate that _____ may be the key to solving the voting puzzle.

① financial aid
② social connections
③ political stance
④ cultural differences

풀이

 보기분석 및 아림's 예측전개!

① 재정적 도움 → 돈으로 지원해주는 내용
② 사회적 연결성 → 사람과 사람이 연결되어 어떤 영향을 미치는 것
③ 정치적 입장 표명 → 정치적으로 갈등이 있으며 그 문제에 관해 나의 생각을 말하는 것
④ 문화적 차이 → 이 나라에서 A라는 것은 긍정적인데 다른 나라에서 A라는 것은 부정적인 것으로 보며 이렇게 다르다는 내용

∴ 문단 앞부분에서 한 사람이 투표를 했을 때의 영향이 다른 사람에게도 미친다고 했다. 예를 통하여 계속 뜻은 같되 모양은 다르게 말하고 있다. 당신이 투표를 하기로 결정하면, 당신의 주변인들도 투표할 가능성이 증가된다. 내가 당신의 방문을 두드리고 투표장에 가라고 하면, 그럴 가능성이 높아진다 등. 이런 사회적 연결이 서로에게 영향을 미칠 수 있다는 내용이므로 빈칸에 들어갈 말은 '사회적 연결성'이 적합하다.

해석

많은 증거들이 실제로 투표하기로 한 하나의 결정이 다른 사람들도 투표할 가능성을 증가시킨다는 것을 암시한다. 당신이 투표를 하기로 결정했을 때 그것은 또한 당신의 친구, 가족, 동료들이 투표할 가능성을 증가시킨다는 것은 잘 알려져 있다. 이것은 어느 정도는 그들이 당신을 모방하기 때문이며, 당신이 그들에게 직접 호소를 할 수도 있기 때문에 일어난다. 그리고 우리는 직접 보여주는 것이 효과가 있다는 것을 알고 있다. 내가 당신의 방문을 두드리고 투표장으로 향하라고 하면, 그럴 가능성이 높아진다. 이 간단하고 오래된, 사람 대 사람 기법은 여전히 현대 선거에서도 널리 퍼져 있는 정치 기구들 중 주요한 도구이다. 따라서, 우리는 이미 <u>사회적 연결성</u>이 투표 퍼즐을 푸는 열쇠가 될 수도 있다는 것을 보여줄 많은 증거를 가지고 있다.

15 다음 빈칸에 들어갈 말로 가장 적절한 것은?

(상 중 하)

In The Joy of Stress, Dr. Peter Hanson described an experiment in which two groups of office workers were exposed to a series of loud and distracting background noises. One group had desks equipped with a button that could be pushed at any time to shut out the annoying sounds. The other group had no such button. Not surprisingly, workers with the button were far more productive than those without. But what's remarkable is that no one in the button group actually pushed the button. Apparently, **the knowledge that they could shut out the noise if they wanted to was enough to enable them to work productively in spite of the distractions.** Their sense of _____ resulted in a reduction in stress and an increase in productivity.

① humor
② achievement
③ control
④ responsibility

보기분석 및 아림's 예측전개!

① 유머 → 유머를 가지고 한 실험인가, 그래서 유머를 통해 긍정적인 측면을 얻었나

② 성취 → 무엇을 얻는, 이루는 실험을 했는가, 그 성취가 스트레스를 줄여주고 생산성을 증가시켰나

③ 통제 → 어떤 상황에서 무엇을 통제함으로써 결과가 달랐나

④ 책임 → 책임을 지고 말고가 긍정적인 측면을 얻게 했는가

글의 지문은 '실험'으로 시작하고 있다. 보통 실험과 관련한 지문은 크게 두 가지로 전개된다. 실험의 결과가 주제문이거나, 혹은 집단으로 나눠서 실험을 하고 그들 중에 가장 긍정적인 측면을 낸 집단이 한 행동이 주제문이다.

∴ 위 지문에서는 산만한 배경 소음에 노출된 사람들을 실험했을 때, 소음을 통제할 수 있는 버튼을 가지고 있는 사람들이 훨씬 더 생산성이 좋다고 하였으므로 빈칸에는 '소리를 통제할 수 있다'라는 control이 들어가야 적합하다.

해석

〈스트레스의 기쁨〉에서 피터 핸슨 박사는 두 그룹의 직장인들이 시끄럽고 산만한 배경 소음에 노출되는 실험을 묘사했다. 한 그룹는 짜증나는 소리를 차단하기 위해 언제든지 누를 수 있는 버튼이 달린 책상을 갖추고 있었다. 다른 그룹은 그런 버튼이 없었다. 놀랄 것도 없이, 버튼이 있는 근로자들이 없는 근로자들보다 훨씬 더 생산적이었다. 그러나 주목할 만한 것은 버튼 그룹 중 누구도 실제로 버튼을 누르지 않았다는 점이다. 분명히 그들이 원한다면 소음을 차단할 수 있다는 사실은 산만함에도 불구하고 생산적으로 일할 수 있게 하기에 충분했다. 그들의 통제 감각은 스트레스 감소와 생산성 증가를 초래했다.

16 다음 중 문맥상 낱말의 쓰임이 적절하지 않은 것은?

상 중 하

Individuals with low self-esteem may be locking on events and experiences that happened years ago and tenaciously ① refusing to let go of them. Perhaps you've heard religious and spiritual leaders say that it's important to ② forgive others who have hurt you in the past. Research also suggests it's important to your own mental health and sense of well-being to ③ recollect(→ forget) old wounds and forgive others. Looking back at what we can't change only reinforces a sense of helplessness. Constantly replaying ④ negative experiences in our mind serves to make our sense of worth more difficult to change. Becoming aware of the changes that have occurred and can occur in your life can help you develop a more realistic assessment of your value.

풀이

보기분석 및 아림's 예측전개!

첫 문장에 자존감이 낮은 사람들은 수년 전에 일어났던 사건들과 경험들을 고수하고 있다고 말한다. 좋은 사건으로 좋은 영향을 주면 고수하는 것에 대해 이렇게 말을 했겠는가. 이 말의 뜻은 안 좋은 사건이 안 좋은 영향을 주는데도 이것을 놓지를 못한다는 말로 즉, 잊지를 못하고 있다는 것이다. 그럼 우리는 주제를 예측해 볼 수 있다. 수년 전에 일어났던 나에게 안 좋은 일들이 놓아버려야, 잊어버려야 내가 행복해 질 수 있다고 말이다.

∴ 1번을 보면 A and B 문장이 연결되어 있는데 A 부분을 보자면, locking on events and experiences that happened years ago으로 수년 전에 일어났던 사건들과 경험들에 얽매여 있다고 했다. 그럼 and를 기준으로 B 내용도 them(수년 전에 일어났던 일)을 let go 놓아주지 못하고 얽매여 있어야 하니까 그것을 거부하는 refuse가 온 것이 맞다. 2번은 종교적이고 영적인 지도자가 하는 말로 다른 사람들을 용서하라고 하는 말. 4번은 부정적인 경험을 다시 되살리고, 반복하면 변화하기에 어렵다고 말하고 있으므로 모두 맞다.
그러나 3번에서 연구자들이 정신적 건강과 행복감에 있어서 오래된 상처들을 회상하는 것이 아닌 잊는 것이 중요하다고 했으므로 recollect의 쓰임이 적절하지 않다.

해석

자존감이 낮은 사람들은 수년 전에 일어났던 사건들과 경험들을 고수하고, 그것들을 놓치는 것을 집요하게 거부하고 있는지도 모른다. 아마도 당신은 종교적이고 영적인 지도자들이 과거에 당신에게 상처를 준 다른 사람들을 용서하는 것이 중요하다고 말하는 것을 들어본 적이 있을 것이다. 연구는 또한 오래된 상처를 회상하고(→ 잊고) 다른 사람들을 용서하는 것이 자신의 정신 건강과 행복감에도 중요하다고 말한다. 우리가 바꿀 수 없는 것을 돌아보면 무력감만 강해질 뿐이다. 우리 마음 속에서 끊임없이 부정적인 경험을 되풀이하는 것은 우리의 가치관을 변화시키기 더 어렵게 만드는 역할을 한다. 당신의 삶에서 일어났고, 일어날 수 있는 변화를 인식하는 것은 당신의 가치에 대한 보다 현실적인 평가를 개발하는 데 도움이 될 수 있다.

17 다음 보기의 문장이 들어갈 위치로 가장 적절한 것은?

상 중 하

But what if one year there was a drought and there wasn't much corn to go around?

When people bartered, most of the time they knew the values of the objects they exchanged. (①) Suppose that three baskets of corn were generally worth one chicken. (②) Two parties had to persuade each other to execute the exchange, but they didn't have to worry about setting the price. (③) Then a farmer with three baskets of corn could perhaps bargain to exchange them for two or even three chickens. (④) Bargaining the exchange value of something is a form of negotiating.

풀이

보기분석 및 아림's 예측전개!

문장 삽입 유형은 보기 문장으로 준 곳에서 최대한 단서를 얻어야 한다. 접속사 but이 있다. '그러나'를 뜻하는 but은 앞의 문장과 이 보기 문장의 내용이 반대가 되어야 한다는 의미이다. 즉, 앞에 긍정 상황이면 but 부정 상황, 부정 상황 but 긍정 상황이어야 하는 것처럼 상황에 변동이 있어야 한다. 보기 문장에는 but 뒤에 'drought 가뭄, corn 옥수수가 많이 없다'라는 말이 있다. 그렇다면, 보기 문장 뒤에는 이러한 원인으로 인해 기존의 상황에 변동이 있어야 한다.

∴ 지문은 "만약에 가뭄이 있어서 옥수수가 없다면 어떨까?" 라는 특수한 상황으로 인해 물물교환을 할 때 양에 변동이 오는 상황을 가정한 것이다. 옥수수 세 바구니가 한 마리 닭의 가치였는데 보기 문장의 상황으로 인해 옥수수 세 바구니가 닭 두, 세 마리로 변동되었다. 즉, 가뭄으로 인해 특수 상황이 발생하면 가격 결정이 안 되어 흥정해야 하는 일이 발생한다. 따라서 3번에 어떠한 조건이나 상황 변화의 내용이 나와야 하므로 보기 문장이 들어갈 위치는 3번이 적합하다.

해석

사람들이 물물교환을 할 때, 대부분 그들은 교환한 물건들의 가치를 알고 있었다. 옥수수 세 바구니가 일반적으로 닭 한 마리의 가치가 있다고 가정하자. 교환을 하기 위해 두 당사자가 서로 설득해야 했지만, 그들은 가격을 정하는 것에 대해 걱정할 필요가 없었다. 만약에 그 해에 가뭄이 있었고 옥수수가 많이 없다면 어떨까? 그렇다면 옥수수 세 바구니를 가진 농부는 아마도 그것들을 닭 두 마리 또는 세 마리와 교환하기로 흥정할 수 있을 것이다. 어떤 것의 교환 가치를 흥정하는 것은 일종의 협상이다.

18 다음 빈칸 (A), (B)에 들어갈 말로 가장 적절한 것은?

Balloons should never be given to children under eight years old. Always supervise children of any age around balloons; they are easily popped, and if inhaled, small pieces can __(A)__ the airway and hinder respiration. Balloons are not visible on X－rays, so if a child has swallowed a piece of balloon, the reason for distress may not be __(B)__.

	(A)	(B)
①	block	apparent
②	block	undetectable
③	expand	apparent
④	expand	undetectable

풀이

보기분석 및 아림's 예측전개!

첫 문장에서 풍선을 아이들에게 주어서는 안된다고 한다. 왜일까? 아이들한테 위험하기 때문이다. 이후 내용은 풍선의 작은 조각이 기도를 expand 확장하다가 아니라 기도를 (A) "막는다" 라는 내용, (B) 전에 풍선 조각들이 엑스레이에서 보이지 않는다 했으므로 이유가 당연히 "분명하지" 않을 것이다가 적합하다.

해석

풍선은 8세 이하의 어린이들에게 주어서는 안 된다. 풍선 주위에 있는 모든 연령대의 어린이들에게 항상 주의를 기울여야 한다 ; 풍선들은 쉽게 터지고, 만약 흡입하면 작은 조각들이 기도를 <u>막고</u> 호흡을 방해할 수 있다. 풍선들은 엑스레이에서 볼 수 없기 때문에 만약 아이가 풍선 조각을 삼켰다면 고통의 이유는 <u>분명하지</u> 않을 것이다.

19 다음 빈칸 (A), (B)에 들어갈 말로 가장 적절한 것은?

Culture consists of the rules, norms, values, and mores of a group of people, which have been learned and shaped by successive generations. The meaning of a symbol such as a word can change from culture to culture. To a European, __(A)__, a "Yankee" is someone from the United Sates; to a player on the Boston Red Sox, a "Yankee" is an opponent; and to someone from the American South, a "Yankee" is someone from the American North. A few years ago, one American car company sold a car called a Nova. In English, nova means bright star — an appropriate name for a car. In Spanish, __(B)__, the spoken word nova sounds like the words "no va," which translate "It does not go." As you can imagine, this name was not a great sales tool for the Spanish－speaking market.

	(A)	(B)
①	for example	as a result
②	for example	however
③	similarly	moreover
④	similarly	in fact

보기분석 및 아림's 예측전개!

(A) 앞에 단어와 같은 상징의 의미는 문화마다 변화할 수 있다고 했고, 그다음 문장에서 "유럽인에게는" 이라는 구체적 예시가 나왔기 때문에 for example이 나와야 한다. (B) 앞에는 Nova라는 단어가 영어로는 bright star라는 좋은 의미이지만 (B) 뒤에는 스페인어로는 "가지 않는다" 라는 뜻으로 역접의 의미이기 때문에 however가 들어가야 한다.

해석

문화는 일련의 규칙, 규범, 가치관, 그리고 많은 사람들의 그룹으로 구성되어 있는데, 이 규칙들은 연속적인 세대에 의해 배우고 형성되어 왔다. 단어와 같은 상징의 의미는 문화에서 문화로 바뀔 수 있다. 예를 들어 유럽인에게는 "양키"는 미국 출신의 사람이고, 보스턴 레드삭스의 선수에게는 "양키"가 상대이고, 미국 남부의 누군가에게 "양키"는 미국 북부의 사람이다. 몇 년 전에 미국의 한 자동차 회사가 노바라고 불리는 자동차를 팔았다. 영어에서, 노바는 밝은 별, 즉 자동차에 적합한 의미의 이름이다. 그러나 스페인어로 노바라는 단어는 "no va"라고 들린다. 이는 '그것은 가지 않는다'라는 뜻으로 번역된다. 당신이 상상할 수 있듯이, 이 이름은 스페인어를 사용하는 시장에선 좋은 판매 도구가 아니었다.

---

20 주어진 글 다음에 이어질 글의 순서로 가장 적절한 것은? 상 중 하

When people eat, they tend to confuse or combine information from the tongue and mouth (the sense of taste, which uses three nerves to send information to the brain) with what is happening in the nose (the sense of smell, which utilizes a different nerve input).

(A) With your other hand, pinch your nose closed. Now pop one of the jellybeans into your mouth and chew, without letting go of your nose. Can you tell what flavor went into your mouth?

(B) It's easy to demonstrate this confusion. Grab a handful of jellybeans of different flavors with one hand and close your eyes.

(C) Probably not, but you most likely experienced the sweetness of the jellybean. Now let go of your nose. Voilà — the flavor makes its appearance.

① (B) – (A) – (C)　　② (B) – (C) – (A)
③ (C) – (A) – (B)　　④ (C) – (B) – (A)

보기분석 및 아림's 예측전개!

제시된 첫 번째 문장은 정보에 대해 혼동하거나 결합시키는 경향을 말하고 있다. (B)에서 this confusion이 주어진 문장 confuse로 설명된 미각과 후각에 관한 혼동을 말한 것이며, (A)에서는 with your other hand이므로 앞에 with one hand (B) 손에 관한 내용이 언급되어야 한다. 그러므로 (B) 다음 (A)가 위치하며 마지막 문장에서 코를 막고 젤리빈을 먹었을 때 무슨 맛인지 알 수 있겠냐는 물음에 대한 대답으로 (C)의 probably not은 아마도 아닐 것이다로 연결된다.

사람들은 식사를 할 때 혀와 입에서 나오는 정보(세 개의 신경을 써서 뇌에 정보를 보내는 미각)와 코에서 일어나고 있는 일(다른 신경 입력을 이용하는 후각)을 혼동하거나 결합시키는 경향이 있다.

(B) 이런 혼동은 쉽게 설명할 수 있다. 다른 맛의 젤리빈을 한 손으로 한 움큼 움켜쥐고 눈을 감는다.

(A) 다른 손으로 코를 꼭 쥐어라. 이제 젤리빈 하나를 입에 넣고 코를 놓지 말고 씹어라. 입에 어떤 맛이 들어갔는지 알 수 있겠나?

(C) 아마도 아닐 것이다. 하지만 당신은 예전에 젤리빈의 달콤함을 경험한 적이 있을 것이다. 이제 코를 풀어라. 그렇다! 이제 그 맛이 느껴질 것이다.

MEMO

10 | 2019년 소방직 기출(경채)

01 다음 빈칸에 들어갈 말로 가장 적절한 것은?

A(n) _____ is a very bad snowstorm with strong winds.

① hail
② blizzard
③ avalanche
④ volcanic eruption

02 다음 빈칸에 들어갈 말로 가장 적절한 것은?

_____ are injuries on the body caused by dry heat. Small children are often injured since they often play close to fires and cooking pots and have not yet learned wisdom through experience.

① Burns
② Fractures
③ Heart attacks
④ Insect bites

03 다음 빈칸에 들어갈 말로 가장 적절한 것은?

Smallpox was once a common disease, killing most victims and leaving survivors with terrible scars. In 1796, Edward Jenner discovered that exposing people to the milder disease of cowpox prevented them from catching smallpox. He called his technique _____.

① fossilization
② vaccination
③ visualization
④ neutralization

04 (A), (B), (C)의 각 네모 안에서 어법에 맞는 표현으로 가장 적절한 것은?

Challenge and adversity (A) [is / are] undeniable facts of life. Being able to (B) [effective / effectively] cope with challenges is crucial to maintaining psychological and even physical well−being. Each (C) [persons / person] has a variety of skills and techniques used to cope with stress and adversity.

	(A)	(B)	(C)
①	is	effective	person
②	is	effectively	persons
③	are	effectively	person
④	are	effective	persons

05 다음 대화의 빈칸에 들어갈 말로 가장 적절한 것은?

A : Hello, Mr. Johnson. How can I help you?

B : Hello, doctor. I think _____ when I tripped over a rock yesterday.

A : OK, we need a quick examination. Can you tell me where it hurts?

B : Yeah, just here.

A : I see. I suppose we'd better get an X—ray.

① I caught the flu
② I sprained my ankle
③ I had a skin problem
④ I developed a sore throat

06 다음 대화문 중 어색한 것은?

① A : I don't want to go alone.
　　B : Do you want me to come along?
② A : I feel a little tired.
　　B : I think you need to take a break.
③ A : I can't take it anymore.
　　B : Calm down.
④ A : I'll keep my fingers crossed for you.
　　B : When did you hurt your fingers?

07 다음 대화의 빈칸에 들어갈 말로 가장 적절한 것은?

A : John, look. Can you believe this?

B : Oh, my! What happened to your smartphone?

A : It's totally broken. I dropped it while I was trying to put on my coat.

B : Sorry to hear that. Did you take it to a customer service center?

A : Yes, but they said buying a new one would _____ than getting it fixed.

B : I know what you mean. Have you decided which phone you want to buy?

A : Not yet! I don't know which one to buy. Can you help me to choose one?

B : Of course, we can go tomorrow.

① cost me less
② be less productive
③ take me more effort
④ be more harmful to the environment

08 주어진 글 다음에 이어질 글의 순서로 가장 적절한 것은?

What causes global warming?

(A) Once the heat from the sun reaches the earth, it cannot escape back into space because these gases trap it.

(B) When humans burn fossil fuels like oil or coal, gases are produced.

(C) As a result, the earth becomes like a greenhouse. This process is called global warming.

① (A) − (B) − (C)

② (A) − (C) − (B)

③ (B) − (A) − (C)

④ (C) − (A) − (B)

09 다음 Rogers를 인터뷰한 내용과 일치하지 않는 것은?

Interviewer : What is an average day at your job like?

Rogers : That depends on what time of year it is. For most of the year, I work in my office. I do research on the computer and read and write scientific articles. But, during hurricane season, I get the chance to fly into hurricanes.

Interviewer : You fly into hurricanes?

Rogers : Yes. We fly into storms to measure them. One of our jobs is to find out exactly the location of the center of storms. In a storm, it's really exciting.

Interviewer : Is it only you on the airplane?

Rogers : No, there are usually 15 to 18 people on the plane. These include pilots, engineers, and the scientific crew.

① 일 년의 대부분을 사무실에서 일한다.

② 과학 기사를 쓰기도 한다.

③ 허리케인 속으로 들어가 직접 측정한 적이 있다.

④ 허리케인의 정확한 위치를 알기 위해 혼자 비행한다.

10 다음은 에펠탑에 관한 설명이다. 글의 내용과 일치하지 않는 것은?

"La Tour Eiffel" stands 984 feet high over the city of Paris. It took three hundred men two years to build it. It is made of fifteen thousand pieces of iron held together by 2.5 million rivets. It can sway almost five inches in strong winds. Forty tons of paint are needed to cover the tower, which remained the tallest structure in the world until 1930, when the Chrysler Building, soon followed by the Empire State Building, was erected in New York City.

① 탑을 건축하는 데 2년이 걸렸다.
② 강한 바람에 거의 5인치가 흔들릴 수 있다.
③ 탑을 칠하는 데 페인트 40톤이 필요했다.
④ 완공된 크라이슬러 빌딩보다 더 높았다.

11 다음 글의 요지로 가장 적절한 것은?

Kids must feel loved. Indeed, the lack of self—esteem in those who do not has been the subject of many studies. In terms of a child's experience, though, what does love mean? Child development expert Penelope Leach says that a child should feel that at least one person of importance thinks he or she is just wonderful. This makes a person value and love himself or herself. It makes the person capable of valuing and loving other people. And this, surely, is a vital source of happiness.

① 도덕성이 높은 아이가 자존감도 높다.
② 아이의 발달은 자신의 특성에 대한 인식에서 시작된다.
③ 아이가 행복하려면 중요한 사람에게 인정받아 생기는 자존감이 필요하다.
④ 아이는 다른 사람을 존중하는 마음을 자신의 부모에게서 가장 잘 배운다.

12 다음 대화의 흐름상 빈칸 (A)와 (B)에 들어갈 말로 가장 적절한 것은?

A : Animal testing is so cruel. I think it should be stopped.

B : I'm not so sure. I think animal testing is the best way to test medicines.

A : I don't think so. In my opinion, animal testing is ___(A)___ because animals are very different from humans.

B : Animals are used only when there are no other suitable ___(B)___ .

	(A)	(B)
①	important	purposes
②	unreliable	alternatives
③	credible	appearances
④	proven	departments

13 다음 중 화자가 언급한 재난이 아닌 것은?

Hello, my name is Jan Rader. For the past 24 years, I have been a firefighter in Huntington, West Virginia. As firefighters, my team and I are tasked with saving lives and property from such disaster as car wrecks, house fires, and also life−threatening medical emergencies.

① 건물 붕괴
② 자동차 사고
③ 집에서 일어나는 화재
④ 생명을 위협하는 의학적인 긴급 상황

14 다음 글에서 전체 내용의 흐름과 관계없는 문장은?

It is important to have your family practice what to do during an emergency. ① Schools are required to have fire drills on a regular basis, and you should too. ② If you live in an earthquake prone area you should have earthquake drills as well. ③ The goal of these drills is to help your children know what to do during an emergency. ④ Every airport should have a number of restaurants in different places. You should avoid scaring your children or making them worry unnecessarily.

15 다음 문장이 들어가기에 가장 적절한 곳은?

Another way to be a good role model is to serve appropriate portions and not overeat.

Whether you have a baby or a teen, here is the best strategy to improve nutrition and encourage smart eating habits : Be a role model by eating healthy yourself. (①) The best way for you to encourage healthy eating is to eat well yourself. (②) Kids will follow the lead of the adults they see every day. (③) By eating fruits and vegetables and not overindulging in the less nutritious food, you'll be sending the right message. (④) Talk about your feelings of fullness, especially with younger children. You might say, "This is delicious, but I'm full, so I'm going to stop eating."

16 다음 글의 빈칸 (A)와 (B)에 들어갈 말로 가장 적절한 것은?

Lots of people do love science fiction movies. In part, it is all the future technology that is so exciting about these films. The film Minority Report contains many such technologies. ___(A)___, Tom Cruise is able to control a computer by waving his arms and hands. The movie also features newspapers with moving pictures. Although these technologies seem far off and unbelievable, scientists have worked hard to bring the dream a lot closer to us. For instance, their success is applied in modern video games. People can play tennis, baseball, and even golf at home. ___(B)___, scientists are working on e−paper. E−paper is a thin material that can display video. It contains tiny, colored beads that respond to electricity. With just a small shock, these beads move around and create a picture. Soon, we will be able to watch a newspaper, not just read it.

	(A)	(B)
①	For example	Furthermore
②	However	In addition
③	In short	Conversely
④	In general	Therefore

17 밑줄 친 어휘의 쓰임이 적절하지 않은 것은?

There are several different causes of cold feet. Sometimes, the simplest reason is a ① lack of warmth. If you're in jeans and a t−shirt and your feet are ② bare, it makes sense that they may get cold first. However, there are other causes as well. Poor circulation is one of the most common causes of cold feet. Poor circulation can make it difficult for enough warm blood to get to your feet ③ regularly, keeping them cooler than the rest of your body. Circulation problems can come as a result of a heart condition, where the heart struggles to pump blood through the body at a quick enough pace. Poor circulation can be the results of sitting too much from an ④ immoral lifestyle. If you sit at a desk all day for work, you may experience this.

18 주어진 글 다음에 이어질 글의 순서로 가장 적절한 것은?

Walt Disney liked being the class clown. He once said that he would do anything for attention. His schoolmates in Marceline, Missouri, loved his performances.

(A) They saw the little critter and screamed out in terror. Walt's teacher marched right over, put an end to the mischief, and punished Walt.

(B) Once he caught a field mouse and made a leash for it out of string. He waltzed into class and paraded his new pet around the room.

(C) But he didn't care. He and his mouse were famous for a day. Walt Disney didn't know it then. But one day another mouse−one named Mickey−would make him famous all over the world.

① (A)−(B)−(C)
② (A)−(C)−(B)
③ (B)−(A)−(C)
④ (B)−(C)−(A)

[19~20] 다음 대화를 읽고 물음에 답하시오.

A : This is 119. What's your emergency?

B : There's a fire in my apartment!

A : What is the address of your apartment, sir?

B : I don't know. I can't think of anything!

A : OK, I have _____(A)_____ the location, using your cell phone. Fire engines and ambulances have been _____(B)_____ to you. They should arrive in 4−7 minutes. Is there anyone else in your apartment with you?

B : Just my two cats.

A : If possible, exit your apartment with your pets. Do not take any belongings with you. Stay close to the ground and take short, quick breaths until you reach the exit. Do not take the elevator. Take the stairs.

B : Okay, thank you.

A : Please follow (C) the instructions I gave you. They are for your safety.

B : Thank you! Please hurry up!

19 대화의 흐름상 빈칸 (A)와 (B)에 들어갈 말로 가장 적절한 것은?

	(A)	(B)
①	removed	exposed
②	traced	dispatched
③	followed	searched
④	separated	compared

20 대화에서 밑줄 친 (C)에 해당하는 내용이 아닌 것은?

① 가능하다면 애완동물과 탈출하라.

② 가장 중요한 물건들을 챙겨라.

③ 바닥에 가까이 있고 짧은 숨을 쉬어라.

④ 엘리베이터를 타지 말고 계단을 이용하라.

MEMO

서울특별시 지방소방공무원 신규채용(공개경쟁)

응시분야

성 명

[필적 감정용 기재란]
(예시) 서울소방 안전 대한민국

책 형	※ 책형 확인	※ 감독관 확인
Ⓐ	책형	
Ⓑ	문제지 및 답안지 확인 후 기재	

국 어

1 ① ② ③ ④
2 ① ② ③ ④
3 ① ② ③ ④
4 ① ② ③ ④
5 ① ② ③ ④
6 ① ② ③ ④
7 ① ② ③ ④
8 ① ② ③ ④
9 ① ② ③ ④
10 ① ② ③ ④
11 ① ② ③ ④
12 ① ② ③ ④
13 ① ② ③ ④
14 ① ② ③ ④
15 ① ② ③ ④
16 ① ② ③ ④
17 ① ② ③ ④
18 ① ② ③ ④
19 ① ② ③ ④
20 ① ② ③ ④

한 국 사

1 ① ② ③ ④
2 ① ② ③ ④
3 ① ② ③ ④
4 ① ② ③ ④
5 ① ② ③ ④
6 ① ② ③ ④
7 ① ② ③ ④
8 ① ② ③ ④
9 ① ② ③ ④
10 ① ② ③ ④
11 ① ② ③ ④
12 ① ② ③ ④
13 ① ② ③ ④
14 ① ② ③ ④
15 ① ② ③ ④
16 ① ② ③ ④
17 ① ② ③ ④
18 ① ② ③ ④
19 ① ② ③ ④
20 ① ② ③ ④

영 어

1 ① ② ③ ④
2 ① ② ③ ④
3 ① ② ③ ④
4 ① ② ③ ④
5 ① ② ③ ④
6 ① ② ③ ④
7 ① ② ③ ④
8 ① ② ③ ④
9 ① ② ③ ④
10 ① ② ③ ④
11 ① ② ③ ④
12 ① ② ③ ④
13 ① ② ③ ④
14 ① ② ③ ④
15 ① ② ③ ④
16 ① ② ③ ④
17 ① ② ③ ④
18 ① ② ③ ④
19 ① ② ③ ④
20 ① ② ③ ④

선택과목1

1 ① ② ③ ④
2 ① ② ③ ④
3 ① ② ③ ④
4 ① ② ③ ④
5 ① ② ③ ④
6 ① ② ③ ④
7 ① ② ③ ④
8 ① ② ③ ④
9 ① ② ③ ④
10 ① ② ③ ④
11 ① ② ③ ④
12 ① ② ③ ④
13 ① ② ③ ④
14 ① ② ③ ④
15 ① ② ③ ④
16 ① ② ③ ④
17 ① ② ③ ④
18 ① ② ③ ④
19 ① ② ③ ④
20 ① ② ③ ④

선택과목2

1 ① ② ③ ④
2 ① ② ③ ④
3 ① ② ③ ④
4 ① ② ③ ④
5 ① ② ③ ④
6 ① ② ③ ④
7 ① ② ③ ④
8 ① ② ③ ④
9 ① ② ③ ④
10 ① ② ③ ④
11 ① ② ③ ④
12 ① ② ③ ④
13 ① ② ③ ④
14 ① ② ③ ④
15 ① ② ③ ④
16 ① ② ③ ④
17 ① ② ③ ④
18 ① ② ③ ④
19 ① ② ③ ④
20 ① ② ③ ④

응시번호

(1) ⓪ ① ② ③ ④ ⑤ ⑥ ⑦ ⑧ ⑨
⓪ ① ② ③ ④ ⑤ ⑥ ⑦ ⑧ ⑨
⓪ ① ② ③ ④ ⑤ ⑥ ⑦ ⑧ ⑨
⓪ ① ② ③ ④ ⑤ ⑥ ⑦ ⑧ ⑨
⓪ ① ② ③ ④ ⑤ ⑥ ⑦ ⑧ ⑨
(2) ⓪ ① ② ③ ④ ⑤ ⑥ ⑦ ⑧ ⑨

OMR 뒷면

정답 및 풀이

01	02	03	04	05	06	07	08	09	10
②	①	②	③	②	④	①	③	④	④
11	12	13	14	15	16	17	18	19	20
③	②	①	④	④	①	④	③	②	②

상 중 **하**

01 다음 빈칸에 들어갈 말로 가장 적절한 것은?

> A(n) _____ is a very bad snowstorm with strong winds.

① hail
② blizzard
③ avalanche
④ volcanic eruption

풀이

① 우박
② 눈보라
③ 산사태
④ 화산분출

∴ snowstorm은 눈 폭풍, 눈보라를 의미하므로 빈칸은 동의어인 blizzard(눈보라)이다.

해석

눈보라는 강한 바람을 동반한 눈 폭풍이다.

상 중 **하**

02 다음 빈칸에 들어갈 말로 가장 적절한 것은?

> _____ are injuries on the body caused by dry heat. Small children are often injured since they often play close to fires and cooking pots and have not yet learned wisdom through experience.

① Burns
② Fractures
③ Heart attacks
④ Insect bites

풀이

① 화상
② 골절
③ 심근경색
④ 벌레물림

∴ 빈칸 뒤에 열(heat)에 인한 부상(injuries)이라고 설명하였고, 두 번째 문장에서도 fire(불)이나 cooking pots (냄비) 근처에서 놀기 때문에 발생한다는 내용이 있는 것으로 보아 정답은 burns(화상)이다.

해석

화상은 건조한 열로 인한 몸의 상처이다. 어린 아이들은 종종 불이나 냄비 근처에서 놀 때, 경험을 통한 지식이 없을 때 화상을 입곤 한다.

03 다음 빈칸에 들어갈 말로 가장 적절한 것은?

상 중 하

Smallpox was once a common disease, killing most victims and leaving survivors with terrible scars. In 1796, Edward Jenner discovered that exposing people to the milder disease of cowpox prevented them from catching smallpox. He called his technique _____.

① fossilization　　② vaccination
③ visualization　　④ neutralization

풀이

① 화석화
② 백신
③ 시각화
④ 중화, 중립화

∴ 빈칸 앞 문장에서 천연두를 예방하려면 가벼운 질병에 노출해야 한다고 했고, 이것은 곧 병에 면역을 주기 위한 것으로 예방을 말하는 백신이다.

해석

천연두는 한때 대부분의 희생자를 사망에 이르게 하고 생존자들에게도 끔찍한 흉터를 남기는 흔한 질병이었다. 1796년에 Edward Jenner는 우두라는 가벼운 질병에 노출된 사람들은 천연두로부터 예방된다는 것을 밝혀냈다. 그는 이 기술을 백신이라고 칭했다.

04 (A), (B), (C)의 각 네모 안에서 어법에 맞는 표현으로 가장 적절한 것은?

상 중 하

Challenge and adversity (A) [is / are] undeniable facts of life. Being able to (B) [effective / effectively] cope with challenges is crucial to maintaining psychological and even physical well−being. Each (C) [persons / person] has a variety of skills and techniques used to cope with stress and adversity.

	(A)	(B)	(C)
①	is	effective	person
②	is	effectively	persons
③	are	effectively	person
④	are	effective	persons

풀이

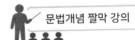

문법개념 짤막 강의

(A)
주어 - 동사 수의 일치
Jane is smart. Jane 한 명만 있으므로 is. Jane and Tom smart. Jane과 Tom 두 명이므로 is가 아닌 are를 써야 한다. 문제를 보자면, challenge 와 adversity 각각은 단수명사이나 이 단어들이 and로 묶여 복수명사가 되었다. 따라서 주어가 복수명사이므로 are가 나와야 한다.

(B)
품사 : 동사를 수식하는 것은? 부사! 명사를 수식하는 것은? 형용사!
be able to 동사원형으로 to 뒤에는 동사원형이 오는데, 동사를 꾸며주는 것은 부사이다. effective는 형용사(효과적인), effectively는 부사(효과적으로)이다. 따라서 부사인 effectively가 와야 한다.

(C)
each + 단수명사! → 단수동사
each가 형용사로 쓰일 경우, '각각의, 각자의'라는 뜻으로 단수명사를 수식한다. each + 단수명사 → 단수동사라는 것을 기억하자. 따라서 each person이 맞다.

도전과 역경은 부정할 수 없는 삶의 진실이다. 도전에 효율적으로 대처할 수 있는 것은 정신적, 신체적 행복을 유지하는 데 필수적이다. 다양한 기술과 테크닉을 가지고 있는 각각의 사람은 스트레스와 역경에 대처하는 것에 익숙하다.

05 다음 대화의 빈칸에 들어갈 말로 가장 적절한 것은?

상 중 **하**

> A : Hello, Mr. Johnson. How can I help you?
> B : Hello, doctor. I think _____ when I tripped over a rock yesterday.
> A : OK, we need a quick examination. Can you tell me where it hurts?
> B : Yeah, just here.
> A : I see. I suppose we'd better get an X-ray.

① I caught the flu
② I sprained my ankle
③ I had a skin problem
④ I developed a sore throat

풀이

① 독감에 걸렸어요
② 발목을 삐었어요
③ 피부 트러블이 생겼어요
④ 목구멍에 아픈 증상이 생겼어요

∴ 'trip over는 ～에 걸려 넘어지다'라는 뜻으로 빈칸 뒤에서 바위에 걸려 넘어졌다고 했기 때문에 2번 '발목이 삐었다'가 들어가야 적절하다.

해석

A : 안녕하세요, Mr. Johnson. 어떻게 도와드릴까요?
B : 안녕하세요. 의사 선생님. 제가 어제 돌에 걸려 넘어졌을 때 발목을 삔 것 같아요.
A : 네, 빨리 검사해 봐야겠네요. 어디가 아픈지 말해 주실래요?
B : 네, 여기요.
A : 그렇군요. X-ray를 찍는 게 좋을 것 같아요.

06 다음 대화문 중 어색한 것은?

상 중 **하**

① A : I don't want to go alone.
  B : Do you want me to come along?
② A : I feel a little tired.
  B : I think you need to take a break.
③ A : I can't take it anymore.
  B : Calm down.
④ A : I'll keep my fingers crossed for you.
  B : When did you hurt your fingers?

풀이

4번 Keep one' fingers crossed는 "행운을 빌다"라는 뜻이다. 그에 대한 대답으로 "언제 손가락이 다쳤니?"라고 하는 것은 알맞지 않다.

해석

① A : 난 혼자 가고 싶지 않아.
  B : 내가 같이 가 줄까?
② A : 나 좀 피곤해.
  B : 넌 휴식을 좀 취해야 될 것 같아.
③ A : 난 더 이상 못 참겠어.
  B : 진정해.
④ A : 행운을 빌어.
  B : 너 손가락은 언제 다친 거야?

07 다음 대화의 빈칸에 들어갈 말로 가장 적절한 것은?

> A : John, look. Can you believe this?
> B : Oh, my! What happened to your smartphone?
> A : It's totally broken. I dropped it while I was trying to put on my coat.
> B : Sorry to hear that. Did you take it to a customer service center?
> A : Yes, but they said buying a new one would _____ than getting it fixed.
> B : I know what you mean. Have you decided which phone you want to buy?
> A : Not yet! I don't know which one to buy. Can you help me to choose one?
> B : Of course, we can go tomorrow.

① cost me less
② be less productive
③ take me more effort
④ be more harmful to the environment

풀이

① 비용이 덜 들다
② 덜 생산적이다
③ 더 많은 노력이 필요하다
④ 환경에 더 해롭다

∴ 빈칸 뒤 문장에도 핸드폰을 사는 내용이 있다. 대화에서 핸드폰을 떨어트려서 서비스 센터에 가니 고치는 것보다 사는 것이 '더 저렴할 거다'라는 내용이 들어와야 한다. 그래야 뒤에 나온 핸드폰을 사는 내용과 이어진다.

해석

A : John, 이것 좀 봐. 이걸 믿을 수 있겠어?
B : 왜! 네 스마트폰에 무슨 일이 일어난 거야?
A : 완전히 박살났어. 코트를 입으려고 할 때 떨어뜨렸어.
B : 유감이야. 고객 서비스 센터에 가져가 봤어?
A : 응, 근데 이걸 고치는 것보다 새로운 것을 사는 게 비용이 덜 들 거라고 말하더라.
B : 무슨 뜻인지 알겠다. 어떤 핸드폰을 사고 싶은지 정했어?
A : 아직은! 어떤 걸 사야 할지 모르겠어. 내가 고르는 것 좀 도와줄래?
B : 당연하지, 내일 갈 수 있어.

08 주어진 글 다음에 이어질 글의 순서로 가장 적절한 것은?

> What causes global warming?

> (A) Once **the** heat from the sun reaches the earth, it cannot escape back into space because **these** gases trap it.
> (B) When humans burn fossil fuels like oil or coal, gases are produced.
> (C) As a result, the earth becomes like a greenhouse. **This** process is called global warming.

① (A) − (B) − (C)
② (A) − (C) − (B)
③ (B) − (A) − (C)
④ (C) − (A) − (B)

풀이

주어진 글에서 지구 온난화의 원인이 무엇인지를 물었다. 정관사 the는 앞에 나온 명사를 받을 때 사용되므로 (A) the heat 앞에 열기가 나왔을 것이다. 또한 these gases가 있는데 these 지시형용사 역시 앞에 gases에 대한 설명이 나온 후 자리해야 하나 이에 대한 언급이 제시문에는 없다. (C)의 as a result는 결과를 말하는 것이고 this process도 앞에 언급되어야 한다. 따라서 제시문 뒤로 gases가 생성된다는 (B)가 오고 (B)에 언급된 gases가 (A) these gases로 있으며 (C)에 this process 이 과정이 앞에 말하는 (B) − (A)를 말하므로 (B) − (A) − (C)가 적절하다.

해석

지구 온난화의 원인은 무엇일까?
(B) 인간이 석탄이나 석유 같은 화석 연료를 태울 때 가스들이 생성된다.
(A) 일단 태양의 열기가 지구에 도달하면, 열기는 이런 가스에 갇혀 우주로 빠져 나갈 수 없다.
(C) 결과적으로, 지구는 온실처럼 된다. 이런 과정을 지구 온난화라고 한다.

09 다음 Rogers를 인터뷰한 내용과 일치하지 않는 것은?

[상][중][하]

> Interviewer : What is an average day at your job like?
>
> Rogers : That depends on what time of year it is. For most of the year, I work in my office. I do research on the computer and read and write scientific articles. But, during hurricane season, I get the chance to fly into hurricanes.
>
> Interviewer : You fly into hurricanes?
>
> Rogers : Yes. We fly into storms to measure them. One of our jobs is to find out exactly the location of the center of storms. In a storm, it's really exciting.
>
> Interviewer : Is it only you on the airplane?
>
> Rogers : No, there are usually 15 to 18 people on the plane. These include pilots, engineers, and the scientific crew.

① 일 년의 대부분을 사무실에서 일한다.
② 과학 기사를 쓰기도 한다.
③ 허리케인 속으로 들어가 직접 측정한 적이 있다.
④ 허리케인의 정확한 위치를 알기 위해 혼자 비행한다.

풀이

 보기분석 및 아림's 예측전개!

① 일 년의 대부분 → 일 년의 대부분인지 일 년 중 얼마 안 되는 시간인지
② 과학 기사 → 과학 기사가 아닌 다른 분야의 기사인지 혹은 소설인지
③ 허리케인 속, 직접 측정 → 허리케인 속인지, 바깥인지, Rogers가 직접 측정하는 것이 맞는지
④ 정확한 위치, 혼자 비행 → 정확한 위치를 알아낼 수 있는 건지 혹은 정확하지는 않은지, 혼자 한 비행인지 다른 동료들과 함께한 비행인지

∴ "No, there are usually 15 to 18 people on the plane."에서 허리케인의 정확한 위치를 알기 위해 혼자 비행하는 것이 아니라 15~18명의 사람들이 같이 간다고 했기 때문에 4번이 잘못되었다.

해석

Interviewer : 당신은 직장에서 평소에 주로 뭘 하면서 보내나요?
Rogers : 일 년 중 어느 시간대냐에 따라 다릅니다. 일 년 중 대부분은 사무실에서 일합니다. 컴퓨터로 연구를 하고, 과학 기사를 쓰거나 읽기도 하죠. 하지만 태풍이 부는 기간 동안엔 저는 태풍 속으로 비행할 기회를 가집니다.
Interviewer : 당신이 태풍 속으로 비행한다구요?
Rogers : 네, 우리는 태풍을 측정하기 위해 그 안으로 비행합니다. 우리 일 중 하나는 태풍의 중심 위치를 정확히 찾아내는 것입니다. 폭풍 안으로 들어가면 정말 짜릿해요.
Interviewer : 혼자 비행기를 타나요?
Rogers : 아뇨, 보통 15~18명이 비행기에 있습니다. 조종사, 정비공, 그리고 과학 연구를 위한 승무원들을 포함해서요.

10 다음은 에펠탑에 관한 설명이다. 글의 내용과 일치하지 않는 것은?

"La Tour Eiffel" stands 984 feet high over the city of Paris. It took three hundred men two years to build it. It is made of fifteen thousand pieces of iron held together by 2.5 million rivets. It can sway almost five inches in strong winds. Forty tons of paint are needed to cover the tower, **which remained the tallest structure in the world until 1930, when the Chrysler Building,** soon followed by the Empire State Building, was erected in New York City.

① 탑을 건축하는 데 2년이 걸렸다.
② 강한 바람에 거의 5인치가 흔들릴 수 있다.
③ 탑을 칠하는 데 페인트 40톤이 필요했다.
④ 완공된 크라이슬러 빌딩보다 더 높았다.

풀이

보기분석 및 아림's 예측전개!

① 건축, 2년 → 건축이 2년인지 혹은 더 오랜 시간인지, 설계하는 데 2년인지 혹은 더 오랜 시간인지
② 강한 바람, 5인치 → 강한 바람인지 눈인지 혹은 5인치가 맞는지
③ 페인트 40톤 → 페인트로 40톤인지 혹은 다른 재료로 40톤인지 아니면 40톤이 맞는지
④ 완공된 크라이슬러, 더 높은 → 완공된 크라이슬러로 비교된 건지 아직 완공은 안 되었지만 설계도에 명시된 높이보다 더 높은 건지, 혹은 더 낮은 것은 아닌지

∴ 지문의 which remained~the Empire State Building을 보았을 때 완공된 크라이슬러 빌딩보다 더 높은 것이 아니라 에펠탑이 1930년까지 높았고 그 다음 크라이슬러 빌딩과 엠파이어 스테이트 빌딩이 차례로 세워졌다는 이야기만 나왔다. 크라이슬러 빌딩의 높이는 나오지 않았으므로 에펠탑이 완공된 크라이슬러 빌딩보다 더 높았는지는 알 수 없다.

해석

파리 위에 984피트 높이의 에펠탑이 세워졌다. 그것을 건축하는데 300명의 사람들이 동원됐고 2년이 걸렸다. 그것은 리벳 250만개로 지탱되는 강철부품 만오천 개로 만들어졌다. 그것은 강한 바람에 거의 5인치 정도 흔들릴 수 있다. 그 탑을 칠하기 위해 40톤의 페인트가 필요했고, 크라이슬러 빌딩에 이어 엠파이어스테이트 빌딩이 뉴욕에 세워지는 1930년까지 에펠탑은 세계에서 가장 높은 구조물로 남아있었다.

11 다음 글의 요지로 가장 적절한 것은?

Kids must feel loved. Indeed, the lack of self—esteem in those who do not has been the subject of many studies. In terms of a child's experience, though, what does love mean? Child development expert **Penelope Leach says that a child should feel that at least one person of importance thinks he or she is just wonderful.** This makes a person value and love himself or herself. It makes the person capable of valuing and loving other people. And this, surely, is a vital source of happiness.

① 도덕성이 높은 아이가 자존감도 높다.

② 아이의 발달은 자신의 특성에 대한 인식에서 시작된다.

③ 아이가 행복하려면 중요한 사람에게 인정받아 생기는 자존감이 필요하다.

④ 아이는 다른 사람을 존중하는 마음을 자신의 부모에게서 가장 잘 배운다.

풀이

보기분석 및 아림's 예측전개!

1번은 도덕성과 자존감의 관계로, 연구의 사례를 이용하여 도덕성이 높은 아이들은 자존감이 높으며, 반대로 도덕성이 낮은 아이는 자존감이 낮았다는 내용이 이어져야 한다. 2번은 아이가 자신의 특성을 인식할 때 발달이 이루어진 사례가 제시되어야 하며, 3번은 아이들의 행복은 중요한 사람에게서 인정받는 것과 관련된다는 내용이 이어질 것이다. 4번은 다른 사람을 존중하는 마음은 그 누구도 아닌 부모에게서 잘 배운다는 내용으로 전개될 것이다.

∴ 정답에 대한 근거로 Penelope Leach says that a child~ wonderful. 즉 적어도 한 명의 중요한 사람이 그 아이를 훌륭하게 생각한다는 것을 (아이가) 느껴야 한다고 했고 이것은 사람이 자기 자신을 가치 있게 여기고 사랑하도록 만들며(→ 자존감) 이것이 행복의 필수 요소라고 하였다. 따라서 답은 '아이가 행복하려면 중요한 사람에게 인정받아 생기는 자존감이 필요하다'이다.

해석

아이들은 사랑을 받아야 한다. 실제로, 그렇지 않은 사람들의 자존감 부족은 많은 연구의 주제가 되어 왔다. 그러나 아이의 경험에서 볼 때 사랑은 무엇을 의미하는가? 아동 발달 전문가 Penelope Leach는 아이는 적어도 한 명의 중요한 사람이 그 아이를 훌륭하다고 생각한다는 것을 (아이가) 느껴야 한다고 말한다. 이것은 사람이 자기 자신을 가치 있게 하고, 사랑하게 만든다. 그것은 그 사람이 다른 사람들을 소중하게 생각하고 사랑할 수 있게 만든다. 그리고 그것은, 당연히, 행복의 필수 요소이다.

12 다음 대화의 흐름상 빈칸 (A)와 (B)에 들어갈 말로 가장 적절한 것은?

A : Animal testing is so cruel. I think it should be stopped.

B : I'm not so sure. I think animal testing is the best way to test medicines.

A : I don't think so. In my opinion, animal testing is _____(A)_____ because animals are very different from humans.

B : Animals are used only when there are no other suitable _____(B)_____.

	(A)	(B)
①	important	purposes
②	unreliable	alternatives
③	credible	appearances
④	proven	departments

풀이 ---------------------------------

① 중요한 – 목적
② 믿을 수 없는 – 대안, 대체
③ 믿을 수 있는 – 외관, 겉모습
④ 입증 된 – 부문

∴ (A)의 의견은 동물과 인간이 다르기 때문에 동물 실험에 반대하므로 unreliable(믿을 수 없다)가 들어가야 하며, (B)는 찬성하는 입장이므로 동물실험은 다른 대안책이 없을 때 사용된다고 해야 내용이 알맞다. 따라서 정답은 2번이다.

해석 ---------------------------------

A : 동물 실험은 너무 끔찍해. 난 그게 중단되어야 한다고 생각해.
B : 난 잘 모르겠어. 동물 실험은 약을 실험하는 데 가장 좋은 방법이라 생각해.
A : 난 그렇게 생각하지 않아. 내 생각엔 동물들은 사람과 완전히 달라서 동물 실험 결과를 믿을 수 없어.
B : 동물들은 다른 적합한 대안이 없을 때만 사용되는 거야.

13 다음 중 화자가 언급한 재난이 아닌 것은?

Hello, my name is Jan Rader. For the past 24 years, I have been a firefighter in Huntington, West Virginia. As firefighters, my team and I are tasked with saving lives and property from such disaster as car wrecks, house fires, and also life-threatening medical emergencies.

① 건물 붕괴
② 자동차 사고
③ 집에서 일어나는 화재
④ 생명을 위협하는 의학적인 긴급 상황

풀이 ---------------------------------

내용에는 car wrecks, house fires, life-threatening medical emergencies만 언급되어 있고 건물 붕괴는 언급되지 않았다.

해석 ---------------------------------

안녕, 내 이름은 Jan Rader야. 지난 24년 동안 나는 West Virgunia Huntington의 소방관이었어. 소방관으로서 내 팀과 나는 건물 붕괴, 집에서 일어나는 화재, 그리고 또 생명을 위협하는 의학적인 긴급상황과 같은 재앙으로부터 생명과 재산을 구하는 일을 해 왔어.

14 다음 글에서 전체 내용의 흐름과 관계없는 문장은? 상|중|하

> **It is important to have your family practice what to do during an emergency.** ① Schools are required to have fire drills on a regular basis, and you should too. ② If you live in an earthquake prone area you should have earthquake drills as well. ③ The goal of these drills is to help your children know what to do during an emergency. ④ Every airport should have a number of restaurants in different places. You should avoid scaring your children or making them worry unnecessarily.

풀이

흐름 문제는 첫 문장이 곧 주제문이다. 이 지문에서는 긴급 상황에서 가족들이 해야 할 사항들에 대해서 이야기하고 있으므로 4번 '모든 공항에는 다양한 장소에 많은 식당이 있어야 한다'는 글의 흐름과 맞지 않는다.

해석

긴급 상황 동안 당신 가족들이 해야 할 일을 정하는 것은 중요하다. 학교들은 정기적인 소방 훈련을 해야 하고, 당신도 그래야 한다. 만약 당신이 지진 발생 가능 지역에서 살고 있다면, 당신은 지진 대비 훈련 또한 해야 할 것이다. 이런 훈련의 목적은 당신의 아이들이 긴급 상황 동안 무엇을 해야 할지 알도록 도와주는 것이다. 모든 공항에는 다양한 장소에 많은 식당이 있어야 한다. 당신은 아이들을 겁주거나 그들을 쓸데없이 걱정하게 만드는 것은 피해야 한다.

15 다음 문장이 들어가기에 가장 적절한 곳은? 상|중|하

> Another way to be a good role model is to serve appropriate portions and not overeat.

> Whether you have a baby or a teen, here is the best strategy to improve nutrition and encourage smart eating habits : Be a role model by eating healthy yourself. (①) The best way for you to encourage healthy eating is to eat well yourself. (②) Kids will follow the lead of the adults they see every day. (③) By eating fruits and vegetables and not overindulging in the less nutritious food, you'll be sending the right message. (④) Talk about your feelings of fullness, especially with younger children. You might say, "This is delicious, but I'm full, so I'm going to stop eating."

풀이

제시문에서 좋은 롤 모델이 되는 '다른 방법(another way)'이 나왔으므로 좋은 롤모델에 관한 내용이 나온 곳 뒤에 나와야 한다. 또한 제시문에서 적절한 양만 먹고 과식하지 않는 것이라 했으므로 이 뒤에는 적절하게 식사를 했을 때 그만 먹는, 과식하지 않는 방법이 나와야 한다. 따라서 답은 4번이다.

해석

당신이 아기를 키우든 10대를 키우든, 여기 영양을 증진하고 현명한 식습관을 권장하는 가장 좋은 전략이 있다 : 당신 자신이 건강하게 먹어 롤모델이 되어라. 건강한 식단을 권장하는 가장 좋은 방법은 당신 스스로가 잘 먹는 것이다. 아이들은 매일 보는 어른을 따라 할 것이다. 과일과 야채를 먹고, 낮은 영양분을 가진 음식을 탐닉하지 않음으로서, 당신은 옳은 메시지를 전달할 것이다. 좋은 롤모델이 되는 다른 방법은 적절한 양만 먹고 과식하지 않는 것이다. 특히 어린 아이들에게 당신의 포만감에 대해 말해라. 당신은 "이거 맛있긴 한데 난 이제 배불러서 그만 먹어야겠다."라고 말해야 한다.

16 다음 글의 빈칸 (A)와 (B)에 들어갈 말로 가장 적절한 것은?

Lots of people do love science fiction movies. In part, it is all the future technology that is so exciting about these films. The film Minority Report contains many such technologies. _____(A)_____, Tom Cruise is able to control a computer by waving his arms and hands. The movie also features newspapers with moving pictures. Although these technologies seem far off and unbelievable, scientists have worked hard to bring the dream a lot closer to us. For instance, their success is applied in modern video games. People can play tennis, baseball, and even golf at home. _____(B)_____, scientists are working on e−paper. E−paper is a thin material that can display video. It contains tiny, colored beads that respond to electricity. With just a small shock, these beads move around and create a picture. Soon, we will be able to watch a newspaper, not just read it.

	(A)	(B)
①	For example	Furthermore
②	However	In addition
③	In short	Conversely
④	In general	Therefore

풀이

① 예를 들어 – 게다가
② 그러나 – 게다가
③ 요컨대 – 역으로
④ 대개 – 그러므로

∴ (A) 앞에서 공상 과학 영화에 미래 기술이 많이 포함되었다고 했고 (A)의 뒤에서 그에 대한 예로 Tom Cruise가 미래 기술을 어떻게 사용했는지에 대해 말하고 있기 때문에 "for example(예를 들어)"이 적절하다. (B) 앞에서는 미래 기술로 오늘날 집에서 여러 스포츠를 할 수 있다고 했고 (B)의 뒤에서는 e−paper에 대해 연구하고 있음을 밝혔다. 즉 이미 실현되었거나 연구 중인 미래 기술들을 나열하고 있다. 따라서 첨가 연결사 furthermore(게다가)가 알맞다.

해석

많은 사람들은 공상과학 영화를 좋아한다. 어느 정도는, 이런 영화의 정말 재미있는 점은 모두 미래 기술이다. Minority Report 라는 영화도 많은 미래 기술들을 포함하고 있다. 예를 들어, Tom Cruise는 그의 팔과 손을 휘두름으로써 컴퓨터를 조종할 수 있다. 이 영화에는 움직이는 사진이 실린 신문도 등장한다. 비록 이러한 기술들이 멀리 떨어져 있고 믿을 수 없는 것처럼 보이지만, 과학자들은 그 꿈을 우리에게 훨씬 더 가까이 가져다 주기 위해 열심히 노력했다. 예를 들어, 그들의 성공은 현대 비디오 게임에 적용된다. 사람들은 집에서 테니스, 야구, 심지어 골프도 칠 수 있다. 게다가, 과학자들은 e−paper에 대해 연구하는 중이다. e−paper는 비디오를 재생하는 얇은 소재이다. 그것은 전기에 반응하는 작고 색깔을 띤 구슬을 포함하고 있다. 그저 작은 충격으로, 이런 구슬들은 크게 움직이며 사진을 생성한다. 곧, 우리는 신문을 그저 읽는 게 아니라 볼 수 있게 될 것이다.

17 밑줄 친 어휘의 쓰임이 적절하지 않은 것은?

There are several different causes of cold feet. Sometimes, the simplest reason is a ① lack of warmth. If you're in jeans and a t-shirt and your feet are ② bare, it makes sense that they may get cold first. However, there are other causes as well. Poor circulation is one of the most common causes of cold feet. Poor circulation can make it difficult for enough warm blood to get to your feet ③ regularly, keeping them cooler than the rest of your body. Circulation problems can come as a result of a heart condition, where the heart struggles to pump blood through the body at a quick enough pace. Poor circulation can be the results of sitting too much from an ④ immoral(→immovable) lifestyle. If you sit at a desk all day for work, you may experience this.

풀이

4번에서 혈액 순환이 좋지 않은 것은 immoral(부도덕적인) 생활습관으로 나오는 것이 아니라 움직이지 않는 생활 습관때문이므로 immovable(움직이지 않는)로 바꾸는 것이 적합하다.

해석

발의 냉증에는 몇 가지 다른 원인이 있다. 때때로 가장 단순한 이유는 온기가 부족하기 때문이다. 청바지에 티셔츠를 입고 맨발이라면, 발이 먼저 차가워지는 게 맞을 것이다. 하지만 다른 원인들도 있다. 혈액순환이 원활하지 않은 것은 발 냉증의 가장 흔한 원인 중 하나이다. 혈액순환이 원활하지 않으면 따뜻한 피가 정기적으로 발에 도달하기 어려워져 몸의 다른 부분보다 더 차갑게 될 수 있다. 순환 장애는 심장 질환의 결과로 올 수 있는데, 심장 질환은 심장이 충분히 빠른 속도로 혈액을 체내에 주입하기 위해 고군분투한다. 원활하지 못한 혈액순환은 부도덕적인(→움직이지 않는) 생활습관에서 너무 오래 앉아 있는 것의 결과일 수 있다. 하루 종일 책상에 앉아 일을 하다 보면 이런 경험을 하게 될지도 모른다.

18 주어진 글 다음에 이어질 글의 순서로 가장 적절한 것은?

Walt Disney liked being the class clown. He once said that he would do anything for attention. His schoolmates in Marceline, Missouri, loved his performances.

(A) They saw **the** little critter and screamed out in terror. Walt's teacher marched right over, put an end to the mischief, and punished Walt.

(B) Once he caught **a field mouse** and made a leash for it out of string. He waltzed into class and paraded his new pet around the room.

(C) But he didn't care. He and his mouse were famous for a day. Walt Disney didn't know it then. But one day another mouse—one named Mickey—would make him famous all over the world.

① (A) – (B) – (C) ② (A) – (C) – (B)
③ (B) – (A) – (C) ④ (B) – (C) – (A)

풀이

the little critter 앞에 생물체에 관한 언급이 있어야 하므로 (A)는 제시문 뒤에 나올 수 없다. 그 작은 생물체는 들쥐이다. (B) 들쥐를 가지고 한 행동에 (A) 학생들은 놀라고 선생님이 혼냈으나 (C)에서 개의치 않아 했다는 내용이 전개되는 것이 적절하다.

해석

월트 디즈니는 학교 광대가 되는 것을 좋아했다. 그는 관심을 위해 무엇이든 하겠다고 말한 적이 있다. 미주리주 Marceline에 있는 그의 학교 친구들은 그의 공연을 좋아했다.

(B) 한번 그는 야생 쥐를 잡고 가죽끈으로 목줄을 만들었다. 그는 교실 안으로 당당하게 걸어 들어가 교실 온 주변을 그의 새로운 애완동물과 누비고 다녔다.

(A) 그들은 그 작은 생물체를 보고 공포에 질려 소리를 질렀다. 월트의 선생님은 곧장 걸어와 그 장난을 끝내고 월트에게 벌을 주었다.

(C) 그러나 그는 개의치 않았다. 그와 그의 쥐는 하루 동안 유명했다. 월트 디즈니는 그땐 몰랐다. 하지만 어느 날 미키라는 이름의 또 다른 쥐가 그를 전 세계적으로 유명하게 만들 것임을 말이다.

[19~20] 다음 대화를 읽고 물음에 답하시오.

A : This is 119. What's your emergency?

B : There's a fire in my apartment!

A : What is the address of your apartment, sir?

B : I don't know. I can't think of anything!

A : OK, I have ____(A)____ the location, using your cell phone. Fire engines and ambulances have been ____(B)____ to you. They should arrive in 4 − 7 minutes. Is there anyone else in your apartment with you?

B : Just my two cats.

A : If possible, exit your apartment with your pets. Do not take any belongings with you. Stay close to the ground and take short, quick breaths until you reach the exit. Do not take the elevator. Take the stairs.

B : Okay, thank you.

A : Please follow (C) the instructions I gave you. They are for your safety.

B : Thank you! Please hurry up!

19 대화의 흐름상 빈칸 (A)와 (B)에 들어갈 말로 가장 적절한 것은?

	(A)	(B)
①	removed	exposed
②	traced	dispatched
③	followed	searched
④	separated	compared

풀이 --

① 제거하다 − 노출되다
② 추적하다 − 파견되다
③ 뒤따르다 − 수색되다
④ 분리하다 − 비교되다

∴ 빈칸이 있는 문장 앞에서 위치를 물었으므로 trace(추적하다)를 써야 하고, 소방차와 앰뷸런스를 보내는 것이기 때문에 dispatch(파견하다)가 들어가야 한다.

해석 --

A : 119입니다. 어떤 응급상황이십니까?
B : 아파트에 불이 난 것 같아요.
A : 아파트 주소는 어떻게 되나요?
B : 모르겠어요. 어느 것도 생각할 수 없어요.
A : 네, 그러면 당신의 핸드폰을 사용해서 위치를 추적하겠습니다. 소방차와 앰뷸런스가 파견될 것 입니다. 4 − 7분 안에 도착할 겁니다. 아파트에 누가 또 있나요?
B : 고양이 2마리요.
A : 만약 가능하다면, 당신의 애완동물을 데리고 아파트에서 나가세요. 다른 소지품은 가져가지 마세요. 그리고 바닥에 가까이 붙어 출구에 도착할 때까지 짧고 빠른 숨을 쉬세요. 엘리베이터는 타지 마시고 계단을 이용하세요.
B : 알겠습니다. 감사합니다.
A : 제가 말씀드린 지시사항을 따라주세요. 당신의 안전을 위한 것입니다.
B : 고맙습니다. 서둘러 주세요.

20 대화에서 밑줄 친 (C)에 해당하는 내용이 아닌 것은?

① 가능하다면 애완동물과 탈출하라.
② 가장 중요한 물건들을 챙겨라.
③ 바닥에 가까이 있고 짧은 숨을 쉬어라.
④ 엘리베이터를 타지 말고 계단을 이용하라.

풀이

① 가능하다면, 애완동물과 탈출 → 가능하다면 애완동물과 탈출인지, 무조건 함께 탈출인지
② 물건, 챙겨라 → 물건을 챙겨야 하는지 아닌지
③ 바닥에 가까이, 짧은 숨 → 바닥에 가까이인지 떨어져서인지, 짧은 숨인지 긴 숨인지
④ 엘리베이터 타지 말고, 계단 → 엘리베이터도 타고 계단도 이용해도 되는지
∴ Do not take any belongings(소지품) with you.라고 했으므로 2번이 정답이다.

11 | 2020년 소방직 기출(공채)

01 밑줄 친 부분과 의미가 가장 가까운 것은?

Predicting natural disasters like earthquakes in advance is an <u>imprecise</u> science because the available data is limited.

① accurate
② inexact
③ implicit
④ integrated

02 밑줄 친 부분과 의미가 가장 가까운 것은?

The rapid spread of fire and the smoke rising from the balcony made a terrible reminder of the Lacrosse building fire in Melbourne in 2014. It also reminds us of the Grenfell Tower inferno in London. This catastrophe took the lives of 72 people and <u>devastated</u> the lives of more people.

① derived
② deployed
③ deviated
④ destroyed

03 빈칸에 들어갈 말로 가장 적절한 것은?

Firefighters are people whose job is to put out fires and _____ people.
Besides fires, firefighters save people and animals from car wrecks, collapsed buildings, stuck elevators and many other emergencies.

① endanger
② imperil
③ rescue
④ recommend

04 빈칸에 들어갈 말로 가장 적절한 것은?

A well known speaker started off his seminar by holding up a $20 bill. In the room of 200, he asked, "Who would like this $20 bill?" Hands started going up. He said, "I am going to give this $20 to one of you but first, let me do this." He proceeded to crumple the dollar bill up. He then asked, "Who still wants it?" Still the hands were up in the air. "My friends, no matter what I did to the money, you still wanted it because it did not decrease in value. It was still worth $20. Many times in our lives, we are dropped, crumpled, and ground into the dirt by the decisions we make and the circumstances that come our way. We feel as though we are worthless. But no matter what has happened or what will happen, you will never _____ . You are special. Don't ever forget it."

① lose your value
② suffer injury
③ raise your worth
④ forget your past

05 빈칸에 들어갈 말로 가장 적절한 것은?

Thunberg, 16, has become the voice of young people around the world who are protesting climate change and demanding that governments around the world _____. In August 2018, Thunberg decided to go on strike from school and protest in front of the Swedish parliament buildings. She wanted to pressure the government to do something more specific to reduce greenhouse gases and fight global warming. People began to join Thunberg in her protest. As the group got larger, she decided to continue the protests every Friday until the government met its goals for reducing greenhouse gases. The protests became known as Fridays for Future. Since Thunberg began her protests, more than 60 countries have promised to eliminate their carbon footprints by 2050.

① fear the people
② give free speech
③ save more money
④ take more action

06 다음 글의 내용과 일치하지 않는 것은?

Dear Sales Associates,

The most recent edition of The Brooktown Weekly ran our advertisement with a misprint. It listed the end of our half-price sale as December 11 instead of December 1. While a correction will appear in the paper's next issue, it is to be expected that not all of our customers will be aware of the error. Therefore, if shoppers ask between December 2 and 11 about the sale, first apologize for the inconvenience and then offer them a coupon for 10 % off any item they wish to purchase, either in the store or online.

Thank you for your assistance in this matter.

General Manger

① The Brooktown Weekly 에 잘못 인쇄된 광고가 실렸다.
② 반값 할인 행사 마감일은 12월 1일이 아닌 12월 11일이다.
③ 다음 호에 정정된 내용이 게재될 예정이다.
④ 10 % 할인 쿠폰은 구매하고자 하는 모든 품목에 적용 된다.

07 다음 글의 주제로 가장 적절한 것은?

Weather plays a big part in determining how far and how fast a forest fire will spread. In periods of drought, more forest fires occur because the grass and plants are dry. The wind also contributes to the spread of a forest fire. The outdoor temperature and amount of humidity in the air also play a part in controlling a forest fire. Fuel, oxygen and a heat source must be present for a fire to burn. The amount of fuel determines how long and fast a forest fire can burn.

Many large trees, bushes, pine needles and grass abound in a forest for fuel.

Flash fires occur in dried grass, bushes and small branches. They can catch fire quickly and then ignite the much heavier fuels in large trees.

① 산불 확대 요인
② 다양한 화재 유형
③ 신속한 산불 진압 방법
④ 산불 예방을 위한 주의사항

08 다음 글의 요지로 가장 적절한 것은?

Perhaps every person on Earth has at least once been in a situation when he or she has an urgent task to do, but instead of challenging it head on, he or she postpones working on this task for as long as possible. The phenomenon described here is called procrastination. Unlike many people got used to believing, procrastination is not laziness, but rather a psychological mechanism to slow you down and give you enough time to sort out your priorities, gather information before making an important decision, or finding proper words to recover relationship with another person. Thus, instead of blaming yourself for procrastinating, you might want to embrace it — at least sometimes.

① Stop delaying work and increase your efficiency.
② Procrastination is not a bad thing you have to worry about.
③ Challenge can help you fix a relationship with another person.
④ Categorize your priorities before making an important decision.

09 다음 글에서 전체 흐름과 관계 없는 문장은?

Social media is some websites and applications that support people to communicate or to participate in social networking. ① That is, any website that allows social interaction is considered as social media. ② We are familiar with almost all social media networking sites such as Facebook, Twitter, etc. ③ It makes us easy to communicate with the social world. ④ It becomes a dangerous medium capable of great damage if we handled it carelessly. We feel we are instantly connecting with people around us that we may not have spoken to in many years.

10 빈칸 (A)와 (B)에 들어갈 말로 가장 적절한 것은?

At one time, all small retail businesses, such as restaurants, shoe stores, and grocery stores, were owned by individuals. They often gave the stores their own names such as Lucy's Coffee Shop. For some people, owning a business fulfilled a lifelong dream of independent ownership. For others, it continued a family business that dated back several generations. These businesses used to line the streets of cities and small towns everywhere. Today, _____(A)_____, the small independent shops in some countries are almost all gone, and big chain stores have moved in to replace them. Most small independent businesses couldn't compete with the giant chains and eventually failed. _____(B)_____, many owners didn't abandon retail sales altogether. They became small business owners once again through franchises.

	(A)	(B)
①	in contrast	However
②	in addition	Furthermore
③	in contrast	Therefore
④	in addition	Nevertheless

11 빈칸에 들어갈 말로 가장 적절한 것은?

_____ occurs when a foreign object lodges in the throat, blocking the flow of air. In adults, a piece of food often is the cause. Young children often swallow small objects.

① Sore throat
② Heart attack
③ Choking
④ Food poisoning

12 빈칸에 들어갈 말로 가장 적절한 것은?

Always watch children closely when they're in or near any water, no matter what their swimming skills are. Even kids who know how to swim can be at risk for drowning. For instance, a child could slip and fall on the pool deck, lose consciousness, and fall into the pool and possibly drown. _____ is the rule number one for water safety.

① Superstition
② Foundation
③ Collision
④ Supervision

13 밑줄 친 부분의 뜻으로 가장 적절한 것은?

A : 119, what is your emergency?
B : There is a car accident.
A : Where are you?
B : I'm not sure. I'm somewhere on Hamilton Road.
A : Can you see if anyone is hurt?
B : One of the drivers is lying on the ground unconscious and the other one is bleeding.
A : Sir, I need you to stay on the line. I'm sending an ambulance right now.
B : Okay, but hurry!

① 전화 끊지 말고 기다려 주세요.
② 차선 밖에서 기다려 주세요.
③ 전화번호를 알려 주세요.
④ 차례를 기다려 주세요.

14 밑줄 친 부분이 가리키는 대상이 나머지 셋과 다른 것은?

The London Fire Brigade rushed to the scene and firefighters were containing the incident when an elderly man approached the cordon. ① He told one of the crew that he used to be a fireman himself, as a member of the Auxiliary Fire Service in London during World War Ⅱ. Now 93 years old, ② he still remembered fighting fires during the Blitz－a period when London was bombed for 57 nights in a row. ③ He asked the officer if he could do anything to help. The officer found himself not ready for a proper response at that moment and ④ he just helped him through the cordon. Later, he invited him to his fire station for tea and to share his stories with him.

15 주어진 글 다음에 이어질 글의 순서로 가장 적절한 것은?

In World War II, Japan joined forces with Germany and Italy. So there were now two fronts, the European battle zone and the islands in the Pacific Ocean.

(A) Three days later, the United States dropped bombs on another city of Nagasaki. Japan soon surrendered, and World War II finally ended.

(B) In late 1941, the United States, Britain and France participated in a fight against Germany and Japan ; the U.S. troops were sent to both battlefronts.

(C) At 8 : 15 a.m. on August 6, 1945, a U.S. military plane dropped an atomic bomb over Hiroshima, Japan. In an instant, 80,000 people were killed. Hiroshima simply ceased to exist. The people at the center of the explosion evaporated. All that remained was their charred shadows on the walls of buildings.

① (A)－(B)－(C)
② (B)－(A)－(C)
③ (B)－(C)－(A)
④ (C)－(A)－(B)

16 주어진 글 다음에 이어질 글의 순서로 가장 적절한 것은?

Trivial things such as air conditioners or coolers with fresh water, flexible schedules and good relationships with colleagues, as well as many other factors, impact employees' productivity and quality of work.

(A) At the same time, there are many bosses who not only manage to maintain their staff's productivity at high levels, but also treat them nicely and are pleasant to work with.

(B) In this regard, one of the most important factors is the manager, or the boss, who directs the working process.

(C) It is not a secret that bosses are often a category of people difficult to deal with : many of them are unfairly demanding, prone to shifting their responsibilities to other workers, and so on.

① (A) − (B) − (C)
② (B) − (A) − (C)
③ (B) − (C) − (A)
④ (C) − (B) − (A)

17 밑줄 친 부분 중 어법상 틀린 것은?

Australia is burning, ① being ravaged by the worst bushfire season the country has seen in decades. So far, a total of 23 people have died nationwide from the blazes. The deadly wildfires, ② that have been raging since September, have already burned about 5 million hectares of land and destroyed more than 1,500 homes. State and federal authorities have deployed 3,000 army reservists to contain the blaze, but are ③ struggling, even with firefighting assistance from other countries, including Canada. Fanning the flames are persistent heat and drought, with many pointing to climate change ④ as a key factor for the intensity of this year's natural disasters.

18 밑줄 친 부분 중 어법상 틀린 것은?

It can be difficult in the mornings, especially on cold or rainy days. The blankets are just too warm and comfortable. And we aren't usually ① excited about going to class or the office. Here are ② a few tricks to make waking up early, easier. First of all, you have to make a definite decision to get up early. Next, set your alarm for an hour earlier than you need to. This way, you can relax in the morning instead of rushing around. Finally, one of the main reasons we don't want to get out of bed in the morning ③ are that we don't sleep well during the night. That's ④ why we don't wake up well-rested. Make sure to keep your room as dark as possible. Night lights, digital clocks, and cell phone power lights can all prevent good rest.

19 밑줄 친 They(they)/their가 가리키는 대상으로 가장 적절한 것은?

They monitor the building for the presence of fire, producing audible and visual signals if fire is detected. A control unit receives inputs from all fire detection devices, automatic or manual, and activates the corresponding notification systems. In addition, they can be used to initiate the adequate response measures when fire is detected. It is important to note that their requirements change significantly depending on the occupancy classification of the building in question. Following the right set of requirements is the first step for a code—compliant design.

① fire alarm systems
② fire sprinklers
③ standpipes
④ smoke control systems

20 다음 글에서 필자가 주장하는 바로 가장 적절한 것은?

Judge Nicholas in Brooklyn supplied much-needed shock treatment by preventing New York City from hiring firefighters based on a test that discriminated against black and Hispanic applicants. At the time, only 2.9 percent of firefighters were black, even though the city itself was 27 percent black. One of the biggest obstacles to fairness has been a poorly designed screening test measuring abstract reasoning skills that have little to do with job performance. So it is time to design and develop a new test that truthfully reflects skills and personality characteristics that are important to the firefighter's job. It would be fairer if it is more closely tied to the business of firefighting and ensures all the candidates who are eligible to be hired can serve as firefighters, no matter whether they are blacks or not.

① 신속한 소방 활동을 위해 더 많은 소방관을 채용해야 한다.
② 소방관 채용에서 백인에 대한 역차별 문제를 해소해야 한다.
③ 소방관의 직무와 직결된 공정한 소방관 선발 시험을 개발해야 한다.
④ 소방관 선발 시험을 고차원적 사고 기능 중심으로 출제해야 한다.

서울특별시 지방소방공무원 신규채용(공개경쟁)

응시분야

응시분야	
성 명	
[필적 감정용 기재란]	
(예시) 서울소방 안전 대한민국	

책 형

책 형	※ 책형 확인	※ 감독관 확인
Ⓐ	책형	
Ⓑ	문제지 및 답안지 확인 후 기재	

국 어

1	① ② ③ ④
2	① ② ③ ④
3	① ② ③ ④
4	① ② ③ ④
5	① ② ③ ④
6	① ② ③ ④
7	① ② ③ ④
8	① ② ③ ④
9	① ② ③ ④
10	① ② ③ ④
11	① ② ③ ④
12	① ② ③ ④
13	① ② ③ ④
14	① ② ③ ④
15	① ② ③ ④
16	① ② ③ ④
17	① ② ③ ④
18	① ② ③ ④
19	① ② ③ ④
20	① ② ③ ④

한 국 사

1	① ② ③ ④
2	① ② ③ ④
3	① ② ③ ④
4	① ② ③ ④
5	① ② ③ ④
6	① ② ③ ④
7	① ② ③ ④
8	① ② ③ ④
9	① ② ③ ④
10	① ② ③ ④
11	① ② ③ ④
12	① ② ③ ④
13	① ② ③ ④
14	① ② ③ ④
15	① ② ③ ④
16	① ② ③ ④
17	① ② ③ ④
18	① ② ③ ④
19	① ② ③ ④
20	① ② ③ ④

영 어

1	① ② ③ ④
2	① ② ③ ④
3	① ② ③ ④
4	① ② ③ ④
5	① ② ③ ④
6	① ② ③ ④
7	① ② ③ ④
8	① ② ③ ④
9	① ② ③ ④
10	① ② ③ ④
11	① ② ③ ④
12	① ② ③ ④
13	① ② ③ ④
14	① ② ③ ④
15	① ② ③ ④
16	① ② ③ ④
17	① ② ③ ④
18	① ② ③ ④
19	① ② ③ ④
20	① ② ③ ④

선택과목1

1	① ② ③ ④
2	① ② ③ ④
3	① ② ③ ④
4	① ② ③ ④
5	① ② ③ ④
6	① ② ③ ④
7	① ② ③ ④
8	① ② ③ ④
9	① ② ③ ④
10	① ② ③ ④
11	① ② ③ ④
12	① ② ③ ④
13	① ② ③ ④
14	① ② ③ ④
15	① ② ③ ④
16	① ② ③ ④
17	① ② ③ ④
18	① ② ③ ④
19	① ② ③ ④
20	① ② ③ ④

선택과목2

1	① ② ③ ④
2	① ② ③ ④
3	① ② ③ ④
4	① ② ③ ④
5	① ② ③ ④
6	① ② ③ ④
7	① ② ③ ④
8	① ② ③ ④
9	① ② ③ ④
10	① ② ③ ④
11	① ② ③ ④
12	① ② ③ ④
13	① ② ③ ④
14	① ② ③ ④
15	① ② ③ ④
16	① ② ③ ④
17	① ② ③ ④
18	① ② ③ ④
19	① ② ③ ④
20	① ② ③ ④

응시번호

(1)

| ⓪ ① ② ③ ④ ⑤ ⑥ ⑦ ⑧ ⑨ |

(2)

| ⓪ ① ② ③ ④ ⑤ ⑥ ⑦ ⑧ ⑨ |
| ⓪ ① ② ③ ④ ⑤ ⑥ ⑦ ⑧ ⑨ |
| ⓪ ① ② ③ ④ ⑤ ⑥ ⑦ ⑧ ⑨ |
| ⓪ ① ② ③ ④ ⑤ ⑥ ⑦ ⑧ ⑨ |
| ⓪ ① ② ③ ④ ⑤ ⑥ ⑦ ⑧ ⑨ |
| ⓪ ① ② ③ ④ ⑤ ⑥ ⑦ ⑧ ⑨ |

OMR 뒷면

정답 및 풀이

01	02	03	04	05	06	07	08	09	10
②	④	③	①	④	②	①	②	④	①
11	12	13	14	15	16	17	18	19	20
③	④	①	④	③	③	②	③	①	③

01 밑줄 친 부분과 의미가 가장 가까운 것은?

[상 중 **하**]

Predicting natural disasters like earthquakes in advance is an <u>imprecise</u> science because the available data is limited.

① accurate
② inexact
③ implicit
④ integrated

[풀이]

① 정확한
② 부정확한
③ 암시된, 내포된
④ 통합적인

∴ 접두사 'in-'의 의미 중에는 'not, no'가 있다. 뒤에 나오는 철자에 따라 im-, ir-, il-로 변한다. im-으로 변하는 경우는 뒤에 나온 철자(b,m,p)이다. imbalance, immoral, impractical 등이다.
imprecise : im(not, no) + precise(정확한) = 부정확한
따라서 ② inexact부정확한 = in + exact(정확한) 이 정답이다.

[해석]

지진과 같은 자연 재해를 미리 예측하는 것은 이용 가능한 데이터가 제한되어 있기 때문에 <u>부정확한</u> 과학이다.

02 밑줄 친 부분과 의미가 가장 가까운 것은?

[상 중 **하**]

The rapid spread of fire and the smoke rising from the balcony made a terrible reminder of the Lacrosse building fire in Melbourne in 2014. It also reminds us of the Grenfell Tower inferno in London. <u>This catastrophe took the lives of 72 people and <u>devastated</u> the lives of more people</u>.

① derived
② deployed
③ deviated
④ destroyed

[풀이]

① (다른 물건 또는 근원에서) 이끌어 내다, 얻어오다.
② (군대, 무기를) 배치하다, (자원, 논의 따위를) 효율적으로 활용하다.
③ (일상, 예상 등을) 벗어나다.
④ 파괴하다.

∴ 'devastate 황폐시키다'의 동의어 중 빈출에는 demolish, destroy, ruin, extinguish, shatter, waste 등이 있다. 본 시험에 나온 단어는 ④ destroy이다.

[해석]

발코니에서 뿜어나오는 불길과 연기가 급속히 번지는 것을 보니 2014년 멜버른에서 발생한 라크로스 건물 화재의 끔찍한 기억이 떠올랐다. 그것은 또한 우리에게 런던의 그렌펠 타워 불멸을 생각나게 한다. 이 참사는 72명의 목숨을 앗아갔고 더 많은 사람들의 삶을 황폐화시켰다.

03 빈칸에 들어갈 말로 가장 적절한 것은?

상 중 하

> Firefighters are people whose job is to put out fires and _____ people.
> Besides fires, firefighters save people and animals from car wrecks, collapsed buildings, stuck elevators and many other emergencies.

① endanger
② imperil
③ rescue
④ recommend

풀이

① 위태롭게 하다, 위험에 빠뜨리다(= ② imperil).
③ 구조하다.
④ 추천하다, 권하다.

∴ 소방관이 어떤 일을 하는 사람들인지 묻는 내용의 본문이었다. put out은 extinguish의 동의어로 '(불 따위를) 끄다'이다. '불을 끄고'와 사람들을 '~하는 것이다' 의 내용이 들어가야 한다. 쉬운 문제였지만 혹시 빈칸의 내용이 짐작이 안 간다면 문맥을 활용해야 한다. '역접, 양보'의 연결사(but, however, although, even though 등)이 없으면 문맥은 이어져야 한다. 빈칸 문장 뒤로는 '추가, 첨가'의 연결사 besides (게다가, 뿐만 아니라) 가 있으며 이 문장의 동사 save (구하다)가 있다. 따라서 문맥에서 단어를 유추, save의 동의어를 ③ rescue를 골랐으면 되었다.

해석

소방관은 불을 끄고 사람들을 구조하는 일을 하는 사람들이다. 화재 외에도 소방관들은 전복된 차, 붕괴된 건물, 고장 난 엘리베이터 및 많은 다른 응급상황으로부터 사람과 동물을 구합니다.

04 빈칸에 들어갈 말로 가장 적절한 것은?

상 중 하

> A well known speaker started off his seminar by holding up a $20 bill. In the room of 200, he asked, "Who would like this $20 bill?" Hands started going up. He said, "I am going to give this $20 to one of you but first, let me do this." He proceeded to crumple the dollar bill up. He then asked, "Who still wants it?" Still the hands were up in the air. "My friends, no matter what I did to the money, you still wanted it because it did not decrease in value. It was still worth $20. Many times in our lives, we are dropped, crumpled, and ground into the dirt by the decisions we make and the circumstances that come our way. We feel as though we are worthless. But no matter what has happened or what will happen, you will never _____. You are special. Don't ever forget it."

① lose your value
② suffer injury
③ raise your worth
④ forget your past

풀이

보기분석 및 아림's 예측전개!

비유 및 인용문을 통해 주제를 추론 할 수 있는 문제다. 구겨진 지폐와 사람의 인생을 빗대었다. 지폐를 구겼어도 이 지폐의 가치는 변하지 않는 것이다. '지폐가 구겨진 상황 = 우리가 인생에서 좌절하고 넘어지는 상황, 구겨진 지폐의 가치는 변하지 않음 = 우리의 가치도 변하지 않음' 글을 자세히 보면, 빈칸 앞에 연결사 but에 주목해야 한다. 이는 앞의 문장의 어조와는 '반대'가 되어야 한다는 것을 알 수 있다. (예 : 긍정 but 부정, 부정 but 긍정) but 앞의 문장 의 동사를 보니 drop, crumple, ground into the dirt 뿐만 아니라 형용사 worthless에서 알 수 있듯이 분위기가 좋지 않다는 것을 알 수 있다.

(Many times in our lives~worthless : 우리는 인생을 살면서 여러 번, 우리가 내린 결정과 상황으로 인해 좌절하게 되고, 무너지게 되고, 추문에 말리기까지 합니다. 우리는 마치 우리가 쓸모없는 사람처럼 느낍니다.) BUT 역접의 연결사를 기준으로 주절의 분위기(you will never _____)는 긍정으로 이어져야 한다. no matter what (비록~일지라도) 부사절을 지우고 주절에 긍정의 내용과 주제와 관련지으면 '가치는 변하지 않는다'가 들어와야 하니 부정어 never를 참고, ① lose your value 가 들어와야 한다.

① 당신의 가치를 잃다.
② 고통을 겪다.
③ 당신의 가치를 올리다.
④ 당신의 과거를 잊다.

해석

잘 알려진 한 강연자는 20달러 지폐를 들고 세미나를 시작했다. 200명이 있는 방에서 그는 "이 20달러짜리 지폐를 누가 좋아할까요?"라고 물었다. 여기저기서 손이 올라간다. "이 20달러를 너희 중 한 명에게 줄 건데 우선 내가 이것을 하도록 하겠습니다."라고 말했다. 그는 달러 지폐를 구겨버렸다. "아직도 누가 이걸 원하나요?" 그의 질문에 여전히 그 손들이 공중에 떠있다. "친구 여러분, 내가 이 돈에 무슨 짓을 했든, 당신은 여전히 그 돈이 가치가 떨어지지 않았기 때문에 그것을 원했습니다. 그것은 여전히 20달러의 가치가 있습니다. 우리는 살면서 여러 번, 우리가 내리는 결정과 우리에게 닥쳐오는 상황에 의해 좌절하게 되고, 무너지게 되고, 추문에 말리기까지 합니다. 우리는 마치 우리가 쓸모없는 사람처럼 느낍니다. 그러나 무슨 일이 일어났든 무슨 일이 일어나든 당신은 결코 가치를 잃지 마세요. 당신은 특별합니다. 절대 잊지 마세요."

05 빈칸에 들어갈 말로 가장 적절한 것은?

Thunberg, 16, has become the voice of young people around the world who are protesting climate change and demanding that governments around the world _____. In August 2018, Thunberg decided to go on strike from school and protest in front of the Swedish parliament buildings. She wanted to pressure the government to do something more specific to reduce greenhouse gases and fight global warming. People began to join Thunberg in her protest. As the group got larger, she decided to continue the protests every Friday until the government met its goals for reducing greenhouse gases. The protests became known as Fridays for Future. **Since Thunberg began her protests, more than 60 countries have promised to eliminate their carbon footprints by 2050.**

① fear the people　　② give free speech
③ save more money　④ take more action

풀이

 보기분석 및 아림's 예측전개!

빈칸이 주격관계대명사 who 안에 있다. 관계대명사 앞에 있는 명사 young people에 관한 설명이 who 관계대명사 절 안에 들어와야 한다. 관대 절 안의 내용을 보면 '기후 변화에 항의하며(are protesting~change)'와 빈칸의 내용이다. 빈칸 주변부를 보니 '정부에게 요구하는' 내용이다. 이 부분이 구체적으로 표현된 문장을 찾자면, 정부(goverments)는 'the government to do something more specific to reduce greenhouse gases and fight global warming'이다. 따라서 빈칸의 내용인 '정부가 구체적인 무언가를 하기를 바라는' 것이므로 이에 해당되는 내용인 ④ take more action(더 많은 조치를 취하다)이 정답이다.

① 사람들을 두려워하다.
② 자유연설을 하다.
③ 더 많은 돈을 절약하다.
④ 더 많은 조치를 취하다.

해석

Thunberg(16세)는 기후변화에 항의하며 전 세계 정부들이 더 많은 조치를 취할 것을 요구하는 전 세계 젊은이들의 목소리가 됐다. 2018년 8월, Thunberg는 학교 파업과 스웨덴 의회 건물 앞에서 시위를 벌이기로 결정했다. 그녀는 정부가 온실가스를 줄이고 지구 온난화와 싸우기 위해 좀 더 구체적인 것을 하도록 압력을 가하고 싶었다. 사람들은 그녀의 항의에 Thunberg와 합류하기 시작했다. 이 단체의 규모가 커지면서, 그녀는 정부가 온실가스를 줄이기 위한 목표를 달성할 때까지 매주 금요일 시위를 계속하기로 결심했다. 이 시위는 '미래를 위한 금요일'로 알려지게 되었다. Thunberg가 시위를 시작한 이후, 60여개국 이상의 나라에서 2050년까지 각 나라의 탄소 발자국(온실 효과를 유발하는 이산화탄소의 배출량)을 제거하겠다고 약속했다

06 다음 글의 내용과 일치하지 않는 것은?

Dear Sales Associates,

The most recent edition of *The Brooktown Weekly* ran our advertisement with a misprint. It listed the end of our half-price sale as December 11 instead of December 1. While a correction will appear in the paper's next issue, it is to be expected that not all of our customers will be aware of the error. Therefore, if shoppers ask between December 2 and 11 about the sale, first apologize for the inconvenience and then offer them a coupon for 10 % off any item they wish to purchase, either in the store or online.

Thank you for your assistance in this matter.

General Manger

① *The Brooktown Weekly* 에 잘못 인쇄된 광고가 실렸다.
② 반값 할인 행사 마감일은 12월 1일이 아닌 12월 11일이다.
③ 다음 호에 정정된 내용이 게재될 예정이다.
④ 10 % 할인 쿠폰은 구매하고자 하는 모든 품목에 적용 된다.

풀이

∴ misprint (오타)가 있으며 바로 이어지는 It이 앞에 misprint를 말한다. 오타 때문에 12월 1일이 아닌 (instead of) 12월 11일로 되어 있다고 한다. 따라서 반값 할인 행사 마감일은 12월 1일이다.

해석

친애하는 영업부원들에게
The Brooktown Weekly 최신 호에 실은 우리 회사 광고에 오타가 있네요. 반값 할인이벤트의 마지막 날을 12월 1일이 아닌 11일로 인쇄했습니다. 다음 주 발행분에는 수정된 내용이 실리겠지만, 고객 중 일부는 우리의 그 업무상 실수를 그대로 믿을 수도 있다는 확신이 듭니다. 따라서, 12월 1일 이후 할인이벤트에 대해 묻는 고객에게는 불편을 드려 죄송하다고 우선 사과하고 전

품목 10%할인 가능한 쿠폰을 드리겠다고 양해을 구하세요. 이 쿠폰은 온오프라인 모두 사용 가능합니다.
이 문제에 대한 적극적 협조에 감사합니다.

총지배인

$\boxed{상}\boxed{중}\boxed{하}$

07 다음 글의 주제로 가장 적절한 것은?

Weather **plays a big part in** determining how far and **how fast a forest fire will spread**. In periods of drought, more forest fires occur because the grass and plants are dry. **The wind also contributes to the spread of a forest fire**. The outdoor temperature and amount of humidity in the air **also play a part in controlling a forest fire**. Fuel, oxygen and a heat source must be present for a fire to burn. The amount of fuel determines how long and fast a forest fire can burn.

Many large trees, bushes, pine needles and grass abound in a forest for fuel.

Flash fires occur in dried grass, bushes and small branches. They can catch fire quickly and then ignite the much heavier fuels in large trees.

① 산불 확대 요인
② 다양한 화재 유형
③ 신속한 산불 진압 방법
④ 산불 예방을 위한 주의사항

풀이

 보기분석 및 아림's 예측전개!

∴ 첫 문장 주어 weather, 동사구 play a part in(~에 일조하다), 세 번째 문장, 추가, 첨가의 부사 also를 기준, 주어 wind, 동사 contribute (기여하다) 가 나온다. 바로 뒤 문장(temperature, humidity, also play a part in~)도 마찬가지다. 본문에 주제는 하나이기 때문에 이 세 문장을 포함해주는 내용의 보기를 고르면 된다. weather, wind, temperature, humidity와 fire spread 에 관한 내용이 담긴 보기는 몇 번인가, 정답 ①이다.

해석

날씨는 산불이 얼마나 멀리, 그리고 얼마나 빠르게 번질지 결정하는데 큰 역할을 한다. 가뭄일 때, 잔디와 식물들은 건조하기 때문에 산불이 더 많이 발생한다. 바람은 또한 산불이 퍼지는 것에 기여한다. 실외 온도와 공기 중의 습도도 산불 진압에 큰 역할을 한다. 불이 타려면 연료, 산소 및 열원이 있어야 한다. 연료의 양은 산불이 얼마나 오래 그리고 얼마나 빨리 탈 수 있는지를 결정한다. 많은 큰 나무, 덤불, 솔잎, 풀들이 연료로 숲에 충분히 많다. 번갯불은 마른 풀, 덤불, 작은 나뭇가지에서 발생한다. 그들은 재빨리 불을 붙일 수 있고 그리고 나서 큰 나무의 훨씬 더 큰 연료에 불을 붙인다.

08 다음 글의 요지로 가장 적절한 것은?

Perhaps every person on Earth has at least once been in a situation when he or she has an urgent task to do, but instead of challenging it head on, he or she postpones working on this task for as long as possible. The phenomenon described here is called procrastination. Unlike many people got used to believing, procrastination is not laziness, but rather a psychological mechanism to slow you down and give you enough time to sort out your priorities, gather information before making an important decision, or finding proper words to recover relationship with another person. Thus, instead of blaming yourself for procrastinating, you might want to embrace it — at least sometimes.

① Stop delaying work and increase your efficiency.
② Procrastination is not a bad thing you have to worry about.
③ Challenge can help you fix a relationship with another person.
④ Categorize your priorities before making an important decision.

풀이

보기분석 및 아림's 예측전개!

∴ 이 지문은 강하게 읽어야 할 부분들 가운데 paraphrasing (패러프레이징), not A but B(A가 아니라 B), thus (그러므로-결론 연결사) 세 가지 요소로 빠르게 파악 할 수 있는 지문이다. 패러프레이징, 모양은 다르게 뜻은 똑같은 내용의 단어들이 왜 쓰였을까, 중요하니까 쓰인 것이다. postpone, procrastination이 쓰였다. '미루다, 늑장 부림, 지연'의 내용으로 그렇담 이 '미루다'를 지문의 작가는 어떻게 바라보는지를 찾아야 한다. 즉, 긍정으로 본 것인지, 부정으로 본 것인지 말이다. not A but B를 보면 어디 부분이 중요한가, but 뒤의 B를 보면 '미루는 것'은 앞의 내용 laziness '게으름' 이라는 부정이 아니라 psychological mechanism (심리적 메커니즘) 으로 심리적 메커니즘을 설명하는 부분을 긍정으로 표현했다.
또한 결과 접속사 thus를 보면 '비난 (부정)'을 하는 것 대신에 '미루는 것을 embrace 포함하다' 라고 한다. 따라서 정답은 ② '미루는 것은 당신이 걱정 해야만 하는 나쁜 것은 아니다'가 된다.

① 일을 미루는 것을 멈추고 효율성을 올려라.
② 미루는 것은 당신이 걱정해야만 하는 나쁜 것은 아니다.
③ 도전은 다른 사람과의 관계를 회복하는데 도움이 될 수 있다.
④ 중요한 결정을 하기 전에 우선순위로 나누어라.

해석

아마 지구상의 모든 사람들은 적어도 한 번쯤 급히 처리해야 할 일을 가지고 있는 상황에 처해본 적이 있을 것이다. 그러나 그것에 정면으로 맞서는 대신, 그 또는 그녀는 가능한 한 오랫동안 이 일에 대한 작업을 연기한다. 여기서 묘사되는 이런 현상을 늑장 부림이라고 불린다. 많은 사람들이 믿는데 익숙해진 것과는 달리, 미루는 것은 게으름이 아니라, 여러분의 속도를 늦추고 여러분의 우선순위를 정하기 위한 충분한 시간을 주기 위한 심리적인 메커니즘이며, 중요한 결정을 내리기 전에 정보를 수집하거나, 다른 사람과의 관계를 회복하기 위한 적절한 단어를 찾는 것이다. 그러므로, 늑장 부림에 대해 자신을 탓하기보다는, 적어도 때로는 그것을 받아들이고 싶을지도 모른다.

09 다음 글에서 전체 흐름과 관계 없는 문장은?

Social media is some websites and applications that support people to communicate or to participate in social networking. ① That is, any website that allows social interaction is considered as social media. ② We are familiar with almost all social media networking sites such as Facebook, Twitter, etc. ③ It makes us easy to communicate with the social world. ④ It becomes a dangerous medium capable of great damage if we handled it carelessly. We feel we are instantly connecting with people around us that we may not have spoken to in many years.

풀이

보기분석 및 아림's 예측전개!

∴ 글의 흐름 유형은 첫 문장을 강하게 읽어줘야 한다. 'A is B' 어떻게 해석 되어지는가, 'A는 B다' 라는 뜻이다. '정의, 의미'에 대한 설명 뒤로 '차이, 대조'를 균형적으로 전개한 방식 아니고서는 글의 어조(긍정 혹은 부정)을 봐야한다. ④번 문장만이 소셜미디어에 대한 부정적인 면으로 나왔다. (만약 우리가 소셜미디어를 부주의하게 다룬다면, 이것은 큰 피해를 입힐 수 있는 위험한 매체가 된다)

해석

소셜미디어는 사람들이 의사소통하거나 사회적 네트워크에 참여하는 것을 지원하는 웹사이트나 응용프로그램이다. ① 즉, 사회적인 상호작용을 허용하는 어떤 웹사이 트든지 소셜 미디어로 여겨질 수 있다. ② 우리는 페이스북이나 트위터 등과 같은 거의 모든 소셜미디어 네트워크 사이트들에 익숙하다. ③ 소셜미디어는 우리가 사회적인 세계와 쉽게 의사소통하게 해준다. ④ 만약 우리가 소셜미디어를 부주의하게 다룬다면, 이것은 대단한 손해를 입힐 수 있는 위험한 미디어가 된다. 우리는 즉시 수년간 말한 적이 없었을지도 모르는 우리 주변의 사람들과 연결되어 있다고 느낀다.

10 빈칸 (A)와 (B)에 들어갈 말로 가장 적절한 것은?

At one time, all small retail businesses, such as restaurants, shoe stores, and grocery stores, were owned by individuals. They often gave the stores their own names such as Lucy's Coffee Shop. For some people, owning a business fulfilled a lifelong dream of independent ownership. For others, it continued a family business that dated back several generations. These businesses used to line the streets of cities and small towns everywhere. Today, _____(A)_____, the small independent shops in some countries are almost all gone, and big chain stores have moved in to replace them. Most small independent businesses couldn't compete with the giant chains and eventually failed. _____(B)_____, many owners didn't abandon retail sales altogether. They became small business owners once again through franchises.

	(A)	(B)
①	in contrast	However
②	in addition	Furthermore
③	in contrast	Therefore
④	in addition	Nevertheless

보기분석 및 아림's 예측전개!

∴ 본문에 시간을 나타내는 signal (동사, 부사 등)이 나온다면, 반드시 확인 해야 할 것은 '변화가 어떻게 이루어 졌는가' 이다. (A) 빈칸 앞으로 동사 'used to 동사원형'이 나온다. 'used to 동사원형'은 '~하곤 했다'로 과거의 규칙적인 습관을 나타내는 동사 이다. 그렇다고 하면 (A) 빈칸 앞으로 '과거와 today (A)'의 내용을 봐야 한다. 과거에는 '가게들이 마을들의 길거리 어디에서나 줄지어 있곤 했다'고 나온다. 오늘 날에는 'are almost all gone' 거의 모두 사라졌다고 하니 '존재 vs 사라짐' 이다. 그렇다고 하면 어떤 연결사가 나와야 하는가, '반대'의 연결사가 들어와야 맞다. (반대 : in contrast, 추가, 첨가 : in addition) (B)를 보면, fail (실패하다) 동사가 있다. (B) 의 뒷 내용은 'didn't abandon (버리지 못했다)'이다. 실패는 했지만 버리지 않았으므로 역접의 내용의 연결사가 필요하므로 however 혹은 nevertheless가 들어와야 한다. (furthermore 게다가, nevertheless 그럼에도 불구하고) 보기에서 이에 해당하는 내용의 정답을 고르면 ①번 이다.

① 그에 반해 – 그러나
② 게다가 – 게다가
③ 그에 반해 – 그러므로
④ 게다가 – 그럼에도 불구하고

한 때, 레스토랑이나 신발가게, 그리고 식료품점과 같은 모든 소매 사업체들을 개인이 직접 운영했다. 소유주들은 상점에 종종 '루시네 커피숍'과 같이 자신의 이름을 붙였다. 몇몇 이들에게 개인 사업을 가지는 것은 독립적인 소유권에 대한 평생의 꿈을 충족시켜 주었고, 또 다른 이들에게 이런 개인사업 체는 몇 세대를 거슬러 올라가는 가족 사업으로 이어졌다. 이러한 사업체들은 작은 도시들과 마을들의 길거리 어디에서나 줄지어 있곤 했다. 그에 반해 오늘날 몇몇 나라에서는 그런 작고 독립적인 가게들이 거의 모두 없어져버렸고, 큰 체인점들이 들어와 그러한 상점들을 대체하게 되었다. 대부분의 작고 독립적인 사업체들은 그런 거대한 체인들과 경쟁할 수가 없었고, 결국은 실패했다. 그러나 많은 소유주들은 소매 판매를 완전히 버리지 않았다. 그들은 프랜차이즈들을 통해서 다시 한번 소규모 사업체의 소유주가 되었다.

---

11 빈칸에 들어갈 말로 가장 적절한 것은?

_____ occurs when a foreign **object** lodges in the throat, blocking the flow of air. In adults, a piece of food often is the cause. Young children often swallow small objects.

① Sore throat
② Heart attack
③ Choking
④ Food poisoning

∴ 빈칸의 문장이 큰 힌트이다. '이물질이 목구멍에 박혀, 공기의 흐름을 막는다'에 해당되는 내용의 보기를 고르면 된다. 정답은 ③ 질식이다.
① 인후통
② 심근경색, 심장마비
③ 질식, 숨막힘
④ 식중독

질식(목 막힘)은 이물질이 기도에 박혀 공기의 흐름을 막을 때 발생한다. 성인들에게는 음식의 조각이 원인인 경우가 많다. 어린 아이들은 종종 작은 물체를 삼킨다

12 빈칸에 들어갈 말로 가장 적절한 것은?

Always watch children closely when they're in or near any water, no matter what their swimming skills are. Even kids who know how to swim can be at risk for drowning. For instance, a child could slip and fall on the pool deck, lose consciousness, and fall into the pool and possibly drown. _____ is the rule number one for water safety.

① Superstition
② Foundation
③ Collision
④ Supervision

풀이

∴ 강하게 읽어줘야 할 부분에 '명령문과 100%를 나타내는 signal'이 있다. 너무 고맙게도 이 두 가지가 한 문장에 표현되었다. 그것도 첫 문장에 말이다. 'Always watch~water (아이들이 물이나 물가에 있다면 항상 주의 깊게 봐라'를 표현한 보기를 고르면 되었다. 정답은 ④ supervision (감독) 이다.
① 미신
② 재단, 토대, 기초
③ 충돌
④ 감독

해석

아이들이 물속에 있거나 물 근처에 있을 때, 아이들의 수영 실력이 어떠하든 관계없이 항상 면밀히 관찰하라. 수영을 할 줄 아는 아이들도 익사의 위험에 처할 수 있다. 예를 들어, 아이가 수영장 가장자리에서 미끄러져 떨어져 의식을 잃고 물속으로 떨어져 익사할 수도 있는 것이다. 관리 감독이 수상안전에 있어서 가장 중요한 원칙이다

13 밑줄 친 부분의 뜻으로 가장 적절한 것은?

A : 119, what is your emergency?
B : There is a car accident.
A : Where are you?
B : I'm not sure. I'm somewhere on Hamilton Road.
A : Can you see if anyone is hurt?
B : One of the drivers is lying on the ground unconscious and the other one is bleeding.
A : Sir, I need you to stay on the line. I'm sending an ambulance right now.
B : Okay, but hurry!

① 전화 끊지 말고 기다려 주세요.
② 차선 밖에서 기다려 주세요.
③ 전화번호를 알려 주세요.
④ 차례를 기다려 주세요.

풀이

∴ stay on the line '수화기를 들고 기다리다' 라는 뜻으로 정답은 ①번이다.

해석

A : 119입니다. 무슨 일이세요?
B : 차 사고가 났어요.
A : 어디세요?
B : 잘 모르겠어요. 해밀턴 로드 어딘가에 있어요.
A : 다친 사람 있어요?
B : 운전자 한 명이 기절해서 바닥에 누워 있고 다른 한 명은 피를 흘리고 있어요.
A : 선생님, 전화 끊지 말고 기다리세요. 나는 지금 구급차 출발했습니다.
B : 알겠습니다. 서둘러 주세요!

14 밑줄 친 부분이 가리키는 대상이 나머지 셋과 다른 것은?

The London Fire Brigade rushed to the scene and firefighters were containing the incident when an elderly man approached the cordon. ① He told one of the crew that he used to be a fireman himself, as a member of the Auxiliary Fire Service in London during World War Ⅱ. Now 93 years old, ② he still remembered fighting fires during the Blitz—a period when London was bombed for 57 nights in a row. ③ He asked the officer if he could do anything to help. The officer found himself not ready for a proper response at that moment and ④ he just helped him through the cordon. Later, he invited him to his fire station for tea and to share his stories with him.

풀이

∴ ①~③번은 elderly man (과거 소방관이었으며 2차 세계대전 당시 소방관이었으며 따라서 도울 수 있는 일이 있는지 물어보는 상황), ④번은 앞에 나온 the officer 소방관 (적절히 대응할 준비가 되지 않아서 단지 그 노인이 저지선을 건널 수 있도록 도운 상황) 이다.

해석

런던 소방대는 현장으로 달려갔고 그리고 소방관들은 한 노인이 저지선에 접근했을 때 이 사건을 진압하고 있었다. ① 그는(노인) 소방관 중 한 명에게 자신이 제2차 세계대전 당시 런던에 있는 보조 소방대원으로서 소방관을 지냈다고 말했다. 현재 93세인 ② 그는 (노인) 런던이 57일 연속으로 폭격 당했던 블리츠 기간 동안 화재와 싸웠던 것을 아직도 기억하고 있었다. ③ 그는(노인) 소방관 에게 그가 도울 수 있는 일이 있는지 물었다. 그 소방관은 그 순간 적절한 대응을 할 준비가 되어 있지 않다는 것을 알게 되었고 ④ 그는(소방관) 단지 그가(노인) 저지선을 통과하도록 도왔다. 나중에, 그는 차를 마시면서 그와 이야기를 나누기 위해 소방서로 초대했다.

15 주어진 글 다음에 이어질 글의 순서로 가장 적절한 것은?

In World War II, Japan joined forces with Germany and Italy. So there were now two fronts, the European battle zone and the islands in the Pacific Ocean.

(A) Three days later, the United States dropped bombs on another city of Nagasaki. Japan soon surrendered, and World War II finally ended.

(B) In late 1941, the United States, Britain and France participated in a fight against Germany and Japan ; the U.S. troops were sent to both battlefronts.

(C) At 8 : 15 a.m. on August 6, 1945, a U.S. military plane dropped an atomic bomb over Hiroshima, Japan. In an instant, 80,000 people were killed. Hiroshima simply ceased to exist. The people at the center of the explosion evaporated. All that remained was their charred shadows on the walls of buildings.

① (A) － (B) － (C)
② (B) － (A) － (C)
③ (B) － (C) － (A)
④ (C) － (A) － (B)

풀이

∴ 제시문은 세계 2차 대전에서 일본은 독일, 이탈리아와 함께 힘을 합쳤고 이로 인해 두 개의 전선이 형성되어 유럽 전투 전선과 태평양 열도 전선 이었다는 것에 이어 (B) 1941년, 독일과 일본에 맞서 미국, 영국, 프랑스가 참여했다는 이야기가 오는 것이 알맞다. (C) 1945년 구체적인 시간이 나오고 미군에서 일본 히로시마 상공에 원자폭탄을 떨어뜨린 사건이 나오는데 (A) 내용 중에 또 한번 (3일 후에, another city of Nagasaki) 라는 말이 있기 때문에 구체적 시간과 원자폭탄을 떨어뜨린 (C) 뒤로 (A)이 오는 것이 알맞다. 정답은 ③번이다.

해석

제2차 세계대전에서 일본은 독일과 이탈리아와 함께 군사동맹을 결성했다. 그래서 지금 유럽전투 지역과 태평양에 있는 섬 두 개의 전선이 있었다. (B) 1941년 말, 미국, 영국 및 프랑스는 독일과 일본에 대항하여 전쟁에 참여했다. 미군은 두 전투에 모두 파견되었다. (C) 1945년 8월 6일 오전 8시 15분, 미군 비행기가 일본 히로시마 상공에 원자폭탄을 투하했다. 이 한 번의 작전으로 8만 명이 목숨을 잃었다. 히로시마는 바로 사라졌다. 그 폭발의 중심에 있던 사람들은 사라졌다. 남은 것은 건물 벽에 새까맣게 그을린 그림자뿐이었다 (A) 3일 후, 미국은 다른 도시 나가사키에 폭탄을 투하했다. 일본은 곧 항복했고, 제2차 세계 대전은 마침내 끝났다.

16 주어진 글 다음에 이어질 글의 순서로 가장 적절한 것은? [상|중|하]

Trivial things such as air conditioners or coolers with fresh water, flexible schedules and good relationships with colleagues, as well as many other factors, impact employees' productivity and quality of work.

(A) At the same time, there are many bosses who not only manage to maintain their staff's productivity at high levels, but also treat them nicely and are pleasant to work with.

(B) In this regard, one of the most important factors is the manager, or the boss, who directs the working process.

(C) It is not a secret that bosses are often a category of people difficult to deal with : many of them are unfairly demanding, prone to shifting their responsibilities to other workers, and so on.

① (A) – (B) – (C)
② (B) – (A) – (C)
③ (B) – (C) – (A)
④ (C) – (B) – (A)

풀이

∴ 제시문은 사소한 것들과 많은 다른 요소들이 직원들의 생산성과 일의 질에 영향을 미친다는 내용이다. (B)를 보니 in this regard 가 있다. 이것은 '이점과 관련하여' 가장 중요한 요소들중 하나는 '관리자 또는 상사' 라고 한다. '이점과 관련 하여'는 직원들의 생산성과 일의 질에 영향을 미치는 것을 말하며, (C)에 상사에 관한 내용이 본격적으로 풀어써 진 것이 나오며 (A)에는 'at the same time' '동시에' 라고 하여 상사 이야기가 나오는데 at the same time 연결사 역할에 맞게 연결사 앞에도 상사 이야기가 나와야 하므로 (C) 다음 (A)가 위치해야 한다. 따라서 정답은 ③번이다.

해석

에어컨이나 시원한 물이 든 냉장고, 유연한 일정, 동료들과의 좋은 관계 등 사소한 일들은 물론 많은 다른 요소들도 직원들의 생산성과 업무 질에 영향을 미친다.

(B) 이와 관련하여 가장 중요한 요인 중 하나는 업무처리에 방향을 제시하는 관리자 또는 상사이다.

(C) 상사가 다루기 어려운 범주에 속하는 경우가 많다는 것은 비밀이 아니다. 많은 상사들이 부당하게 요구하고, 다른 근로자에게 책임을 돌리는 등의 경향이 있다.

(A) 동시에 그들의 직원의 생산성을 높이도록 관리 할 뿐만 아니라, 직원을 잘 대하고 함께 일하기에 즐거운 상사가 많다.

17 밑줄 친 부분 중 어법상 틀린 것은?

Australia is burning, ① <u>being</u> ravaged by the worst bushfire season the country has seen in decades. So far, a total of 23 people have died nationwide from the blazes. The deadly wildfires, ② <u>that</u> have been raging since September, have already burned about 5 million hectares of land and destroyed more than 1,500 homes. State and federal authorities have deployed 3,000 army reservists to contain the blaze, but are ③ <u>struggling</u>, even with firefighting assistance from other countries, including Canada. Fanning the flames are persistent heat and drought, with many pointing to climate change ④ <u>as</u> a key factor for the intensity of this year's natural disasters.

풀이

∴ ② 선행사 whildfires 다음으로 관계대명사가 나오는데, '(콤마) that'은 계속적 용법으로 사용 불가능하다. 따라서 which로 바꿔야 한다.
① 문장의 주어인 명사 'Australia' 호주가 황폐해짐을 당하는 것이므로 'being p.p' 수동형 형태 분사로 쓰인 것이 맞다.
③ 주어인 state and federal authorities 이며 주와 연방당국이 고군분투 하는 것이니 동사 능동형태로 쓰인 것이 맞다.
④ 전치사 as로 뒤에 명사가 온 형태이다.

해석

호주는 수십 년 만의 최악의 산불 시즌에 의해 황폐화되어서 불타고 있다. 지금까지, 전국적으로 총 23명의 사람들이 화재로 인해 사망했다. 이 치명적인 산불은 9월부터 맹렬히 계속되고 있는데, 이미 약 500만 헥타르의 땅을 불태우고 1,500채 이상의 집을 파괴 했다. 주와 연방 당국은 화재 진압을 위해 3,000명의 육군 예비군을 배치했지만 캐나다를 포함한 다른 나라들의 소방 지원에도 불구하고 고군분투 하는 중이다. 불길을 부채질 하는 것은 지속적인 더위와 가뭄으로, 많은 사람들이 올해 자연재해의 강렬함에 대한 핵심 요인으로 기후변화를 지적한다.

18 밑줄 친 부분 중 어법상 틀린 것은?

It can be difficult in the mornings, especially on cold or rainy days. The blankets are just too warm and comfortable. And we aren't usually ① <u>excited</u> about going to class or the office. Here are ② <u>a few</u> tricks to make waking up early, easier. First of all, you have to make a definite decision to get up early. Next, set your alarm for an hour earlier than you need to. This way, you can relax in the morning instead of rushing around. Finally, **one of the main reasons** we don't want to get out of bed in the morning ③ <u>are</u> that we don't sleep well during the night. That's ④ <u>why</u> we don't wake up well-rested. Make sure to keep your room as dark as possible. Night lights, digital clocks, and cell phone power lights can all prevent good rest.

풀이

∴ ③ 'one of 복수명사'의 주어는 one 으로 단수 취급이다. 따라서 are가 아닌 is로 바꿔야 한다.
① 감정동사 excite가 나왔다. '교실이나 사무실에 가는 것'으로 인해 '신나게 된' 것이므로 수동의 형태인 과거분사가 온 것이 맞다.
② 'there/here + is/are + 주어' 구조로 'a few + 셀 수 있는 명사의 복수형' 의 형태로 뒤에 복수명사 tricks 이 나왔으므로 맞다.
④ 관계부사 why 의 선행사 the reason은 생략 가능하다. 관계부사 why 뒤로 완전한 문장이 온다.

해석

그것은 특히 춥거나 비가 오는 날에는 아침에 어려울 수 있다. 담요는 너무 따뜻하고 편안하다. 그리고 우리는 대개 수업이나 사무실에 가는 것에 언제나 신나지 않는다. 여기 일찍 일어 나기 위한 쉬운 몇 가지 비결이 있다. 우선 일찍 일어나려면 확실한 결심을 해야 한다. 다음으로, 필요한 시간보다 한 시간 일찍 알람을 맞춰라. 이렇게 하면, 여러분은 서두르는 것 대신에 아침에 편안히 할 수 있습니다. 마지막으로, 우리가 아침에 침대 밖으로 나가고 싶지 않은 주 된 이유 중 하나는 우리가 밤잠이 만족스럽지 못하기 때문이다. 그래서 이것이 우리가 바로 푹잤다는 느낌 없이 일어나게 되는 것이다. 가능하다면 방을 어둡게 유지하도록 확실히 해라. 야간 조명. 디지털 시계. 휴대폰 전원등은 모두 푹 쉬는 것을 방해 할 수 있다.

별 분류에 따라 요구 사항이 크게 달라 질 수 있다는 점에 주목해야 하는 것이 중요하다. 올바른 요구 사항을 따르는 것이 규범 준수 모형의 첫 번째 단계다.

19 밑줄 친 They(they)/their가 가리키는 대상으로 가장 적절한 것은? 상|중|하

They monitor the building for the presence of fire, producing audible and visual signals if fire is detected. A control unit receives inputs from all fire detection devices, automatic or manual, and activates the corresponding notification systems. In addition, they can be used to initiate the adequate response measures when fire is detected. It is important to note that their requirements change significantly depending on the occupancy classification of the building in question. Following the right set of requirements is the first step for a code－compliant design.

① fire alarm systems
② fire sprinklers
③ standpipes
④ smoke control systems

풀이

∴ 첫 문장에 '화재가 감지되면(if fire is detected) 청각 및 시각 신호를 보낸다' 는 말과 함께 아래 내용을 '화재 감지가 되었을 때(when fire is detected)' 와 관련 지은 내용이므로 정답은 ①번이다.
① 화재 경보 시스템
② 화재 스프링클러
③ 수도
④ 제연시스템

해석

이것은 화재 발생에 대해 건물을 모니터링 하고 화재가 감지되면 청각 및 시각 신호를 생성합니다. 제어장치는 모든 화재 감지 장치로부터 자동 또는 수동 입력을 받고, 이에 상응하는 알림 시스템을 활성화시킨다. 또한, 이것은 화재가 감지되면 적절한 대응 조치를 시작하는 데 사용 되어 질 수 있습니다. 해당 건물의 용도

20 다음 글에서 필자가 주장하는 바로 가장 적절한 것은? 상|중|하

Judge Nicholas in Brooklyn supplied much －needed shock treatment by preventing New York City from hiring firefighters based on a test that discriminated against black and Hispanic applicants. At the time, only 2.9 percent of firefighters were black, even though the city itself was 27 percent black. **One of the biggest obstacles to fairness** has been a **poorly designed screening test** measuring abstract reasoning skills that have little to do with job performance. **So it is time to design and develop a new test that truthfully reflects skills and personality characteristics that are important to the firefighter's job**. It would be fairer if it is more closely tied to the business of firefighting and ensures all the candidates who are eligible to be hired can serve as firefighters, no matter whether they are blacks or not.

① 신속한 소방 활동을 위해 더 많은 소방관을 채용해야 한다.
② 소방관 채용에서 백인에 대한 역차별 문제를 해소해야 한다.
③ 소방관의 직무와 직결된 공정한 소방관 선발 시험을 개발해야 한다.
④ 소방관 선발 시험을 고차원적 사고 기능 중심으로 출제해야 한다.

보기분석 및 아림's 예측전개!

∴ 본문 안에 '문제상황' 이 나오면 대개 이것에 대한 '해결책' 도 나온다. '해결책' 이 글의 주제가 된다. 그렇다고 하면 소방관 채용하는 것에 관해 'one of the biggest obstacles to fairness' 상황을 주었고 현재 '공정성 (fairness)' 이 안 이루어지고 있는 것을 알 수 있으며 이에 대한 해결책으로 결론(so) 연결사 뒤로 'it is time to ~job' 이 나온다. 해결책의 내용인 '소방관 업무에 중요한 기술과 성격 특성을 잘 반영하는 새로운 시험을 설계하고 개발할 때' 라고 하므로 정답은 ③번이 된다.

해석

브루클린의 Nicholas 판사는 흑인과 히스패 닉계 지원자를 차별하는 시험을 기반으로 뉴욕시가 소방관을 채용하는 것을 막음으로써 매우 필요한 충격요법을 제공했다. 그 당시 도시 자체가 27%의 흑인임에도 불구하고 소방관의 2.9%만이 흑인이었다. 공정성에 가장 큰 장애물 중 하나는 직무 수행과 거의 관련이 없는 추상적 추론 기술을 측정하는 형편 없이 설계된 선별 테스트였다. 따라서 소방관의 직무에 중요한 기술과 성격 특성을 잘 반영하는 새로운 테스트를 설계하고 개발해야 할 때가 된 것이다. 소방사업과 더 밀접하게 연계돼 그들이 흑인이든 아니든 상관없이 고용될 자격이 있는 모든 후보자가 소방관으로서 역할을 할 수 있다고 보장 해 준다면 더욱 공정할 것이다.

MEMO

12 | 2020년 소방직 기출(경채)

01 빈칸에 들어갈 말로 가장 적절한 것은?

Stuff wet towels and sheets in gaps around the doors to _____ smoke.

① point out
② seal out
③ look into
④ break into

02 빈칸에 들어갈 말로 가장 적절한 것은?

My patient was brought to the emergency room by his friend because he could no longer catch his breath and had a _____ that would not extinguish.

① caution
② cluster
③ claim
④ cough

03 빈칸에 들어갈 말로 가장 적절한 것은?

Wildfires have _____ Australia, incinerating an area roughly the size of West Virginia and killing 24 people and as many as half a billion animals.

① demonstrated
② disapproved
③ discriminated
④ devastated

04 빈칸에 들어갈 말로 가장 적절한 것은?

Place an egg in a bowl of water. If the egg immediately sinks and lies on its side at the bottom, it is quite fresh. This is because the amount of air inside the egg is very small. However, when the egg starts to lose its freshness and has more air, it will start to float and stand upright. Therefore, if the egg completely floats to the top and doesn't touch the bottom at all, it means that _____ .

① it's at its prime
② you should throw it away
③ the water is not clean enough
④ it is still good to eat

05 다음 대화문 중 어색한 것은?

① A : I think I've come down with flu.
　 B : I'm glad you've recovered.
② A : Can you give me a hand after class?
　 B : Why not? What's the occasion?
③ A : How about going fishing this weekend?
　 B : Sorry. I have an appointment.
④ A : When does the festival take place?
　 B : It's from February 2nd to March 3rd.

06 (A), (B)의 밑줄 친 부분에서 어법에 맞는 표현으로 가장 적절한 것은?

We all know exercise makes your body healthier and helps you live longer. A growing body of research shows exercise is also (A) linked/linking to a wide range of mood-based and social benefits. People who are physically active are happier and more satisfied with their lives. They have a (B) stronger/strongest sense of purpose, feel more gratitude, are more connected to their communities, and are less likely to be lonely or anxious.

	(A)	(B)
①	linked	stronger
②	linked	strongest
③	linking	stronger
④	linking	strongest

07 빈칸 (A)와 (B)에 들어갈 말로 가장 적절한 것은?

The corona virus ___(A)___ first started in the Chinese city of Wuhan and has now spread to a number of other countries. The fast−moving infection, which causes pneumonia−like symptoms, has been declared a global emergency by the World Health Organization. It has claimed hundreds of Chinese lives and prompted Chinese authorities to ___(B)___ several other major cities.

	(A)	(B)
①	disruption	invade
②	outbreak	quarantine
③	breakthrough	contaminate
④	extinction	discharge

08 빈칸 (A)와 (B)에 들어갈 말로 가장 적절한 것은?

Pittsburgh is a city in the United States. In 2019, a surprising thing happened there. A city bus was waiting at a traffic light. Suddenly, the ground opened up. It was a sinkhole. It ___(A)___ part of the bus! Most sinkholes are natural. They sometimes appear in cities. Sinkholes happen when there is a lot of water in the ground. The water erodes the rocks and minerals. This makes the ground weak. Then, it can suddenly ___(B)___ . This is what happened in Pittsburgh. Thankfully, no one on the bus was hurt.

	(A)	(B)
①	destroyed	soar
②	contained	penetrate
③	swallowed	collapse
④	repaired	get stuck

09 빈칸 (A)와 (B)에 들어갈 말로 가장 적절한 것은?

Fire can cause a lot of damage. It can reduce a home to __(A)__ ashes. Even when a fire does not burn a whole house, the damage from smoke can ruin clothing, food, books, and pictures. When people use water to fight a fire, the water can damage floors, walls, paper, blankets, and beds. But fire causes more than just damage to things. __(B)__ , fire can kill people.

	(A)	(B)
①	anything but	Much better
②	nothing but	Even worse
③	anything but	Even worse
④	nothing but	Much better

10 (A), (B)의 밑줄 친 부분에서 어법에 맞는 표현으로 가장 적절한 것은?

Doing knee exercises regularly reduces your risk of knee injury. You can also improve knee health by making sure you're getting balanced nutrition. So eat enough fruit and vegetables. A diet rich in fruit and vegetables helps the knee repair (A) it/itself. Taking a lot of vitamins makes exercises more (B) effective/effectively.

	(A)	(B)
①	it	effective
②	it	effectively
③	itself	effective
④	itself	effectively

11 빈칸 (A)와 (B)에 공통으로 들어갈 말로 가장 적절한 것은?

First aid is assistance that is rendered to an injured or ill person by a bystander until professional medical help may __(A)__ . Some first aid is elementary, such as applying a bandaid to a cut.

Accidents happen. Someone chokes on an ice cube or gets stung by a bee. It is important to know when to call 119 — it is for life-threatening emergencies. While waiting for help to __(B)__ , you may be able to save someone's life. Cardiopulmonary resuscitation (CPR) is for people whose hearts or breathing has stopped and the Heimlich maneuver is for people who are choking.

① disappear ② hinder

③ terminate ④ arrive

12 다음 대화의 빈칸에 들어갈 말로 가장 적절한 것은?

A : Reception desk. How may I help you?

B : Hello. Would you send a hair dryer up to my room?

A : Well, madam, there should be one in your room. Have you had a look in the bathroom, by the basin?

B : Yes, and _____ .

A : I'm sorry about that. I'll see to it immediately. And your room number, please?

B : Room 301.

① I can see it here

② I can't find one anywhere

③ there is one in the bathroom

④ I don't need it anymore

13 밑줄 친 부분의 의미와 가장 유사한 것은?

A : A doctor! I need a doctor!

B : Give me some details, sir.

A : Something is wrong with my wife. She's lying on the floor.

B : Sir, if you don't calm down, you might have a stroke yourself.

A : You're right, <u>I'm beside myself with worry.</u>

B : Hold on, sir. I'm connecting you with 119.

A : Hurry up!

① I'm out of my mind with worry.

② I don't have to bring her out.

③ I stand by her as much as I can.

④ I sit on the floor next to her.

14 다음 대화의 빈칸에 들어갈 말로 가장 적절한 것은?

A : This is 911. What's your emergency?

B : My friend's hurt! We need an ambulance!

A : _____ ?

B : Yes, she was hit by a car! I think her leg is broken.

A : I'll send an ambulance. Where are you?

B : We're at 203 North Rose Avenue.

A : OK, someone will come soon. Stay on the line, please.

① What do you like most about her

② Why don't you take her out for a walk

③ Can you explain exactly what happened

④ Can you give me some advice on staying healthy

15 다음 글의 요지로 가장 적절한 것은?

Spiders are eight-legged bugs. Many people fear them. Spiders make webs in houses. Many people think that spider webs are dirty, so they sweep away the webs and kill the spiders. They may not know that spider webs catch flies, cockroaches, and other insects that bring sickness. Most spiders can help to keep a household healthy. Spiders are really useful household guests.

① Spiders like to help people.

② Spiders are dangerous and should be killed.

③ Most spiders make dirty webs in houses.

④ Most spiders are helpful to people.

16 다음은 기자 A와 소방관 B와의 인터뷰이다. 빈칸에 들어갈 말로 가장 적절한 것은?

A : This is Hugh Craig. He helped to fight a big fire in Lust Forest last night. Thank you for letting ABC News interview you.

B : No problem.

A : Was it hard to put out the fire?

B : Yes. We needed 15 firefighters, and it took about 3 hours to put it out.

A : _____ ?

B : Some campers left a campfire burning in the forest.

A : That's too bad. People need to be very careful with campfires. They can cause forest fires.

B : That's right. Everyone, make sure you put out your campfires before you leave!

① What caused the fire

② What is the main reason of today's deforestation

③ How was your campfire last night

④ How long does it take to get there

17 다음 대화의 빈칸에 들어갈 말로 가장 적절한 것은?

A : Could you take a look at my legs? They hurt so much.

B : Oh my! What happened to your legs? They're really red and all swollen!

A : I don't know. I just slept on my electric blanket with a heat pack.

B : An electric blanket and a heat pack? I think you got burned!

A : It can't be. I kept the blanket temperature on low. It was 30 ℃ or so.

B : _____ .

A : Why?

B : That's because our skin could be damaged if it is exposed to any heat for a long while.

A : Really? I didn't know that. I didn't even feel it hot!

B : Anyway, you need to see a doctor.

① Setting it too low doesn't warm your body at all

② It's important not to set the temperature too high

③ It doesn't matter whether you set it at low or high

④ Sleeping on an electric blanket can dehydrate your body

18 다음 글의 요지로 가장 적절한 것은?

When you call 119, the best and fastest way to get a response to your emergency is to patiently answer all the questions the call-taker asks you. We understand that it can be difficult to be patient when you're terrified, but if you can remain as calm as possible and answer questions clearly, things will go much faster.

When seconds count, you don't want to waste any time repeating yourself, or screaming while the call-taker tries to calm you down.

① 119에 전화할 때는 침착하게 상담원의 질문에 대답하여야 한다.

② 119에 전화할 때 환자의 정보를 미리 파악하고 있으면 도움이 된다.

③ 119 상담원은 사고에 대하여 가능한 한 많은 질문을 하여야 한다.

④ 119 상담원은 신고자를 진정시키기 위해 노력해야 한다.

19 다음 글의 제목으로 가장 적절한 것은?

Everyday dangers can be classified into three basic types : diseases, mistakes, and unsafe equipment. These dangers are everywhere but can be avoided if you follow just a few simple tips. To avoid getting sick, my best advice is to wash your hands. You should wash your hands regularly, especially if you have been hanging out with friends. To avoid dangers resulting from mistakes, you don't have to give up activities such as cycling and cooking, but you have to be careful anytime you are doing them. Do not daydream. Finally, avoid using unsafe equipment. This is very simple. If a chair looks weak, do not stand on it. If a glass is cracked, do not drink from it.

① Three Efforts to Keep Your Body Clean

② The Importance of Being Considerate of Others

③ Safety Guidelines for the Risks of Daily Life

④ Rules for the Prevention of Chronic Diseases

20 다음 중 B가 말한 내용과 일치하지 않는 것은?

A : What is the hardest thing about working as a firefighter in Korea?

B : In the United States, if a firefighter has a child of a similar age to a victim at a scene, a psychological counselor immediately starts his consultation after the firefighter is done with his rescue. I think we should start this kind of system as soon as possible so that firefighters in Korea can receive help before they suffer from depression.

A : Oh, I see. By the way, what is your goal as a firefighter?

B : One of my goals is to host the 2025 International Fire Instructor's Workshop (IFIW), an annual event that gathers firefighters and fire experts to share and exchange their knowledge. Since 2015, I've been participating in the workshops as a Korean representative.

A : What do you do to achieve that goal?

B : I applied for a program that will send me to Australia for a year to work with local firefighters.

① 미국의 소방관 심리상담 시스템이 한국에서도 시행되기를 원한다.

② 2025년 국제 소방강사 워크숍의 한국 개최를 목표로 삼고 있다.

③ 2015년부터 국제 소방강사 워크숍에 한국 대표로 참여해 왔다.

④ 1년 동안 호주에서 현지 소방관들과 일해 본 경험이 있다.

서울특별시 지방소방공무원 신규채용(공개경쟁)

책 형	※ 책형 확인	※ 감독관 확인
Ⓐ	책형	
Ⓑ	문제지 및 답안지 확인 후 기재	

국 어

1	①	②	③	④
2	①	②	③	④
3	①	②	③	④
4	①	②	③	④
5	①	②	③	④
6	①	②	③	④
7	①	②	③	④
8	①	②	③	④
9	①	②	③	④
10	①	②	③	④
11	①	②	③	④
12	①	②	③	④
13	①	②	③	④
14	①	②	③	④
15	①	②	③	④
16	①	②	③	④
17	①	②	③	④
18	①	②	③	④
19	①	②	③	④
20	①	②	③	④

한 국 사

	①	②	③	④
1	①	②	③	④
2	①	②	③	④
3	①	②	③	④
4	①	②	③	④
5	①	②	③	④
6	①	②	③	④
7	①	②	③	④
8	①	②	③	④
9	①	②	③	④
10	①	②	③	④
11	①	②	③	④
12	①	②	③	④
13	①	②	③	④
14	①	②	③	④
15	①	②	③	④
16	①	②	③	④
17	①	②	③	④
18	①	②	③	④
19	①	②	③	④
20	①	②	③	④

영 어

1	①	②	③	④
2	①	②	③	④
3	①	②	③	④
4	①	②	③	④
5	①	②	③	④
6	①	②	③	④
7	①	②	③	④
8	①	②	③	④
9	①	②	③	④
10	①	②	③	④
11	①	②	③	④
12	①	②	③	④
13	①	②	③	④
14	①	②	③	④
15	①	②	③	④
16	①	②	③	④
17	①	②	③	④
18	①	②	③	④
19	①	②	③	④
20	①	②	③	④

선택과목1

	①	②	③	④
1	①	②	③	④
2	①	②	③	④
3	①	②	③	④
4	①	②	③	④
5	①	②	③	④
6	①	②	③	④
7	①	②	③	④
8	①	②	③	④
9	①	②	③	④
10	①	②	③	④
11	①	②	③	④
12	①	②	③	④
13	①	②	③	④
14	①	②	③	④
15	①	②	③	④
16	①	②	③	④
17	①	②	③	④
18	①	②	③	④
19	①	②	③	④
20	①	②	③	④

선택과목2

	①	②	③	④
1	①	②	③	④
2	①	②	③	④
3	①	②	③	④
4	①	②	③	④
5	①	②	③	④
6	①	②	③	④
7	①	②	③	④
8	①	②	③	④
9	①	②	③	④
10	①	②	③	④
11	①	②	③	④
12	①	②	③	④
13	①	②	③	④
14	①	②	③	④
15	①	②	③	④
16	①	②	③	④
17	①	②	③	④
18	①	②	③	④
19	①	②	③	④
20	①	②	③	④

응시번호

(1)	⓪	①	②	③	④	⑤	⑥	⑦	⑧	⑨
(2)	⓪	①	②	③	④	⑤	⑥	⑦	⑧	⑨
	⓪	①	②	③	④	⑤	⑥	⑦	⑧	⑨
	⓪	①	②	③	④	⑤	⑥	⑦	⑧	⑨
	⓪	①	②	③	④	⑤	⑥	⑦	⑧	⑨
	⓪	①	②	③	④	⑤	⑥	⑦	⑧	⑨

OMR 뒷면

01	02	03	04	05	06	07	08	09	10
②	④	④	②	①	①	②	③	②	③
11	12	13	14	15	16	17	18	19	20
④	②	①	③	④	①	③	①	③	④

상 중 **하**

01 빈칸에 들어갈 말로 가장 적절한 것은?

Stuff wet towels and sheets in gaps around the doors to_____ smoke.

① point out　　② seal out
③ look into　　④ break into

풀이

① 가리키다.
② 밀봉하다.
③ 주의깊게 살피다.
④ 침입하다, 진입하다.

∴ 수건과 시트를 넣는 목적과 관련 짓는다면 '연기가 들어오는 것을 막기 위해서'라는 뜻인 seal out (밀봉하다, 밀폐하다) 가 정답으로 알맞다.

해석

연기가 들어오는 것을 막기 위해서 문 주변의 틈에 젖은 수건과 시트를 넣어라.

상 중 **하**

02 빈칸에 들어갈 말로 가장 적절한 것은?

My patient was brought to the emergency room by his friend because he could no longer catch his breath and had a _____ that would not extinguish.

① caution　　② cluster
③ claim　　④ cough

풀이

① 조심
② 무리
③ 주장
④ 기침

∴ 응급실에 오게 된 원인을 찾는 것이 빈칸의 답이다. 숨을 고르게 쉬지 못하고 멈추지 않는 어떤 것에 의해 병원에 오게 된 것이므로 적절한 것은 질병과 관련된 단어여야 한다.

해석

나의 환자가 더 이상 숨을 고르게 쉬지 못하고 기침이 그치지 않아서 환자의 친구에 의해서 응급실에 들어왔다.

상 중 **하**

03 빈칸에 들어갈 말로 가장 적절한 것은?

Wildfires have _____ Australia, incinerating an area roughly the size of West Virginia and killing 24 people and as many as half a billion animals.

① demonstrated　　② disapproved
③ discriminated　　④ devastated

① 입증하다.
② 안된다고 하다.
③ 차별하다.
④ 완전히 파괴하다.

∴ 산불이 지역을 태워서 없애버렸고 사람과 동물을 죽게 한 것과 호주를 관련시켜보면 '황폐화시켰다. 완전히 파괴하다'가 적절하다.

산불은 대략 웨스트 버지니아 크기만 한 지역을 휩쓸고 24명의 사람과 5억 마리의 동물을 죽게 해서 호주를 황폐화 시켰다.

04 빈칸에 들어갈 말로 가장 적절한 것은?

상 중 **하**

Place an egg in a bowl of water. If the egg immediately sinks and lies on its side at the bottom, it is quite fresh. This is because the amount of air inside the egg is very small. However, when the egg starts to lose its freshness and has more air, it will start to float and stand upright. Therefore, if the egg completely floats to the top and doesn't touch the bottom at all, it means that _____ .

① it's at its prime
② you should throw it away
③ the water is not clean enough
④ it is still good to eat

① 가장 최고의 상태이다
② 버려야 한다
③ 그 물이 깨끗하지 않다
④ 아직 먹을 만 하다

∴ '신선도가 떨어지기 시작하면서' 원인과 'therefore' 결론과 관련지어 본다면 신선도를 잃은 달걀은 해가 되므로 그 달걀을 throw away (버려야 한다)가 정답으로 알맞다.

달걀을 물 그릇에 넣어라. 달걀이 즉시 가라앉고 바닥에 붙어서 옆으로 눕는다면, 그 달걀은 상당히 신선하다. 이러한 현상은 그 달걀 속에 공기가 매우 적게 있기 때문이다. 그러나, 신선도가 떨어지기 시작하면서 공기가 주입되면 달걀은 떠오르기 시작하고 똑바로 서게 될 것이다. 따라서 달걀이 물 위로 완전히 떠오르면서 바닥에 닿지 않는다면, 그것을 버릴 때가 되었다는 의미다.

05 다음 대화문 중 어색한 것은?

상 중 **하**

① A : I think I've come down with flu.
   B : I'm glad you've recovered.
② A : Can you give me a hand after class?
   B : Why not? What's the occasion?
③ A : How about going fishing this weekend?
   B : Sorry. I have an appointment.
④ A : When does the festival take place?
   B : It's from February 2nd to March 3rd.

∴ A가 독감에 걸린 것 같다고 하는 말의 대답에 '다 나았다니 기쁘다'는 적절하지 않다.
빨리 회복되길 바란다는 내용 (I sincerely wish you a quick recovery. I hope you get better soon.) 혹은 유감표현 (I'm sorry to hear that.) 이 알맞다.

① A : 나 독감 걸린 것 같아.
   B : 다 나았다니 기뻐.
② A : 수업 끝나고 나 좀 도와줄래?
   B : 물론이지. 무슨 일이야?
③ A : 이번 주말에 낚시하러 가는 거 어때?
   B : 미안. 나 약속이 있어.
④ A : 축제는 언제 열려?
   B : 2월 2일부터 3월 3일까지야

06 (A), (B)의 밑줄 친 부분에서 어법에 맞는 표현으로 가장 적절한 것은?

상 중 하

We all know exercise makes your body healthier and helps you live longer. A growing body of research shows exercise is also (A) <u>linked/linking</u> to a wide range of mood-based and social benefits. People who are physically active are happier and more satisfied with their lives. They have a (B) <u>stronger/strongest</u> sense of purpose, feel more gratitude, are more connected to their communities, and are less likely to be lonely or anxious.

	(A)	(B)
①	linked	stronger
②	linked	strongest
③	linking	stronger
④	linking	strongest

풀이

문법개념 짤막 강의

(A)
현재분사 vs. 과거분사
현재분사는 - ing로 능동의 의미를 갖고 과거분사는 - ed 혹은 불규칙 형태로 수동의 의미를 갖는다. 분사와 연관된 주체를 봐야 하는데 주어는 exercise 이다. 사람인가, 사물인가? 사물이다! link '연결하다, 관련하다'의 뜻으로 'exercise 운동'인 사물이 'benefit 이익'과 연결 할 수 있는 '능동'적인 행위를 할 수 있을까, 아님 사물들은 연결됨을 당하는 '수동'적인 의미가 들어가야 맞겠는가. 운동은 이익과 연결됨을 당하는 수동의 의미가 맞다.
'능동'과 '수동'의 분사형태로 문제를 접근 할 수도 있고 혹은 link A to B (A와 B를 연결하다)에서 A(exercise 운동) 이 수동태의 주어로 빠지면서 A(exercise) be linked to B (benefit) 으로 수동태의 형태로 된 것이므로 'linked' 과거분사가 알맞다.

(B)
접속사 병렬구조
접속사가 문제에 있다면 포인트는 '병렬구조'이다. 병렬구조란 '단어, 구, 절'을 'and, but, or' 등 등위접속사로 연결할 때 문법적 기능이 서로 같은 구조를 뜻한다. 이 문제에서는 지금 A, B, C, and D의 구조이다. 등위접속사 and를 기준을 전후로 각각의 특징을 보자니 more, less 의 비교급 형태가 온다. 따라서 - est 최상급 형태가 아닌 - er 비교급 형태인 stronger 가 오는 것이 적절하다.

해석

우리 모두는 운동이 건강에 좋고 장수에도 도움이 된다는 것을 알고 있다. 점점 더 많은 연구가 운동이 다양한 기분에 근거하고 사회의 폭넓은 이익과 관련이 있음을 보여준다. 신체적으로 활동적인 사람들은 더 행복하고 삶에 대한 만족도도 높다. 이런 사람들은 더 뚜렷한 목적 의식을 지니고 더욱 감사함을 느끼며 지역사회에 더욱 연결되어 있으며, 외롭거나 불안해 할 가능성이 덜하다.

07 빈칸 (A)와 (B)에 들어갈 말로 가장 적절한 것은?

상 중 하

The corona virus __(A)__ first started in the Chinese city of Wuhan and has now spread to a number of other countries. The fast—moving infection, which causes pneumonia—like symptoms, has been declared a global emergency by the World Health Organization. It has claimed hundreds of Chinese lives and prompted Chinese authorities to ____(B)____ several other major cities.

	(A)	(B)
①	disruption	invade
②	outbreak	quarantine
③	breakthrough	contaminate
④	extinction	discharge

풀이

① 붕괴, 중단, 혼란 – 침입(침략)하다.
② 발생 – 격리
③ 돌파구 – 오염시키다.
④ 멸종, 소멸 – 해고하다, ~를 해방하다.

∴ corona virus 의 빈칸이 first, start (처음으로 시작했다) 이므로 'outbreak 발생' 이 (A)에 적절하며 (B)는 중국당국은 다른 대도시를 'quarantine 격리' 시켰다의 의미를 갖는다.

해석

코로나바이러스는 중국 우한시에서 처음 발생하기 시작했고 현재 많은 다른 국가로 퍼진 상태이다. 폐렴과 같은 증상을 일으키면서 전파 속도 높은 이 감염은 WHO에 의해 세계적인 긴급사태로 선포되었다. 중국에는 수백 명의 사망자가 발생했고 중국 당국은 몇몇 다른 대도시를 격리하게 끔 촉발시켰다.

풀이

① 죽이다. 파괴하다. – 급증하다. 치솟다.
② 포함하다. – 뚫고 들어가다.
③ 삼키다. – 붕괴되다. 무너지다.
④ 수리하다. – 꼼짝 못하게 되다.

∴ 주어인 it(싱크홀)이 버스를 (A) swallow (삼키다) 와 (B) 문장 앞에 땅이 약해진 이야기가 나오므로 땅이 약해져서 it (the ground 땅) 이 붕괴될 수가 있다는 것이 알맞다.

해석

Pittsburgh는 미국의 도시이다. 2019년, 깜짝 놀랄 일이 그 곳에서 벌어졌다. 버스 한 대가 신호를 기다리고 있는 데 갑자기 땅바닥이 갈라졌다. 싱크홀이었다. 싱크홀이 버스의 한 부분을 삼켰다. 대부분의 싱크홀은 자연적이다. 싱크홀은 가끔 도시에서 나타난다. 싱크홀은 땅에 많은 물이 있을 때 발생한다. 물은 바위와 광물을 부식시킨다. 이것은 땅을 약하게 만들면서 갑자기 붕괴한다. 이런 일이 Pittsburgh에서 발생했는데 다행히 버스 승객 중 다친 사람은 없었다.

[상][중][하]

08 빈칸 (A)와 (B)에 들어갈 말로 가장 적절한 것은?

Pittsburgh is a city in the United States. In 2019, a surprising thing happened there. A city bus was waiting at a traffic light. Suddenly, the ground opened up. It was a sinkhole. It _____(A)_____ part of the bus! Most sinkholes are natural. They sometimes appear in cities. Sinkholes happen when there is a lot of water in the ground. The water erodes the rocks and minerals. This makes the ground weak. Then, it can suddenly _____(B)_____ . This is what happened in Pittsburgh. Thankfully, no one on the bus was hurt.

	(A)	(B)
①	destroyed	soar
②	contained	penetrate
③	swallowed	collapse
④	repaired	get stuck

[상][중][하]

09 빈칸 (A)와 (B)에 들어갈 말로 가장 적절한 것은?

Fire can cause a lot of damage. It can reduce a home to _____(A)_____ ashes. Even when a fire does not burn a whole house, the damage from smoke can ruin clothing, food, books, and pictures. When people use water to fight a fire, the water can damage floors, walls, paper, blankets, and beds. But fire causes more than just damage to things. _____(B)_____ , fire can kill people.

	(A)	(B)
①	anything but	Much better
②	nothing but	Even worse
③	anything but	Even worse
④	nothing but	Much better

① ~이 결코 아닌 – 훨씬 더 나은
② 그저 ~일 뿐, 단지 – 훨씬 더 나쁜
③ ~이 결코 아닌 – 훨씬 더 나쁜
④ 그저 ~일 뿐, 단지 – 훨씬 더 나은

∴ 화재가 피해를 유발 할 수 있는 예로 reduce A(집 home) to B(재 ashes) (A를 B로 바꾸다) 이다. '단지, 그저' 잿더미로 바꿀 수 있다는 nothing but 이 적절하다.
(B) 앞에 화재는 단지 물건에만 피해를 입히는 것이 아니라 했으므로 '설상가상으로' 훨씬 더 나쁜의 의미인 even worse 이 알맞다.

화재는 많은 피해를 야기 할 수 있다. 화재는 집 한 채를 단지 한 줌 잿더미로 바꿀 수도 있다. 불이 집 통째를 태우지 않을 때 조차도 연기가 유발한 피해 때문에 의류, 식품, 책, 사진이 망가질 수 있다. 불을 끄기 위해 물을 뿌리면 바닥. 벽, 이불, 침대를 손상시킬 수 있다. 그러나 화재가 단지 물건에만 피해를 입히는 것은 아니다. 불이 사람들을 죽일 수도 있다.

---

10 (A), (B)의 밑줄 친 부분에서 어법에 맞는 표현으로 가장 적절한 것은?

[상 중 하]

> Doing knee exercises regularly reduces your risk of knee injury. You can also improve knee health by making sure you're getting balanced nutrition. So eat enough fruit and vegetables. A diet rich in fruit and vegetables helps the knee repair (A) it/itself. Taking a lot of vitamins makes exercises more (B) effective/effectively.

	(A)	(B)
①	it	effective
②	it	effectively
③	itself	effective
④	itself	effectively

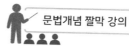
문법개념 짤막 강의

(A)

재귀대명사?! 주어와 목적어가 같을 때 쓴다!
help(준사역동사) + 목적어(the knee) + 목적격 보어(repair it/itself)

일단, help의 쓰임을 알아보자.
아래의 두 문장은 help가 준 사역동사로 쓰였을 경우, 목적어가 직접 목적격 보어를 하는 '능동'의 경우 '동사원형 혹은 to 동사원형' 이 오게 된다. ①에서 목적어인 me 사람이 그 상자를 들 수 있으므로 동/원 혹은 to동/원 이 오며, ②에서 목적어인 you가 사람이기 때문에 그 목적을 달성할 수 있으므로 능동적인 행위를 뜻하는 '동사원형 혹은 to 동사원형'으로 와야 한다.

① Help me (to) lift the box.
　내가 그 상자를 드는 것을 도와주오.
② This will help you to attain the end
　이것은 당신이 목적을 달성하는 데 도움이 될 것이다.

위 문제로 돌아가서 A diet rich in fruit and vegetables helps the knee repair (A) it / itself. 목적어 knee (무릎)와 목적격 보어(repair)의 관계를 보면 'Knee(주어) repairs(동사) + 목적어' 구조로 볼 수 있다. 여기에 재귀대명사의 개념을 적용시키자면, 주어와 목적어가 같으면 재귀대명사를 쓴다는 것이다. '무릎이 무릎을 스스로 회복시키는 것에 도움을 준다'는 것이므로 재귀대명사가 적절하다.

(B)

make 목적격 보어 자리에는?!
5형식은 '주어 + 불완전 타동사 + 목적어 + 목적격 보어' 로 이루어진다. 주어 taking a lot of vitamins, 동사 makes, 목적어 exercises, 목적격 보어 effective 로 아래의 경우 ①에 해당한다. 따라서 부사 effectively가 아닌 형용사 effective가 와야 맞다.

아래는 make 동사의 5형식 쓰임이다.
① …을 …(의 상태)로 하다.
　He makes a person happy.
　그는 어떤 사람을 행복하게 만든다.
　목적어 a person, 목적격 보어 happy (형용사)
②〔남 등〕을 …이 되게 하다, 〔남〕을 …에 임명하다.
　He made her his secretary.
　그는 그녀를 비서로 채용했다.
　목적어 her, 목적격 보어 his secretary (명사)
③〔사람·동물·사물 따위〕를 …시키다[하게 하다]
　The teacher makes a person understand it.
　그 선생님은 어떤 사람에게 그것을 이해시키다.

목적어 a person 목적격 보어 understand (동사원형)
The man makes the computer repaired.
그 남자는 컴퓨터가 수리되도록 했다.
목적어 the computer 목적격보어 repaired (과거분사)

규칙적으로 운동하는 것이 무릎부상의 위험을 줄인다. 균형 잡힌 영양 섭취를 함으로써 무릎 건강 또한 개선될 수 있다. 따라서 과일과 야채를 많이 먹어라. 과일과 야채가 풍부한 식습관은 무릎이 스스로 회복되는데 도움이 된다. 비타민도 함께 많이 섭취하는 것이 운동을 더 효과적으로 만든다.

상 중 **하**

11 빈칸 (A)와 (B)에 공통으로 들어갈 말로 가장 적절한 것은?

First aid is assistance that is rendered to an injured or ill person by a bystander until professional medical help may ____(A)____ . Some first aid is elementary, such as applying a bandaid to a cut.

Accidents happen. Someone chokes on an ice cube or gets stung by a bee. It is important to know when to call 119 — it is for life-threatening emergencies. While waiting for help to ____(B)____ , you may be able to save someone's life. Cardiopulmonary resuscitation (CPR) is for people whose hearts or breathing has stopped and the Heimlich maneuver is for people who are choking.

① disappear　　② hinder

③ terminate　　④ arrive

① 사라지다.
② 방해하다.
③ 종결하다.
④ 도착하다.

∴ (A) 응급처치(first aid)는 전문적인 의료적 지원이 도착할 때까지 주변 사람에 의해서 부상자나 환자에게 주어진 도움을 말하는 것이고 (B)는 지원이 도착하는 동안 당신은 누군가의 생명을 구할 수 있을지도 모른다에 관한 내용이므로 arrive가 적절하다.

응급처치란 전문적인 의료적 지원이 도착하기 전 주변 사람이 부상자나 환자에게 줄 수 있는 도움을 말한다. 기본적인 응급처치는 상처에 밴드를 붙이는 것과 같은 것이다. 사고는 일어난다. 누구는 얼음덩어리가 목에 걸린다거나 벌에 쏘인다. 119에 전화해야 할 때를 아는 것이 중요하다. 그것은 생명을 위협하는 응급상황을 위한 것이다. 지원이 도착하기를 기다리는 동안 당신도 다른 생명을 구할 수 있다. 심폐소생술 (CPR)은 심장과 호흡이 멈춘 사람들을 구하기 위한 응급조치이며 하임리히 구명법은 질식한 사람을 구할 수 있다.

상 중 **하**

12 다음 대화의 빈칸에 들어갈 말로 가장 적절한 것은?

A : Reception desk. How may I help you?

B : Hello. Would you send a hair dryer up to my room?

A : Well, madam, there should be one in your room. Have you had a look in the bathroom, by the basin?

B : Yes, and _____ .

A : I'm sorry about that. I'll see to it immediately. And your room number, please?

B : Room 301.

① I can see it here

② I can't find one anywhere

③ there is one in the bathroom

④ I don't need it anymore

① 여기 있네요.
② 네, 찾아봤는데 어디에도 없어요.
③ 욕실에 하나가 있네요.
④ 더 이상 필요없어요.

∴ A가 세면대 옆에 욕실에서 드라이기를 찾아봤냐고 묻는 질문을 했지만 B의 대답에 이어 A가 죄송합니다. 즉시 조치하겠다고 했으므로 B의 대답은 '찾아봤으나 없다'고 했어야 대화가 자연스럽다.

A : 프런트입니다. 무엇을 도와드릴까요?
B : 드라이기를 제 방으로 보내주시겠어요?
A : 고객님. 지금 계시는 방에 하나가 비치되어 있을 겁니다. 세면대 옆에 욕실 안에서 찾아 보셨나요?
B : 네 찾아봤는데 어디에도 없어요.
A : 죄송합니다. 즉시 조치하겠습니다. 몇 호에 계시죠?
B : 301이요.

① 걱정되서 제 정신이 아니에요.
② 아내의 의식이 돌아오게 할 필요는 없어요.
③ 가능한 오래 아내 옆에 있겠어요.
④ 바닥에 앉아 아내 옆에 있겠어요.

∴ 아내가 쓰러져서 아내 걱정으로 제 정신이 아니므로 이와 알맞은 것은 I'am out of my mind with worry. 가 알맞다.

A : 의사 선생님! 의사 선생님!
B : 자세히 말씀해주세요.
A : 아내에게 무슨 일이 있는 것 같아요. 바닥에 누워있어요.
B : 우선 진정하세요. 안 그럼 본인도 쓰러질 수 있어요.
A : 맞아요. 걱정되서 제 정신이 아니에요.
B : 잠시만 기다리세요. 119에 즉시 연결해 드리겠습니다.
A; 서둘러주세요!

13 밑줄 친 부분의 의미와 가장 유사한 것은?

상 중 하

A : A doctor! I need a doctor!
B : Give me some details, sir.
A : Something is wrong with my wife. She's lying on the floor.
B : Sir, if you don't calm down, you might have a stroke yourself.
A : You're right, I'm beside myself with worry.
B : Hold on, sir. I'm connecting you with 119.
A : Hurry up!

① I'm out of my mind with worry.
② I don't have to bring her out.
③ I stand by her as much as I can.
④ I sit on the floor next to her.

14 다음 대화의 빈칸에 들어갈 말로 가장 적절한 것은?

상 중 하

A : This is 911. What's your emergency?
B : My friend's hurt! We need an ambulance!
A : _____ ?
B : Yes, she was hit by a car! I think her leg is broken.
A : I'll send an ambulance. Where are you?
B : We're at 203 North Rose Avenue.
A : OK, someone will come soon. Stay on the line, please.

① What do you like most about her
② Why don't you take her out for a walk
③ Can you explain exactly what happened
④ Can you give me some advice on staying healthy

풀이

① 그녀의 어디가 가장 좋아요?
② 산책하러 그녀를 데리고 나가는 게 어때요?
③ 무슨 일이 있었는지 정확히 설명해줄래요?
④ 건강 관리에 대해 조언 좀 해줄 수 있나요?

∴ A의 질문에 이어 B가 친구가 차에 치였다고 한다. 이는 무슨
  일이 있었는지에 대한 대답으로 적절하다.

해석

A : 911입니다. 무슨 일이세요?
B : 친구가 다쳤어요. 구급차 보내주세요.
A : 무슨 일이 있었는지 정확히 설명해주세요.
B : 차에 치였는데 다리가 부러진 것 같아요.
A : 구급차 보낼게요. 지금 위치가 어디죠?
B : North Rose Avenue 203번지에요.
A; 알겠어요. 곧 대원들 도착합니다. 전화 끊지 말고 기다리세요.

상 중 **하**

15 다음 글의 요지로 가장 적절한 것은?

Spiders are eight-legged bugs. Many people fear them. Spiders make webs in houses. Many people think that spider webs are dirty, so they sweep away the webs and kill the spiders. They may not know that spider webs catch flies, cockroaches, and other insects that bring sickness. **Most spiders can help to keep a household healthy.** Spiders are really useful household guests.

① Spiders like to help people.
② Spiders are dangerous and should be killed.
③ Most spiders make dirty webs in houses.
④ Most spiders are helpful to people.

풀이

 보기분석 및 아림's 예측전개!

∴ 일단 보기들을 보면 거미에 대한 +(긍정), -(부정)의 어조
로 나눌 수 있다. ①, ④는 거미에 관한 긍정의 어조, ②, ③은
거미에 대한 부정의 어조이다. ①, ④에서의 차이를 보자면,
①은 '거미 전체집단, 좋아함' ④은 '대부분의 거미, 도움이
되는' 에 포커스를 두고 전개되야 한다.
②, ③은 ②는 '죽임', ③ '거미줄 만듬'이다. 위 본문은 '통념
의 전개방식'으로 두 번째 줄에 most people think~ 대부
분의 사람들이 생각하는 거미를 두려워하고 거미줄을 더
럽다고 생각한다는 내용이다. 거미에 대한 사람들의 부정
적 어조 후에 통념의 반전으로 대부분의 거미(Most
spiders can help to keep a household healthy.) 에 관
한 긍정적 어조가 온다. 이 문장이 곧 주제문이다. 또한, 통
념의 전개방식이 나오면 통념에 대한 반박이 곧 주제문 인
것도 기억해두도록 하자.

① 거미들은 사람들을 돕는 것을 좋아한다.
② 거미들은 위험 하기 때문에 죽여야 한다.
③ 대부분의 거미들은 집에 더러운 거미줄을 만든다.
④ 대부분의 거미들은 사람들에게 도움이 된다.

해석

거미는 여덟 개 다리가 달린 곤충이다. 많은 사람들은 거미를 무
서워한다. 거미는 집 안에 거미줄을 친다. 많은 사람들은 거미줄
이 더럽다고 생각하기문에 거미줄을 쓸어버리고 거미는 죽게 된
다. 사람들은 거미줄이 파리, 바퀴벌레, 그리고 병을 가져오는 다
른 곤충들을 잡는 다는 것을 모를 수도 있다. 대부분의 거미는 집
을 청결하게 유지하는데 도움이 된다. 거미는 정말 유용한 가정
의 손님이다.

16 다음은 기자 A와 소방관 B와의 인터뷰이다. 빈칸에 들어갈 말로 가장 적절한 것은?

A : This is Hugh Craig. He helped to fight a big fire in Lust Forest last night. Thank you for letting ABC News interview you.

B : No problem.

A : Was it hard to put out the fire?

B : Yes. We needed 15 firefighters, and it took about 3 hours to put it out.

A : _____ ?

B : Some campers left a campfire burning in the forest.

A : That's too bad. People need to be very careful with campfires. They can cause forest fires.

B : That's right. Everyone, make sure you put out your campfires before you leave!

① What caused the fire

② What is the main reason of today's deforestation

③ How was your campfire last night

④ How long does it take to get there

풀이

① 화재의 원인은 무엇인가요?

② 오늘 삼림벌채의 주원인이 무엇입니까

③ 어젯밤 모닥부른 어땠나요?

④ 거기까지 가는데 얼마나 걸리나요?

∴ 불이 났다는 것과 빈칸 아래에 캠핑하던 사람들이 불씨를 숲에 방치 한 채 떠났다는 대답에 가장 알맞은 질문은 화재의 원인을 묻는 ①이 맞다.

해석

A : 이분이 Hugh Craig씨 입니다. Hugh Craig씨는 어젯밤 Lust Forest에서 발생한 대형 화재를 진압하는데 도왔습니다. ABC뉴스와의 인터뷰를 허락해 주셔서 감사합니다.

B : 별말씀을요.

A : 불을 끄기가 힘들었습니까?

B : 네. 소방관 15명이 필요했고 진압하는데 3시간 정도 걸렸습니다.

A : _____ ?

B : 캠핑하던 사람들이 불씨를 숲에 방치한 채 떠난 것 같습니다.

A : 유감이군요. 사람들은 모닥불 피울 때 매우 조심해야 합니다. 모닥불은 산불의 원인이 될 수 있으니까요.

B : 맞습니다. 모두가 떠나기 전에 불씨를 끌 것을 확실히 해주십시오.

17 다음 대화의 빈칸에 들어갈 말로 가장 적절한 것은?

A : Could you take a look at my legs? They hurt so much.

B : Oh my! What happened to your legs? They're really red and all swollen!

A : I don't know. I just slept on my electric blanket with a heat pack.

B : An electric blanket and a heat pack? I think you got burned!

A : It can't be. I kept the blanket temperature on low. It was 30 ℃ or so.

B : _____ .

A : Why?

B : That's because our skin could be damaged if it is exposed to any heat for a long while.

A : Really? I didn't know that. I didn't even feel it hot!

B : Anyway, you need to see a doctor.

① Setting it too low doesn't warm your body at all

② It's important not to set the temperature too high

③ It doesn't matter whether you set it at low or high

④ Sleeping on an electric blanket can dehydrate your body

풀이 --------------------------------

① 온도를 너무 낮게 설정하면 몸이 전혀 따뜻해지지 않아요.
② 온도를 너무 높게 설정하지 않는 것이 중요해요.
③ 온도를 높게 설정하든 낮게 설정하든 그건 중요하지 않아요.
④ 전기담요 덮고 자면 탈수 증상 올 수 있어요.

∴ A의 '담요 온도를 30도 정도로 낮게 했기 때문에 화상을 입으리 없다'라는 말에 B는 '피부가 오랫동안 어떤 열에 노출되면 손상될 수 있다' 했으므로 ③의 답인 '온도를 높게 설정하든 낮게 설정하든 중요하지 않다'가 들어와야 적절하다.

해석 --------------------------------

A : 제 다리 좀 봐주시겠어요? 다리가 너무 아파요.
B : 이런! 다리가 왜 그래요? 다리가 정말 빨갛고 엄청나게 부었네요!
A : 저도 모르겠어요. 전 그냥 온열 팩을 하고 전기담요 위에서 잤어요.
B : 전기담요랑 온열 팩? 화상을 입은 것 같아요!
A : 말도 안돼요. 담요 온도를 낮게 했어요. 30도 정도였어요.
B : _____.
A : 왜요?
B : 우리의 피부가 오랫동안 어떤 열에 노출되면 손상될 수 있어요.
A : 정말요? 그건 몰랐네요. 뜨겁다는 느낌도 없었어요.
B : 어쨌든, 병원에 가보세요.

上 中 **下**

18 다음 글의 요지로 가장 적절한 것은?

> When you call 119, **the best and fastest way to get a response to your emergency is to patiently answer all the questions the call-taker asks you**. We understand that it can be difficult to be patient when you're terrified, but if you can remain as calm as possible and answer questions clearly, things will go much faster.
>
> When seconds count, you don't want to waste any time repeating yourself, or screaming while the call-taker tries to calm you down.

① 119에 전화할 때는 침착하게 상담원의 질문에 대답하여야 한다.
② 119에 전화할 때 환자의 정보를 미리 파악하고 있으면 도움이 된다.
③ 119 상담원은 사고에 대하여 가능한 한 많은 질문을 하여야 한다.
④ 119 상담원은 신고자를 진정시키기 위해 노력해야 한다.

풀이 --------------------------------

∴ 주제문을 표현하는 방법 중에 '최상급'이 있다. 첫 문장에 'the best and fastest'(가장 좋고 빠른) 방법이 나온다. 어떤 내용에 관한 것인가, '119 신고할 때 상담원이 묻는 모든 질문에 침착하게 대답해야 한다'는 것이므로 이 문장이 곧 요지가 된다. 따라서 정답은 ①으로 가장 알맞다.

해석 --------------------------------

119에 전화를 걸 때 응급상황에 대처하는 가장 좋고 빠른 방법은 응급센터 대원이 당신에게 묻는 모든 질문에 침착하게 대답하는 것이다. 겁에 질리면 인내심을 유지하기가 어려울 수 있다는 것은 이해하지만 가능한 침착하게 질문에 분명히 대답할 수 있다면 상황은 훨씬 더 빨리 처리될 것이다. 1초 1초가 중요할 때, 응급센터 대원이 당신을 진정시키는 동안 당신은 말을 되풀이하고 소리 지르며 시간을 낭비해서는 안된다.

19 다음 글의 제목으로 가장 적절한 것은?

상 중 하

Everyday dangers can be classified into three basic types : diseases, mistakes, and unsafe equipment. **These dangers are everywhere but can be avoided if you follow just a few simple tips.** To avoid getting sick, my best advice is to wash your hands. You should wash your hands regularly, especially if you have been hanging out with friends. To avoid dangers resulting from mistakes, you don't have to give up activities such as cycling and cooking, but you have to be careful anytime you are doing them. Do not daydream. Finally, avoid using unsafe equipment. This is very simple. If a chair looks weak, do not stand on it. If a glass is cracked, do not drink from it.

① Three Efforts to Keep Your Body Clean
② The Importance of Being Considerate of Others
③ Safety Guidelines for the Risks of Daily Life
④ Rules for the Prevention of Chronic Diseases

풀이

보기분석 및 아림's 예측전개!

∴ 본문에서 강하게 읽어줘야 하는 시그널에는 '역접의 연결사'가 있으며 이 지문에서는 두번째 문장에 but이 있다. 이 문장은 '위험이 도처에 널려있을 지라도 몇 개의 주의사항만 따르면 피할 수 있다고 한다. 그럼 뒤에 내용은 어떻게 전개가 되어야 할까? 그 몇 개의 주의사항이 나와야 한다. 'To avoid getting sick, To avoid dangers, Finally avoid'를 통하여 몇 개의 주의사항이 나열, 열거되어 있다. 따라서 정답은 ③이다.

① 몸을 청결하게 유지하는 세 가지 노력
② 타인에 대한 배려의 중요성
③ 일상 생활의 위험에 대한 안전 지침
④ 만성질환 예방 규칙

해석

일상적인 위험은 질병, 실수, 안전하지 않은 장비로 세 가지 기본 형태로 분류될 수 있다.
이러한 위험은 도처에 널렸을지라도 간단한 몇 개의 주의사항만 따르면 피할 수 있다. 아프지 않기 위해서, 나의 최선의 조언은 손을 씻으라는 것이다. 특히 친구들과 어울려 시간을 보낸 적 있다면 손을 규칙적으로 씻어야 한다. 실수 때문에 발생하는 위험을 피하기 위해, 자전거타기, 요리하기 등의 활동을 포기할 필요가 없지만, 할 때마다 조심해야 한다. 공상에 잠기지 마라. 마지막으로, 안전하지 못한 용품은 사용하지 마라. 이것은 매우 간단하다. 의자가 약해 보이면 그 위에 서지 마라. 유리잔에 금이 갔으면, 그 유리잔으로 물을 마시지 마라.

20 다음 중 B가 말한 내용과 일치하지 않는 것은?

상 중 하

A : What is the hardest thing about working as a firefighter in Korea?
B : In the United States, if a firefighter has a child of a similar age to a victim at a scene, a psychological counselor immediately starts his consultation after the firefighter is done with his rescue. I think we should start this kind of system as soon as possible so that firefighters in Korea can receive help before they suffer from depression.
A : Oh, I see. By the way, what is your goal as a firefighter?
B : One of my goals is to host the 2025 International Fire Instructor's Workshop (IFIW), an annual event that gathers firefighters and fire experts to share and exchange their knowledge. Since 2015, I've been participating in the workshops as a Korean representative.
A : What do you do to achieve that goal?
B : I applied for a program that will send me to Australia for a year to work with local firefighters.

① 미국의 소방관 심리상담 시스템이 한국에서도
시행되 기를 원한다.
② 2025년 국제 소방강사 워크숍의 한국 개최를
목표로 삼고 있다.
③ 2015년부터 국제 소방강사 워크숍에 한국 대표
로 참여해 왔다.
④ 1년 동안 호주에서 현지 소방관들과 일해 본 경
험이 있다.

풀이

∴ 마지막 문장에서 '호주 현지 소방관들과 함께 일하기 위해 1
년 동안 호주에 저를 파견할 프로그램에 지원했습니다'라고
했으므로 ④의 내용 '1년 동안 호주에서 현지 소방관들과 일
해 본 경험이 있다'와 일치하지 않는다.

① 미국의 소방관 심리상담 시스템이 한국에서도 시행되기를 원
한다.
'I think we should start this kind of system as soon as
possible so that firefighters in Korea'
② 2025년 국제 소방강사 워크숍의 한국 개최를 목표로 삼고 있다.
'One of my goals is to host the 2025 International Fire
Instructor's Workshop (IFIW),'
③ 2015년부터 국제 소방강사 워크숍에 한국 대표로 참여해 왔다.
'Since 2015, I've been participating in the workshops as
a Korean representative.'

해석

A : 한국에서 소방관으로 일하면서 가장 힘든 점은 무엇이 있을
까요?
B : 미국에서는 소방관이 현장에서 희생자가 대원의 자녀와 비
슷한 또래 일 때, 심리상담사가 소방관의 구조작업이 끝난 후
즉시 상담을 시작합니다. 한국 소방관들이 우울증으로 고통
을 당하기 전에 도움을 받을 수 있도록 이런 제도를 가능한
빨리 시작해야 한다고 생각합니다.
A : 아, 그렇네요. 그런데 소방관으로서의 당신의 목표는 무엇입
니까?
B : 소방관으로서 제 목표 중 하나는 소방관과 소방 전문가가 들
을 모아서 그들의 지식을 공유하고 교류하게 하는 연례행사인
2025 국제소방교원 워크숍(IFIW)을 개최하는 겁니다. 2015
년부터는 제가 한국 대표로 워크숍에 참가하고 있습니다.
A : 그 목표를 달성하기 위해 어떤 일을 합니까?
B : 호주 현지 소방관들과 함께 일하기 위해 1년 동안 호주에 저
를 파견할 프로그램에 지원했습니다.

MEMO

소 방 자 격 증 / 소 방 공 무 원 합 격 교 재
이아림 소방공무원 영어 기출문제집

어휘노트

01

engineer	기술자
consider	고려하다
force	힘
structure	구조
innovative	혁신적인
creativity	창조성, 창의성
robust	강건한, 튼튼한
support	지지하다, 옹호
flimsy	조잡한, 얄팍한
fragrant	향기로운, 향긋한
flexible	융통성 있는, 유연한
sturdy	튼튼한, 견고한

02

nothing but	오직, 그저 ~일뿐
never	결코 ~않다
poet	시인
let up	약해지다, 누그러지다
take a walk	산책하다
on account of	~ 때문에
because of	~ 때문에
be taken in	속임수에 넘어가다
deceive	속이다
trick	속이다, 속임수
innocent	무죄인, 순진한

03

receive	받다
admission	입장, 입학, 허가
application	지원, 적용
afraid	두려워하는, 겁내는
accept	받아들이다

I'll eat my hat	내 손에 장을 지지겠다
pitchers have ears	낮말은 새가 듣고 밤말은 쥐가 듣는다.
after death comes a doctor	일이 벌어진 후 수습(시기적으로 늦음)
the squeaky wheel gets the grease	우는 아이 젖 준다

04

common	보통의, 흔한
human nature	인간 본성
accomplish	성취하다
task	일, 업무
attempt	시도하다
conserve	보존하다
reason	이유, 추론하다
represent	나타내다, 대표하다
value	가치, 소중하게 생각하다
consciously	의식하여, 의식적으로
choose	선택하다
lazy	게으른
innate	타고난, 선천적인
goodness	선량함
prefer	~을 더 좋아하다
morally	도덕적으로
responsible	책임지고 있는
pursue	추구하다

05

complete	완성하다
customs	세관, 관세
declaration	신고서, 선언문, 공표
be accustomed to N	~에 익숙해지다

06

material	재료, 자료
burn the midnight oil	(공부나 일을 하느라) 밤늦게까지 불을 밝히다
stay up	안 자다, 깨어 있다

07

collect	모으다, 수집하다
interesting	흥미로운
cultural	문화적인
exchange	교환하다
opportunity	기회
neighbor	이웃

08

amaze	놀라게 하다
spent	보내다, 소비하다
machine	기계

09

brainstorming	브레인 스토밍
try to V	~하려고 노력하다
pull out	~을 끌어내다
doubtful	의심을 품은
possibility	가능성
put down	적다, 내려놓다
cut down	잘라내다, 줄이다
grammar	문법
punctuation	구두점
suggestion	제안, 의견, 암시
flow	흐름, 흘러가다
certainly	틀림없이, 분명히
tourism	관광여행
benefit	혜택, 이득
both A and B	A와 B 둘 다
local	현지주민, 지역의
tourist	관광객
imagine	상상하다

community	주민, 지역사회
pristine	완전 새것 같은, 깨끗한
rule	규칙, 지배하다
economic	경제의, 경제학상의
development	발달, 성장, 개발
permit	허락하다, 허용
forbid	금하다, ~을 어렵게 하다
attract	(마음을) 끌다
trimming	다듬기, 수선, 수리
workshop	워크숍, 연수회
symposium	심포지움, 학술토론회

10

stray	길을 잃다
capture	포획하다, 억류하다
vend	팔다
out of order	고장 난, 정리가 안 된
shipment	수송, 수송품

11

used	사용된
certain	어떤
option	선택권
forget to V	~할 것을 잊다

12

instead of	~대신에
limit	제한, 제한하다
appoint	임명하다, 정하다
appear	나타나다
district magistrate	지역 치안판사
guilty	죄
fine	벌금, 건강한, 좋은
explain	설명하다
frustrated	좌절감을 느끼는
embarrassed	어색한, 당황스러운
hopeless	가망 없는, 절망적인
nervous	불안해(초초해)하는

13

average	평균의, 보통의
length	길이
produce	생산하다, 만들어내다
carbon dioxide	이산화탄소
post	우편, 발송하다
because of	~ 때문에
ease	쉬움, 용이함
convenience	편의, 편리
offset	상쇄하다
huge	거대한
quantity	양
according to	~에 따르면
conduct	수행하다
institute	기관, 세우다
climate	기후
receive	받다
eliminate	제거하다
unnecessary	불필요한
protect	보호하다
environment	환경

14

botanist	식물학자
plant	식물, 공장, 심다
silence	침묵
wonder	궁금해하다
increase	증가하다
yield	산출, 양도하다, 생산량
pitch	음의 높이
seem to V	~인 것 같다
growth	성장
wheat	밀
broadcast	방송하다, 방송

15

agree	동의하다
astronomer	천문학자
accurately	정확히

measure	측정하다
distance	거리
invention	발명, 발명품
transistor	트랜지스터
several	몇몇의
electronic	전자의
reject	거부하다
portable	휴대용의
disappear	사라지다

16

wonder	궁금해하다
especially	특히
way too	(형용사 앞에 쓰일 때) 너무 ~한
weight	무게
gain	얻다
fact	사실
efficient	능률적인, 효율적인
maintain	유지하다
exercise	운동하다, 운동
frugal	검소한, 절약하는
motion	운동, 움직임
burn	태우다
efficiency	효율, 능률

17

behavior	행동
publish	출판하다, 발표하다
meaningful	의미 있는
relation	관계
violent	폭력적인, 난폭한
be likely to V	~할 가능성이 있다

18

significant	중요한, 의미 있는
during	~ 동안
appear	나타나다
passive	수동적인, 소극적인
within	~ 이내에

intensely	몹시, 강렬하게	provide	제공하다
recharge	재충전하다	platform	발판
expand	확대되다	inquiry	연구, 조사
seemingly	외견상으로는	spark	촉발시키다, 유발하다
inactive	활동하지 않는	revolution	혁명
build	짓다, 세우다	problem	문제
interesting	흥미로운	face	직면하다
be noted	주목받다	different	다른
expenditure	소비, 지출		
accumulation	축적		

19

universe	우주
gradually	점진적으로
predict	예언하다, 예상하다
complete	완성하다
available	이용 가능한
enormous	거대한
atom	원자

20

be able to V	~할 수 있다
look at	~를 보다
situation	상황
frame	뼈대, 프레임
critically	결정적으로, 비판적으로
tackle	다루다
consider	고려하다
planet	행성
revolve	돌다, 회전하다
obvious	명백한
actually	실제로
solar system	태양계
radical	급진적인
perspective	관점
shift	이동하다, 이동
view	견해, 관점, 보다
dramatically	극적으로
individual	각각의, 개인
role	역할

01

at least	적어도
breastbone	가슴뼈
oxygenated	산소화된
blood	혈액
vital organs	중요 장기
tilt	기울이다
chin	턱
resume	재개하다
compression	압박
airway	기도
rise	오르다
movement	움직임

02

heat	열
exhaustion	탈진, 고갈
First Aid	응급처치
victim	희생자
loosen	느슨하게 하다
remove	제거하다
sips of	몇 모금
conscious	의식 있는
be consumed	먹이다, 소모되다
nausea	메스꺼움
occur	일어나다, 발생하다
discontinue	중단하다
vomit	토하다
seek	추구하다
immediate	즉각적인
attention	치료, 보살핌, 관심

03

dislike	싫어하다
afraid	두려워하는
height	높이

04

rain cats and dogs	억수같이 비가 내리다
prepare for	~를 준비하다
flooding	홍수, 범람

05

professor	교수
speak to	~에게 말 걸다
hold the line	기다려 주세요
hang up the phone	전화 끊으세요
keep you waiting	기다리게 하다

06

regulation	규제
be permitted	허락되다
designated	지정된
campground	야영지
overnight	하룻밤 동안
roadside	길가
parking area	주차장
register	등록하다
accordance	일치, 조화
instruction	지시사항
limit	제한, 한계
length	길이
firewood	장작
gathering	모임, 수집

prohibit	금지하다
except	제외하고는
wilderness	야생
permit	허락하다
attached	부착된, 첨부된
limb	나뭇가지
alive	살아있는
dead	죽은
leash	가죽 끈, 줄
discharging	발사, 발포, 방출
weapon	무기
firearm	(소지가 가능한 권총 등의) 화기
unloaded	(총에서 총알을)빼낸
license	면허증
purchase	구입, 구입하다

07

proposal	제안서
provide	제공하다
appreciate	감사히 여기다
step - by - step	착실히, 단계적인
approach	접근하다, 접근
vendor	판매자
perspective	관점
incorporate	구현하다, 구체화하다
in addition to	게다가
deal with	다루다, 처리하다
scope	영역
operation	운용, 작업
interest	관심

08

audition	오디션
I have butterflies in my stomach	마음이 조마조마하다
take it easy	침착해
feel like a milion bucks	기분이 너무 좋다
blow my top	무척 화가 나다

09

fracture	골절
crack	금
common	흔한, 공통의
cause	원인
include	포함하다
accident	사고
injury	부상
treatment	치료
depend on	~에 달려있다, 의존하다
severity	괴로움, 혹독, 고통
surgery	수술
implant	임플란트, 주입하다
device	장치
maintain	유지하다
proper	적절한
alignment	정렬, 가지런함
cast	깁스붕대
splint	부목
prompt	신속한
diagnosis	진단
critical	중요한
complete	완성하다
healing	치료

10

| go off | (알람 등이) 울리다 |
| out of battery | 배터리가 닳은 |

11

drought	가뭄
expose	노출시키다, 드러내다
cracked	금이 간
floor	바닥, 층
reservoir	저수지

12	
head	(특정 방향으로) 가다
fire extinguisher	소화기

13	
fire drill	소방대피훈련
last	지속하다
spread	퍼지다, 번지다
entire	전체의, 완전한
evacuate	대피하다
immediately	즉각적으로
gather	모이다
seek	추구하다
shelter	대피처

14	
currently	현재
flu symptom	독감증상
recovery	회복

15	
lawn mower	잔디 깎기
borrow	발리다
certainly	틀림없이, 확실히
put on	착용하다
protect	보호하다

16	
rise	오르다
location	위치
knee	무릎
crawl	기다
exit	비상구, 출구
stand	서다
deadly	치명적인

17	
regular	정기적인
inspection	검열
prevention	예방
related	관계된
document	서류
functional	기능적인
operation	작동, 운용, 작업
story	층
space	공간
basement	지하
detector	탐지기
equipment	장비
indoor	실내
stairway	계단
escape	탈출하다

18	
hold	잡다
aim	겨냥하다, 목표, 조준
squeeze	꽉 쥐다
sweep	쓸다, 청소하다
stream	흐르다, 흐름
side to side	좌우로

19	
approach	접근하다
surround	둘러싸다, 에워싸다
oxygen	산소
remain	남다, 남아 있다
several	몇몇의
exception	예외
awful	치명적인

20	
Come again	뭐라고요?
I beg your pardon	뭐라고요?
favor	부탁

01

equipment	장비
operate	작동시키다
maximize	최대화시키다
effect	효과, 영향, 결과
generator	발전기
essential	근본적인, 필수의
crucial	중대한, 결정적인
necessary	필수적인
indispensable	없어서는 안 될, 필수적인
optional	선택적인

02

earthquake	지진
destroy	파괴하다
a large amount of	많은
volcano	화산폭발
landslide	산사태
meteor	유성, 별똥별
common	흔한, 공통의
underwater	물속의, 수중의
ocean floor	해저
sink	가라앉다
drought	가뭄
tsunami	쓰나미
typhoon	태풍
explosion	폭발

03

striking	눈에 띄는, 두드러진
grab	움켜잡다
attention	관심
vivid	생생한

attempt	시도
offensive	불쾌한, 모욕적인
disagreeable	무례한, 무뚝뚝한
malicious	악의적인
attractive	매력적인, 마음을 끄는

04

protect	보호하다
available	이용가능한
injury	부상을 입다
vending machine	자판기
unsecured	안전이 보장되지 않은
instance	예
collapse	무너지다
numerous	많은
as though	마치 ~인 것처럼
rupture	파열, 파열시키다
instability	불안정
properly	적절히
surroundings	환경, 주위

05

patient	환자
aware	인식하는
specialist	전문가
various	다양한
expert	전문가
committee	위원회
treat	치료하다
elevation	높이, 고도, 증가
blood pressure	혈압
benefit	이득 ,혜택

06

shortcut	지름길
worthwhile	가치 있는
achieve	성취하다

07

carry	나르다, 휴대하다
bump into	~에게 부딪히다
indifferent	무관심한
skeptical	회의적인
regretful	후회하는
considerate	사려깊은
pull up	멈추다
discover	발견하다
manufacturer	제조업체
eliminate	제거하다
suppose	생각하다, 추론하다
during	~하는 동안
crowded	붐비는

08

in order to V	~하기 위하여
frustrating	좌절감을 느끼는
experience	경험
rental	임대의
exceed	초과하다
risk	~의 위험을 무릅쓰다
treatment	치료
access	접근
symptom	증상
encourage	장려하다
disagree	의견이 다르다
significantly	중요하게
practice	실행, 실행하다
headache	두통
stomachache	복통
blood pressure	혈압
neuralgia	신경통

remain	남아 있다, 계속~이다
empty	빈
outweigh	~보다 더 크다
cost	비용, (대가가)들다
occasionally	가끔

09

rescue litter	구조용 들것
transport	옮기다, 나르다
ill	아픈
wounded	부상 입은
dead	죽은
consists of	~로 구성되다
stretch	늘이다
lie down	누워있다, 눕다
splint	부목
thermometer	온도계
stretcher	들 것
AED	자동심장충격기

10

put out	(불을) 끄다, 해고하다
grease	기름, 기름을 바르다
common sense	상식
expand	확장하다
extinguish	소멸하다
exert	(권한, 영향력을)가하다
enhance	높이다

11

proud	자랑스러워하는

12

minor	작은, 가벼운
isolated	고립된
reaction	반응
serious	심각한
exposure	노출

involved	관여하는
immune system	면역체계
come into play	작동하기 시작하다
rapidly	급격하게
assume	추정하다
have an effect on	~에 영향을 미치다

13	
circulate	순환시키다
vessel	혈관
escape	탈출하다, 벗어나다
water proof	방수
conflagration	큰 불, 대화재

14	
adversity	역경
prosperity	번영, 번성
allegory	우화, 풍자
malicious	악의적인, 적이 있는
calamity	재앙, 재난, 불행

15	
fear	공포
failure	실패
inaction	활동부족
option	선택
anticipate	예상하다, 예측하다
anxious	걱정하는
initial	처음의, 초기의
ease	쉬움, 덜해지다
employ	고용하다
strategy	전략
present	보여주다
opportunity	기회
validity	유효함, 타당성
exaggeration	과장
distortion	왜곡
reinforce	강화하다
incidence	(사건, 영향의) 발생

face up to	~를 직시하다
afraid	두려워하는
tough	힘든, 어려운
postpone	연기하다
impossible	불가능한
be locked into	~에 갇혀 있다
vicious	사악한
spiral	소용돌이의
be willing to V	기꺼이~하다
exaggeration	과장
distortion	왜곡
reduce	줄이다
escape	탈피하다

16	
strand	좌초시키다
tropical	열대의
exploration	탐험
cruelty	잔인함
witness	목격하다
savage	야만적인, 사나운
split up	분리하다
rebel	반역자, 반항적인
struggle	투쟁하다
instinct	본능
attain	획득하다, 달성하다
deliberately	고의로, 의도적인
lengthy	너무 긴, 장황한
description	묘사, 기술
allegory	우화, 풍자
object	사물, 목적, 목표
significance	중요성
convey	전달하다, 실어나르다
central themes	중심테마
portrayal	묘사
adapt to	~에 적응하다
respond to	~에 대응하다
analyze	분석하다
tension	긴장상태

17

intense	극심한, 강렬한
dangerous	위험한
phobia	공포증
suffer from	~로 고통받다
involve	포함시키다
anxiety	염려
disorder	장애
symptom	증상
face	직면하다
flexible	유연한
irrational	비이성적인
equivocal	애매한, 분명치 않은
objective	객관적인

18

individual	개인의
freedom	자유
self - reliance	자립
rely on	~에 의존하다
both A and B	A와 B 둘 다
financial	재정의
emotional	감정적인
independence	독립
solve	해결하다
do away with	제거하다
get in touch with	~와 접촉하다
stand on their own two feet	자립하다
leave nothing to be desired	거의 흠잡을 데가 없다

19

environmental	환경적인
pervasive	만연한
planet	지구, 행성
unconcerned	개의치 않는, 무관심한
developing countries	개발도상국
established	확립된

governmental	정부의
structure	구조
address	(문제 등을)처리하다
serious	심각한
promote	촉진하다
economic growth	경제성장
implement	시행하다
strategize	전략
catch up with	따라잡다
developed country	선진국
understandable	이해할 수 있는
uncontrollable	통제할 수 없는
drift	이동, 추이
impose	부과하다, 도입하다
regulatory strategy	규제전략
protection	보호
severely	심하게, 엄격하게
adverse effect	역효과, 부작용
fortunately	다행스럽게도
industrialized countries	선진공업국
policy	정책
process	과정
review	검토하다
consequence	결과
proper	적절한
conservation	보존

20

commercial	광고
be familiar to	~에 친숙하다
encourage	장려하다
spend	소비하다
tempt	유혹하다

01

accident	사고
dive	뛰어들다, 다이빙하다
shallow	얕은
pool	수영장, 웅덩이
take on	고용하다, 채용하다
scene	현장

02

injure	부상을 입다
grass	풀, 잔디
see a doctor	병원에 가다
necessary	필요한
bleed	피를 흘리다
apply	적용하다, 바르다
pressure	압박, 압력
disinfect	소독하다

03

make sure	확실하게 하다
toe	발가락
stomach	위, 배
cramp	경련, 쥐가 나다, 속박하다
ache	고통, 아프다, 쑤시다
niggle	하찮은, 결점, 신경쓰이게 하다
tight	꽉 죄인, 꽉 세게

04

emergency	비상
be stuck	막히다
alone	혼자인

try to V	~하려고 노력하다
contact	연락하다
superintendent	관리자
office	사무실
intercom	인터폰, 구내방송
rescue	구조, 구출하다
remain	여전히 ~이다, 머무르다
calm	차분한
out of season	제철이 아닌
out of date	뒤떨어진, 쓸모없는
out of order	고장 난
out of mind	제정신이 아닌

05

drunken	술 취한
drown	익사하다
lake	호수
branch	나뭇가지
throw	던지다
rope	밧줄

06

hang up	전화를 끊다
hold on	(끊지 말고) 기다리세요
hang on	(끊지 말고) 기다리세요
hold the line	(끊지 말고) 기다리세요
hang it up	그만두다

07

wasp	말벌
buzz	윙윙거리다
wing	날개
on the way	도중에

get it in the neck 경을 치다, 호통을 듣다
get through with 끝내다, 완수하다
get on so well 사이가 좋다
get stung 쏘이다

08

fell off 떨어지다
ladder 사다리
location 위치
describe 말하다, 묘사하다
conscious 의식 있는
understand 이해하다, 알아듣다
crew 팀, 무리
tend 경향이 있다, 하기 쉽다
in time ~에 시간에 맞춰

09

experiment 실험
chemistry 화학
excite 흥분시키다

10

toilet 화장실
get(be) locked 갇히다
step out 나가다
no longer 더 이상 ~않다

11

doorknob 문 손잡이
break 부수다
refund 환불하다
fit 맞다, 적절하게 하다
accident 사고

12

give a hand 거들어주다
afraid 유감인, 염려하는
trouble 문제, 골칫거리

13

present 선물, 존재하는

14

paramedic 구급대원
occur 일어나다
skid 미끄러지다
crash 충돌하다
guard rail 가드레일
cervical collar 경추보호대
KED 구출 고정대

15

suddenly 갑자기
fall down 넘어지다
pass out 정신을 잃다
breath 숨 쉬다
moan 신음하다, 불평하다
faint 기절하다
painted 거짓의, 허울뿐인
pass away 사망하다
put off 연기하다, 미루다

16

state 말하다, 진술하다
tremble 떨다, 흔들리다
earthquake 지진
follow 따르다
instruction 지시사항
danger 위험
zone 지역, 구역
evacuate 대피시키다, 피난하다

important	중요한
place	장소
safe	안전한

17

construction	건설, 공사
collapse	붕괴되다, 무너지다
chain - reaction	연쇄반응
collision	충돌, 부딪힘

18

vacation	휴가, 방학
terrible	끔찍한, 심한
dissertation	논문
complete	완성하다

19

seizure	발작
ease	편하게 해주다
floor	바닥, 층
fall	넘어지다
make sure	확인하다
breath	숨 쉬다
prevent	예방하다, 막다
hold down	~를 억제하다

20

explain	설명하다
happen	발생하다
climb	오르다
reach	~에 이르다, 도달하다
slip	미끄러지다
wrist	손목, 팔목

01

spread	퍼지다, 펼치다
erupt	폭발하다
evacuate	대피하다
tenant	거주자
deduce	추론하다, 추정하다
retain	유지하다, 보유하다
subdue	진압하다, 가라앉히다
prolong	연장하다

02

accomplishment	성취, 업적
record	기록
the icing on the cake	금상첨화
emotional	감정적인
moment	순간
achieve	성취하다
additional	부가적인
benefit	이득, 혜택
excessive	과도한
greed	탐욕

03

inspection	조사
suppression	진압
dispatch	파견하다
metal	금속의
plate	판
weld	용접하다
tangible	분명히 실재하는, 만질 수 있는
evidence	증거
basement	지하실

definite	분명한, 뚜렷한
equivocal	모호한, 애매한
defined	정의된, 규정된
abstract	추상적인, 관념적인

04

agent	관리자, 대리인
investigation	조사
federal	연방정부의
garrulous	수다스러운
pick holes in	허점을 찾아내다
argument	주장, 논쟁
get down to	~을 시작하다, ~에 진지하게 관심을 기울이다
pay attention to	~에 주목하다
come down with	(병에)들다, 걸리다
find a mistake with	오류, 실수를 발견하다

05

celebrity	유명인사, 명성
president	대통령
inauguration	취임식
audience	청중
entrance	입구
steer	조종하다, 이끌다
committee	위원회
security	보안
safety	안전
transparent	투명한, 명백한
replace	대체하다

06	
matter	중요하다
at least	적어도
generation	세대

07	
calm down	진정하다
transfer	연결하다, 전하다
immediately	즉시
take one's time	천천히 하다
hold the line	끊지 말고 기다리세요
hang up the phone	전화 끊으세요
don't be patient	참지 마세요

08	
available	시간이 되는, 이용할 수 있는
collect call	수신자부담전화
speak up	더 크게 말하다

09	
respectively	각각, 제각기
introduce	소개하다
recommend	추천하다
first aid	응급처치
fire extinguisher	소화기
usage	사용법
directly	곧장, 똑바로
expect	기대하다
do one's best	최선을 다하다
attend	참석하다
participate in	참여하다
solve	해결하다

10	
devote	(몸 · 노력 · 시간 · 돈을) ~에 바치다,
difficulty	어려움

unwillingly	마지못해, 본의 아니게
death	죽음
insist	주장하다
guarantee	보장하다
property	재산, 소유물

11	
negotiate	협상하다
deal	거래하다, 거래
electronic	전자의
arrange	마련하다, 처리하다
reply	응답하다
presentation	발표
intense	강렬한, 열렬한
pressure	압박, 압력을 가하다
concession	양보
tremendous	엄청난, 거대한
disclose	밝히다, 드러내다
deadline	마감기한
frame	구성, 짜임새
downplay	경시하다
importance	중요성
focus on	~에 초점을 맞추다
tactics	전술, 전략
customer	고객
intention	의도
prevent	막다, 예방하다
specification	(자세한) 설명서, 상술
stick to	~를 고수하다
impulse	충동, 충격, 자극
purchase	구매, 구입하다
rational	이성적인

12	
adaptive	적응할 수 있는, 조정의
behavior	행동
physiologist	생리학자
a variety of	여러 가지의
resemble	닮다
reaction	반응

precision	정밀성, 신중함 명확함, 결정적임
determinateness	
component	요소, 부품
biologist	생물학자
confirm	확인하다
objectivity	객관성
layman	비전문가
conviction	신념, 확신, 유죄선고
organism	유기체
behave	행동하다
reconcile	화해하다
so far as to	~하기까지
declare	선언하다
essential	필수적인, 본질적인
agreeable	기꺼이 동의하는
dependable	믿을 수 있는
incompatible	양립할 수 없는

13

robust	강건한, 확고한
range	범위
pride	자부심, 자랑스러움
treasure	귀하게 여기다, 보물
vote	투표하다
personal	개인적인
decision	결정
lead to	~로 이끌다
optimal	최선의, 최상의
society	사회
evolve	전진하다, 발달하다
pursue	추구하다
individual	개인의
enlightened	깨우친, 계몽된
self - interest	개인의 이익
presumption	추정함, 건방짐
severe	극심한, 심각한
select	선택하다
serious	심각한
deterioration	악화, 하락, 퇴보
public	대중의, 공공의
sedentary	주로 앉아서 하는

population	인구, 주민
deprive	빼앗다, 박탈하다
exercise	운동, 운동하다
result	결과
rising	상승하는
incidence	발생률
obesity	비만
lack	부족
disruption	붕괴, 분열

14

deal with	다루다, 처리하다
beyond	~이상
capacity	능력, 수용력
fulfill	이행하다
task	일, 업무
accumulate	축적하다
certain	어떤
immediate	즉각적인
attention	관심
desired	바랐던, 희망했던
assign	할당하다, 배정하다
amount	양
carry out	수행하다
systematically	조직적으로
allow	허용하다, 허락하다
according to	~에 따르면
replace	대체하다
anxiety	염려
abandonment	버림, 포기
assignment	과제, 임무, 배정
organization	조직, 단체, 기구

15

empowerment	권한위임
motivational	동기가 부여되는
strategy	전략
effective	효과적인
result in	(결과적으로) ~를 낳다

work force	노동력
significant	중요한, 의미 있는
prefer	선호하다
paycheck	급료
assess	가늠하다, 평가하다
nature	천성, 본성
wonder	궁금해하다
setting	환경, 배경
fit	맞다, 설치하다
backfire	역효과를 내다
unsuspecting	의심하지 않는
hence	그러므로
in practice	실제에서는
what's worse	설상가상으로

16

escape	탈출, 탈피하다
chore	잡일, 허드렛일
scrape	긁다, 긁어내다
windscreen	앞 유리
potentially	가능성 있게
lethal	치명적인
consequence	결과
pour	붓다
melt	녹다, 녹이다
tepid	미지근한
evaporate	증발하다, 사라지다
condemn	비난하다
tedious	지루한, 장황한
reform	개혁, 개선하다
temperature	온도
obviously	확실히, 분명히
rapid	빠른
removal	제거, 없애기
switch	~를 딴 데로 돌리다, 바꾸다
turn off	끄다

17

fuel	연료
petroleum	석유
plant	식물
source	자원
ratio	비율
displace	대체하다
a bunch of	다수의
a great deal of	많은, 다량의
reduction	감소
emission	배출, 배기가스
oft -	자주 ~하는
cite	인용하다
release	놓아 주다, 풀어 주다
atmosphere	대기
suck up	빨아올리다
carbon dioxide	이산화탄소

18

interpersonal	대인관계에 관련된
attraction	끌림, 매력, 명소
attract	마음을 끌다
exception	예외
identical	동일한
socioeconomic	사회경제적인
status	지위, 상황
race	인종
ethnicity	민족성
religion	종교
perceive	인지하다
personality	성격
trait	특성
general	일반적인, 보통의
attitude	태도
option	선택
opposite	반대의
according to	~에 따르면
dominant	권력을 장악한, 지배적인
submissive	고분고분한
expect	기대하다

19

tendency	경향
respond	반응하다
favorably	호의적인
unfavorably	비호의적인
object	물건, 목적, 목표
proper	적절한
childhood	어린시절
encourage	장려하다
commend	칭찬하다, 추천하다
likewise	이처럼
punish	처벌하다

20

in addition to	~ 이외에, 더구나
empathically	감정이입으로
acuity	명민함, 예리함
computerlike	컴퓨터 같은
diagnostic	진단의
broaden	넓어지다, 퍼지다
inquiry	질문, 연구, 탐구
decline	감소하다
high touch	인간적인 접촉
high concept	폭넓은 호소력을 갖는
narrative	이야기의
relate	~에 대하여 이야기하다
patient	환자
current	현재의
context	상황, 전후 사정
competence	능숙함
absorb	받아들이다, 흡수하다
interpret	해석하다, 이해하다
respond	반응하다
whole	전체의

01

promotion	승진
head	책임자, 우두머리
accounting	회계
department	부서
coincidence	우연
deserve	~할 만한 가치가 있다

02

spin	돌다, 돌리다
without	~없이
weight	무게
wonder	이상하게 여기다

03

respect	존경
indigenous	토착의
rare	드문
native	본래의, 토착의
historical	역사의
honorable	명예로운

04

craftspeople	장인
artisan	장인
improve	향상시키다
knowledge	지식
sophisticated	세련된, 교양 있는
doubt	의심, 의심하다
sustain	살아가게 하다
facilitate	가능하게 하다
enable	가능하게 하다

carry	나르다, 휴대하다
wrap	포장하다, 싸다
magnificence	호화, 웅장, 장려
continue	계속하다
popularity	인기, 평판, 대중성
statement	진술, 서술
attention	관심
observe	관찰하다
practical	실제의
requirement	요구사항
aesthetic	미적인
consideration	사려, 숙고, 고려사항
inspiration	영감
attract	끌다

05

purchase	구입하다
ingredient	재료, 구성요소
sell	팔다
corporation	기업, 회사
raise	올리다, 기르다, 모으다
fund	자금
finance	재정의
motivate	동기를 부여하다
guilt	죄책감, 유죄
incline	~의 경향이 생기게 하다
amend	개정(수정)하다
claim	요구, 주장하다
earning	소득, 수입
widely	대단히, 크게, 넓게

06	
prison	감옥
on purpose	고의로
deliberately	고의로, 계획적으로
mutually	상호간에, 공통으로
beneficially	유익하게
competitively	경쟁적으로

07	
face	직면하다
unconventional	인습적이지 않은
tactic	전략, 전술
employ	쓰다, 이용하다
burnt	덴(탄)
dread	무서워하다
effective	효과적인
unusual	특이한, 드문
untraditional	인습적이지 않은
consequence	결과, 중요함, 영향
importance	중요성
prevention	예방

08	
purchase	구매하다
encourage	장려하다
expensive	비싼

09	
passenger	승객
renew	갱신하다, 재개하다
safety	안전
concern	염려
unmanned	무인의
enforce	강요하다
regulation	규제
commonplace	아주 흔한, 다반사
minister	장관, 목사

transport	이동, 운송
conference	회의
incident	일, 사건
catastrophic	대변동의, 비극적인
incapacitate	무력화시키다
strength	힘
pose	제기하다
serious	심각한
threat	위협

10	
blurry	더러워진, 흐릿한
huge	거대한, 막대한
unclear	흐릿한, 불분명한

11	
ready	준비가 된
order	주문, 주문하다
recommend	추천하다
serve	제공하다
better	더 나은

12	
increase	증가하다, 증가시키다
fare	요금
arouse	자극하다. 불러일으키다
public	일반의, 대중의
anger	화
stubbornness	완고, 완강
bravery	뇌물
indignation	분개, 분함
compassion	연민, 동정심

13	
blood	피, 혈액
pressure	압력, 압박
blood pressure	혈압
insomnia	불면증

therapy	치료
provide	제공하다
significant	중요한
reduction	감소
suffer	고통 받다, 겪다
hyperactivity	과잉행동
disorder	장애
nurse	간호하다, 간호사
facility	시설
expand	확장시키다, 팽창되다
dental	치아의
patient	환자
subject	받게하다, 주제, 연구대상
hypnosis	최면
physician	의사, 내과의사

14

fashionable	유행하는
think green	자연을 생각하라
in favour of	~를 찬성, 지지하는
legitimate	정당한, 합법적인
political	정치적인
theme	주제
politician	정치인
express	표현하다
matter	중요하다, 문제
vote	투표하다
result	결과
urgent	긴급한
quality	품질
slogan	구호
grey	잿빛의, 우중충한
refer	언급하다
necessity	필요, 필요성
environment	환경

15

predict	예언하다
concern	우려, 염려, 관심사
valid	타당한
gray	고령화하다
nation	국가
subject	대상, 국민, 주제
prove	증명하다
negative	부정적인
emotion	감정
positive	긍정적인
compare	비교하다
balance	균형, 균형을 유지하다
stable	안정적인
aging	나이먹음, 노화
society	사회
youngster	청소년, 아이
productivity	생산성

16

risk	위험
electronic	전자의
jam - packed	빽빽히 찬, 몹시 붐비는
heavy	무거운, 육중한
various	다양한, 여러 가지의
chemical	화학물질, 화학의
compound	화합물, 혼합체
leak	새게 하다, 누설하다
soil	토양, 흙
hazardous	위험한
component	요소, 부품
lead	이끌다
mercury	수은
copper	구리
barium	바륨
nickel	니켈
arsenic	비소
present	존재하는, 참석한
within	~이내에
variety	다양성, 여러 가지

throw away	버리다
place	두다
landfill	매립지
expose	노출시키다, 드러내다
inner	내부의
normally	보통 때는
get rid of	제거하다, 끝내다
cause	원인,~을 야기하다
condition	상태, 조건
cancer	암
diabetes	당뇨병
impaired	손상된
cognitive	인지의
function	기능
damaged	손상 된
organ	(인체 내의)장기, 기관
according to	~에 따르면

17

distinction	차별, 구분
tricky	힘든, 곤란한
relationship	관계, 관련
verbal	언어의, 말로 된
fluency	유창성, 능숙도
oppose	반대하다
at a loss	어쩔 줄 모르는
insight	통찰력
conviction	신념, 확신, 유죄선고
somehow	어떻게든
smooth	매끈하게 하다
expressively	의미있게, 표현적으로
gear	장비, 복장, 옷
generate	발생시키다, 만들어내다
audience	청중, 관중
convince	납득시키다, 확신시키다
distrust	불신하다
persuasive	설득력 있는
revere	숭배하다
imperative	반드시 해야 하는
incredulous	믿지 않는
suspect	의심하다

18

green revolution	품종개량으로 식량증산
blessing	축복
adapt	맞추다, 적응하다
yield	산출량, 산출하다
crop	농작물
exclusion	제외, 차단
local	현지의, 주민
vast	어마어마한, 방대한
field	들판, 밭, 분야
genetically	유전적으로
seed	씨, 씨를 뿌리다
boost	증가, 신장시키다
immediate	즉각적인
hunger	배고픔
fertilizer	비료
toxic	유독성의
pesticide	살충제, 농약
livestock	가축
breed	품종, 재배, 사육하다
survive	살아남다, 생존하다
foreign	외국의
climate	기후
drive	욕구, 추진력
dilute	묽게 하다
diversity	다양성
process	과정, 가공하다
supply	공급, 공급하다
shrink	줄어들게 하다
maximum	최고의, 최대의
quality	품질
amount	양
ecological	생태계(학)의
vulnerability	취약성
volume	부피, 용량
archeological	고고학의
disadvantage	불리한 점, 약점
price	가격
biological	생물학의
capacity	수용력, 용량

19	
repair	수리하다
crowded	붐비는
friendly	친절한
pretend	~인 척하다

20	
childhood	어린 시절
forever	영원히
share	공유하다, 몫
puberty	사춘기
though	~이긴 하지만
pain	고통
common	흔한, 공통의
maybe	아마도
different	다른
interest	관심, 흥미, 이자, 이익
scary	무서운, 겁나는
exactly	틀림없이
alike	비슷한
each other	서로

01

be used to V	~하는데 사용되다
ancient	고대의
representative	대표자
dawn	새벽, 동이 틀 무렵
presence	참석
decorate	장식하다, 꾸미다
churchgoer	교회 다니는 사람

02

receive	받다
rock	암석, 바위
depict	(그림으로) 그리다
dinosaurs	공룡
come to	알아차리다
carve	조각하다
physician	내과의사
intrigue	흥미를 불러일으키다
be interested in	관심이 있다
bring	가져오다, 데려오다
more than	이상의
etch	식각하다, 아로새기다
telescope	망원경
surgery	수술
open - heart surgery	심장절개수술
cesarean section	제왕절개

03

downside	불리한 면
subordinate	부하직원
deprive A of B	A에게 B를 빼앗다
reluctance	꺼림, 마지못해 함
appraisal	평가

pillar	기둥
individual	개인
accurate	정확한, 정밀한
possession	소유, 소지
employee	종업원
echelon	계급, 계층, 지위
as a whole	전체로서
lose out	놓치다, 손해를 보다
organization	조직, 단체, 기구

04

confused	당황한
material	재료, 자료
clarify	명확하게 하다
fellow	동료, 녀석
as well	게다가, 또한
avoid	피하다
odds	가능성, 역경, 곤란
pluralistic	다원성
ignorance	무지
assume	추정하다, 맡다

05

die	죽다
mental state	정신상태
deteriorate	악화시키다
continually	계속해서
forget	잊다

06

emergency	비상
operations center	응급센터
accurate	정확한
scene	현장, 장면
disaster	참사, 재난
evaluate	평가하다
trustworthy	신뢰할 수 있는
be likely to V	~할 가능성이 있다
seemingly	겉보기에, 의견상으로
conflict	갈등
discrepancy	차이
observe	관찰하다, 보다
vantage	우세, 유리

07

fire precautions	화제 예방책
ignore	무시하다
sneak in	살짝 들어가다
riot	폭동, 폭동을 일으키다
weapon	무기
fire extinguisher	소화기
get out	나가다

08

aim	목표, 목표하다
physical protection	신체적 보호
minimize	최소화하다
scar	흉터, 자국
infection	감염, 전염병

09

sole	유일한
property	재난
ensure	반드시~하다, 보장하다
equipped with	~을 갖춘
available	이용할 수 있는
artificial	인공적인

attentive	주위를 기울이는
disposable	일회용의

10

blunt	직설적인, 무딘
reluctant	꺼리는
intelligent	총명한
hypothetical	가설의
straightforward	솔직한, 간단한, 쉬운
consideration	사려, 숙고, 고려사항
candor	허심탄회, 솔직함

11

steer clear of	~를 비키다
avoid	피하다
land on	착륙하다
eliminate	제거하다
collide with	~와 충돌하다
low tide	썰물
navigate	길을 찾다, 항해하다
reef	암초
boulder	바위

12

catastrophe	참사, 재앙
calamity	재앙, 재난
disaster	재난
antonyms	반의어
synonyms	동의어
extremely	극도록, 극히
unfortunate	운이 없는
affect	영향을 미치다
define	정의하다, 규정하다
misfortune	불운, 불행
proportion	부분, 비율
depending on(upon)	~에 따라
the number of	~의 수
extent	정도, 크기
property	재산, 소유물

capacity	용량, 능력
cope with	대처하다

in contrast	그에 반해서
therefore	그러므로
moreover	게다가
as a result	결과적으로
instead	대신에
nevertheless	그럼에도 불구하고
context	문맥, 맥락
caress	어루만지다
figure out	이해하다
analogy	비유, 유추
metaphorical	은유적인

still	그럼에도 불구하고
in contrast	그에 반해서
in other words	다시 말하자면
on the contrary	반대로
in a nutshell	아주 간결하게
appearance	나타남
etiquette	예절
polite	예의바른, 공손한
behavior	행동
dictate	구술하다, 지시하다
serve	접대, 봉사하다
banquet	연회
feast	연회, 잔치
reference	언급
merchant	상인
wealthy	부유한

several	몇몇의
by the way	그런데
stay	머무르다

determine	밝히다, 결정하다
in some instances	어떤 경우에는
slight	약간의, 조금의
frequently	자주, 흔히
scarce	부족한, 드문
consequence	결과
abundant	풍부한
obesity	비만
unattractive	매력적이지 못한
mark	자국, 표시
peasant	소작농
on the other hand	반면에
take pains	수고하다
preserve	지키다, 보존하다
fair	흰 피부의
pale	창백한
tanned	햇볕에 탄
afford to V	~할 여유가 있다

fire department	소방서
support	지지하다, 지원하다
provide	제공하다
supplement	보충, 보충하다
standpipe system	소화전 설비
search for	~을 찾다
victim	희생자, 피해자
occupant	거주자, 사용자
ventilation	통풍, 환기
extinguishment	소화, 소열
place back	원래의 장소로 돌리다
ensure	반드시 ~하다
properly	적절하게
restore	복구하다
qualified	자격이 있는

18	
contribute to N	기여하다
death rates	사망률
association	협회
lung cancer	폐암
exposure	노출, 폭로
violence	폭력

19	
unpleasant	불쾌한
strengthen	강화하다
unburden	덜어주다
troublesome	골칫거리인
get rid of	제거하다
explicit	명백한
purpose	목적
pioneer	개척하다

20	
adjustment	수정, 적응
maintain	유지하다
temperature	온도
dilate	확장하다, 키우다
blood vessel	혈관
process	과정
vasodilation	혈관 확장
cool off	서늘해지다, 식히다
release	방출하다
secrete	분비하다
sweat	땀
evaporate	증발하다
function	기능, 기능하다

01

rescuer	구조자, 구출자
exposure	노출, 폭로
implement	시행하다, 도구
several	몇몇의
oxygen	산소
toxicity	유독성
explosive	폭발성
radiological	방사성 물질에 의한

02

fire extinguisher	소화기
be able to V	~을 할 수 있다
had better	~하는 편이 낫다
take up	집어들다
put off	연기하다
put out	(불을) 끄다
take off	(옷 등을)벗다, 이륙하다

03

earthquake	지진
during	~하는 동안
appliance	기기, 가전제품
particularly	특히
hazard	위험
electrical	전기의
leakage	누출, 새어나감
evidence	증거
candle	양초
match	성냥

04

stuck	움직일 수 없는
shake	흔든다
shiver	떨다
drown	익사하다
seizure	발작
choke	질식

05

insulate	절연, 단연 처리하다
material	자재
retard	늦어지게 하다
movement	움직임, 이동
separate	분리된, 독립된
conduct	(열, 전기) 전도하다
molecule	분자
structure	구조, 구조물
comprise	~로 구성되다

06

get off	내리다

07

surround	둘러싸다
likelihood	가능성
shrink	줄어들게 하다

08

regulation	규정, 규제
safety	안전
immediately	즉시

09

first aid	응급처치
reassure	안심시키다
bite	물다
accidental	우연한, 돌발적인
eruption	폭발, 분화
disaster	재난, 재해

10

bloodshot	충혈된, 핏발이 선
in advance	미리
account for	~를 설명하다
prepare for	~를 준비하다
attach to	~에 붙이다
break apart	분해하다, 부수다

11

identify	확인하다, 찾다
define	정의하다, 규정하다
classification	분류, 유형, 범주
inherit	상속받다, 물려받다
property	재산, 소유물
determine	밝히다, 결정하다
presence	존재, 참석
absence	부재, 결석, 결핍

12

distraction	주의 산만
concentrate	집중하다
tend	경향이 있다
engage	관여, 종사하다
indicate	나타내다, 보여주다
related	관련된
counterpart	상대
at least	적어도
mention	언급, 언급하다
beverage	음료

13

reduce	줄이다, 낮추다
exposure	노출, 폭로
mite	진드기
dust	먼지
gut	(특히 동물의)내장
contain	포함하다
potent	강력한
digestive	소화의
enzyme	효소
persist	지속하다
force	힘, ~력, 영향력
cotton	면
complete	완벽한
be likely to V	~할 가능성이 있다
colonize	대량서식하다
periodically	주기적으로

15

allege	주장하다
lawsuit	소송, 고소
claim	주장하다
collaborative	공동의
corporate	기업의, 법인의
conflict	갈등, 충돌

16

jar	병, 단지
walk on air	기뻐 날뛰다
pull yourself together	침착해, 마음(정신)을 가다 듬다
make your self scarce	한동안 모습을 보이지 않다
stick out like a sore thumb	주제넘다, (불쾌할 정도로) 아주 두드러지다

17

occur	일어나다, 발생하다
overflow	넘쳐흐르다, 넘치다
impact	영향, 충격
neighborhood	근처, 이웃, 인근
affect	영향을 미치다
entire	전체의
basin	유역, 분지
drought	가뭄
flood	홍수

18

intense	강력한
stranger	처음 온 사람
witness	목격자, 증인
as soon as	~하자마자
must	꼭 해봐야 하는 것
satisfy	만족시키다
doubt	의심, 의심하다
ingredient	재료, 구성요소

19

ordorless	무취의
density	밀도
decay	부패하다, 썩다
fermentation	발효
combustion	연소
fossil	화석
coal	석탄
peat	이탄
petroleum	석유

20

delay	연기하다
postpone	연기하다
take	가지고 가다
hold	잡고 있다, 쥐다

01

communicate	연락을 주고받다, 의사소통을 하다
effectively	효과적으로
list	표, 목록, 목록[명부]에 올리다, 기록하다
require	필요하다, 요구하다
attribute	~의 탓으로 하다,~의 덕분으로 돌리다
nutrition	영양물, 영양섭취
qualification	자질, 자격, 특성
distribution	분배,배포
compensation	보상

02

department	부서, 부문
dedicate	(시간 · 노력을) 바치다, 전념[헌신]하다
save	구하다, 모으다, 남겨두다, 저축하다
property	재산, 소유물
priority	우선사항, 우선권
incident	일, 사건
peril	위험, 위험성
shelter	주거지, 피난처, 보호구역
overview	개관, 개요
sanctuary	신성한 곳

03

stairwell	계단
suppression	진압,억제
occupant	사용자[입주자]
evacuation	철퇴, 철수, 대피

material	재료, 자료
establish	설립하다, 설정하다
ingenious	기발한, 재치있는
simultaneous	동시의
pretentious	허세부리는, 가식적인
meticulous	꼼꼼한, 세심한

04

transit	수송, 환승, 변화
authority	권한, 권위
lean	기울다, ~에 기대다, (몸을) 숙이다
passenger	승객
intercom	구내전화(방송)
point out	가리키다, 지적하다, 주목하다
notable	주목할만한, 눈에 띄는, 중요한
include	포함하다, 포함시키다
connect	연결하다, 이어지다
compliment	칭찬, 칭찬하다, 축하하다
positive	긍정적인, 확신하는
approach	접근하다
retire	은퇴하다
impress	깊은 인상을 주다, 감명을 주다
look out	~을 찾다, ~에 주의하다

05

attempt	시도하다
natural	자연의, 당연한
vice versa	반대로
burn out	고장나게 하다, 다 타다(꺼지다)

motivation	동기부여, 자극
on the other hand	다른 한편으로는, 반대로
ease	서서히 움직이다, 편해지다, 쉬움, 용이
regimen	제도, 체제, 정권
workout	운동
stick with	~을 계속하다, ~의 곁에 있다
overwhelm	압도하다, 질리게 하다, 제압하다
manageable	관리할 수 있는
extreme	극도의, 극심한
obesity	비만

06

example	예, 본보기
relatively	비교적
inexpensive	비싸지 않은
benefit	혜택, 이익, ~의 이익이 되다
provide	제공하다, 주다
employee	종업원, 고용된 사람
occasion	때, 경우, 행사
entertain	접대하다, 즐겁게 해주다
appreciate	진가를 알다, 고마워하다, 감상하다
provide	제공하다
sacrifice	희생, 희생하다
support	지지하다
organization	조직, 단체
drawback	결점, 문제점
gathering	모임, 수집
merit	장점, 공로, 우수성
support	지지하다, 지지, 후원
related	관련된, 친족의
effect	영향, 결과, 효과

07

popular	인기 있는, 대중적인
environment	환경
breakdown	고장, 실패
process	과정, 절차

expose	드러내다, 폭로하다
potent	강한, 강력한, 효력 있는
expiration	만료
muggy	후텁지근한
acetic acid	아세트산
irritate	짜증나게 하다, 거슬리다
stomach	위, 배
secure	안심하는, 튼튼한, 안전한
reach	~에 이르다, 도달하다
improperly	적절하지 않게
stored	축적된, 저장된

08

influence	영향, 영향을 주다
maximize	극대화하다, 최대한 활용하다
implication	영향, 결과
organization	조직, 단체
typically	보통, 일반적으로
exclusively	배타적으로, 독점적으로
portion	부분, 몫, 나누다
devote	~에 바치다, 헌신하다
specifically	분명히, 명확하게
testimonial	추천서, 증명서, 기념품
appropriate	적절한

09

gum	잇몸
disease	병, 타락, 폐해
frequently	자주
blame	~을 탓하다, 책임, 탓
occur	일어나다, 발생하다
plaque	플라크, 치석
buildup	증강, 강화, 축적
irritate	짜증나게 하다, 거슬리다
cause	원인, 이유, ~을 야기하다
bleeding	출혈
tender	연한, 상냥한, 다정한
swollen	부어오른

prone to V	~하기 쉬운
emit	내다, 뿜다
tissue	조직
affect	영향을 미치다, 발생하다
attachment	애착, 믿음
attention	주의, 주목, 관심, 지지
notice	신경씀, 주목, 알아챔
induce	설득하다, 유도하다

10

author	작가, 저자, 저술하다
unwed	미혼의, 독신의
domestic	국내의, 가정의
household	가정, 집안일
responsibility	책임
sibling	형제자매
construction	건설, 공사
earn	(돈을)벌다, (명성, 평판) 얻다
award	상, 수여하다
biography	전기
appear	나타나다
commemorative	기념하는
postage	우편 요금
emblematic	상징적인, 전형적인
enduring	오래가는, 지속되는
generation	세대

11

curiosity	호기심, 진귀한 것
state	상태, 국가, 주
seek	찾다, 구하다, 추구하다
unexplored	탐험 되지 않은
circuit	순환, 회로
subtly	미묘하게, 예민하게
settle into	자리 잡다
overly	너무, 몹시
routine	일과, 일상적인
predictable	예측할 수 있는
excessively	지나치게, 매우

predicable	예측할 수 있는, 너무 뻔한
stagnation	침체, 정체, 불경기
struggle	투쟁하다, 몸부림치다
retirement	은퇴
stimulation	자극, 흥분, 고무, 격려
novelty	새로움, 참신함

12

philanthropist	자선가
be apt to V	~하는 경향이 있다
grand	웅장한, 야심 찬
pearl	진주, ~을 진주로 장식하다
philanthropy	자선활동
universal	일반적인, 전 세계의, 보편적인
accessible	접근 가능한, 이용 가능한
rather	꽤, 약간
riches	부, 재물
possess	소유하다
especially	특히
talent	재주, 재능, 장기
valuable	소중한, 귀중한
asset	자산, 재산

13

serve	제공하다, 차려주다
witness	목격자, 증인
approach	접근하다, 접근법
be expected to V	~로 예상되다
willingness	기꺼이 하는 마음
privilege	특권, ~에게 특권을 주다
self - interest	사리사욕, 사리 추구
faith	믿음, 신뢰

14

evidence	증거, 흔적
suggest	보여주다, 제안하다, 암시하다
vote	투표하다

coworker	동료
imitate	모방하다
appeal	매력, 항소, 관심을 끌다, 호소하다
poll	여론조사
old - fashioned	옛날의, 구식의
primary	주된, 주요한, 기본적인
sprawling	제멋대로 뻗어나가는
election	선거
indicate	나타내다, 보여주다
financial	재정의, 금융의, 돈이 있는
aid	도움
stance	입장, 태도, 자세

15

describe	말하다, 묘사하다
experiment	실험, 실험하다
distract	집중이 안 되게 산만하게 하다
equip with	~를 갖추다
productive	생산하는, 결실 있는
remarkable	놀랄만한, 주목할 만한
apparently	명백히, 보아하니
knowledge	지식
enable	~할 수 있게 하다
in spite of	~에도 불구하고
distraction	주의산만, 오락
reduction	축소, 삭감, 할인
productivity	생산성
achievement	업적, 성취
responsibility	책임, 책무

16

individual	각각의, 개개인의
self - esteem	자부심
tenaciously	집요하게, 끈질기게
refuse	거부하다
let go of	~을 놓다
perhaps	아마도
religious	종교의, 독실한
spiritual	정신의, 종교의

forgive	용서하다
well - being	복지, 행복
recollect	기억해내다
wound	상처, 부상, 상처를 입히다
reinforce	강화하다
constantly	끊임없이
aware	알고 있는
assesment	평가

17

drought	가뭄
barter	물물교환하다
exchange	교환하다
suppose	생각하다, 추정하다
persuade	설득하다
execute	수행하다, 처형하다
negotiating	협상

18

supervise	감독하다, 지휘하다
pop	불쑥 나타나다, 펑하고 터지다
inhale	숨을 들이마시다
hinder	방해하다, ~를 못하게 하다
respiration	호흡
swallow	삼키다
distress	고통, 괴로움
block	막다, 차단하다
apparent	명백한, 겉모양만의
undetectable	감지할 수 없는
expand	확대되다, 확장시키다

19

consist of	~로 구성되다
rule	규칙, 통치하다
norm	규범
values	가치
mores	풍습, 관습
successive	연속적인, 연이은

symbol	상징, 부호
opponent	상대, 반대자

20

tend to V	~하는 경향이 있다
confuse	혼란시키다
combine	결합하다, 갖추다
tongue	혀
nerves	신경
utilize	활용하다
pinch	꼬집다, 쥐어짜다
jellybean	(겉은 딱딱하고 속은 젤리로 된 콩모양) 과자
flavor	맛
demonstrate	입증하다
confusion	혼란, 혼돈
grab	붙잡다. 잡으려고 하다
a handful of	한 줌의, 소수의
appearance	모습, 출현

01

snowstorm	눈보라
hail	우박
blizzard	눈보라
avalanche	산사태
volcanic	화산의
eruption	분출, 폭발

02

injury	부상, 상처
wisdom	상식, 지혜, 현명함
through	~를 통해
burn	화상
fracture	골절
heart attack	심근경색
insect bite	벌레물림

03

smallpox	천연두
common	흔한
victim	피해자, 희생자
survivor	생존자
terrible	끔찍한
scar	상처
expose	노출시키다
cowpox	우두
prevent	예방하다, 막다
catch	걸리다
fossilization	화석화
vaccination	백신
visualization	시각화
neutralization	중화, 중립화

04

challenge	도전
adversity	역경
undeniable	부정할 수 없는
effective	효과적인
effectively	효과적으로
cope with	~에 대처하다
crucial	중대한, 결정적인
maintain	유지하다
psychological	정신의, 심리적인
physical	신체의
well - being	행복
a variety of	여러 가지의

05

trip over	~에 발이 걸려 넘어지다
examination	검사, 진찰, 시험
suppose	추측하다, 생각하다
sprain	삐다, 접지르다
ankle	발목
develop	(병, 문제가)생기다
sore throat	인후염

06

come along	함께 가다
tired	피곤한
take a break	쉬다
not~any more	더 이상 ~않다
keep one's fingers crossed	행운을 빌다

07	
cost	(값, 비용이)~이 들다
less	더 적은
productive	생산적인
effort	노력, 수고
harmful	해로운
environment	환경

08	
global warming	지구 온난화
reach	~에 도달하다
escape	탈출하다, 벗어나다
space	우주, 공간, 자리
trap	가둬지다
fossil	화석
fuel	연료
coal	석탄
greenhouse	온실
process	과정, 절차

09	
average	평균의, 보통의
depend on	~에 달려있다
scientific	과학의
article	기사
during	~동안
fly	비행하다 , 날다
measure	측정하다
find out	생각해내다, 발견하다
exactly	정확히
usually	보통, 대개
include	포함하다
pilot	조종사
engineer	기사, 기술자
crew	팀, 무리, 조

10	
rivet	대갈못, 리벳
sway	흔들리다, 흔들다
remain	계속 ~이다, 남아있다
structure	구조물, 건축물
follow	(시간ㆍ순서상)뒤를 잇다
erect	(똑바로) 세우다, 만들다

11	
indeed	참으로, 정말
lack	부족
self - esteem	자긍심, 자존감
subject	주제, 연구대상
development	발달, 성장, 개발
expert	전문가
at least	적어도, 최소한
importance	중요성
capable	~을 할 수 있는
vital	필수적인
source	자료, 근원, 원천
happiness	행복

12	
cruel	잔인한
medicine	의학, 의료
opinion	의견
suitable	적합한, 적절한
important	중요한
purpose	목적
unreliable	믿을 수 없는
credible	믿을 수 있는
alternative	대안, 대체
appearance	외관, 겉모습
proven	입증 된
department	부문, 부서

13

save	구하다
property	재산, 소유물
such	그러한
disaster	참사, 재난, 재해
wreck	충돌, 파괴
threatening	위협적인

14

practice	실행, 실천, 연습
require	필요로 하다
goal	목표
fire drill	소방(화재 대피) 훈련
regular	정기적인
basis	기준, 기반, 기초
earthquake	지진
prone	~하기 쉬운
emergency	긴급
a number of	많은
different	다른
place	장소, 두다, 놓다
avoid	피하다
scare	겁먹다, 겁주다
unnecessarily	불필요하게

15

another	다른
serve	제공하다, 차려주다
appropriate	적절한
portion	부분, 배분, 나누다
overeat	과식하다
whether	~인지 아닌지
strategy	계획, 전략
improve	개선하다, 향상시키다
nutrition	영양
encourage	격려하다, 권장하다
healthy	건강한
lead	이어지다, 이끌다

adult	성인
fruit	과일
vegetable	채소
overindulge	탐닉하다
nutritious	영양분이 많은
fullness	충만함, 풍부함
especially	특히
delicious	맛있는
full	배부른, 가득한

16

fiction	소설, 허구
technology	기술
excite	흥분시키다
contain	포함하다
be able to V	~할 수 있다
control	제어하다, 지배하다
wave	(손, 팔을) 흔들다
although	비록~일지라도
seem	~인 것처럼 보이다
apply	지원하다, 적용하다
modern	현대의
thin	얇은, 가는
material	소재, 재료, 자료
display	전시하다, 내보이다
tiny	아주 작은
bead	구슬, 염주, 방울
respond	반응하다, 대답하다
electricity	전기
for example	예를 들어서
furthermore	뿐만 아니라
however	그러나
in addition	게다가
in short	요컨대
conversely	정반대로, 역으로
in general	보통, 대개
therefore	그러므로

17		remove	제거하다
several	몇몇의	expose	노출시키다
sometimes	가끔씩	trace	추적하다
lack	부족, 결핍	dispatch	파견하다
warmth	온기, 따뜻함	search	수색하다, 찾다
bare	벌거벗은	separate	분리하다
poor	좋지 못한, 빈곤한	compare	비교하다
circulation	순환		
blood	피, 혈액		
regularly	정기적으로		
struggle	고군분투하다		
immoral	부도덕한, 음란한		
experience	경험, 겪다		

18

attention	주의, 관심
critter	생물
scream	비명을 지르다
terror	두려움, 공포
march	걸어가다, 행진하다
mischief	나쁜 짓, 장난기
punish	처벌하다, 벌주다
leash	가죽 끈
string	끈, 줄
waltze	당당하게 걷다
famous	유명한

19 – 20

emergency	비상
address	주소
fire engine	소방차
arrive	도착하다
exit	출구, 퇴장하다
take	가지고 가다
belonging	소지품
ground	땅바닥, 지면
breath	숨
reach	~에 도달하다
instruction	설명, 지시, 명령

01	
predict	예측하다
disaster	재해
earthquake	지진
in advance	미리
imprecise	부정확한
accurate	정확한
inexact	부정확한
implicit	암시된, 내포된
integrated	통합적인

02	
rapid	빠른
spread	확산, 전파, ~을 펴다
reminder	생각나게 하는 것
catastrophe	참사, 재앙
devastate	완전히 파괴하다
derive	끌어내다, 얻다
deploy	배치하다, 전개하다
deviate	(일상, 예상 등을)벗어나다
destroy	파괴하다

03	
put out	(불을) 끄다
besides	~외에
save	구조하다, 구해내다
wreck	파괴된 것, 잔해
collapse	붕괴되다
endanger	위험하게 하다
imperil	위험하게 하다
rescue	구조하다
recommend	추천하다

04	
proceed	진행하다(되다)
crumple	구기다, 뭉개 버리다
worthless	가치 없는, 쓸모없는
circumstance	상황, 환경
suffer	고통을 겪다
injury	부상, 손해
start off	시작하다

05	
protest	항의하다
demand	요구하다
strike	파업
pressure	압력을 가하다
specific	구체적인
reduce	줄이다
greenhouse gas	온실가스
global warming	지구 온난화
continue	계속하다
eliminate	제거하다
carborn	탄소
footprint	발자국

06	
recent	최근의
advertisement	광고
misprint	오식(인쇄상), 오탈자
instead of	~대신에
correction	정정, 수정
customer	고객
be aware of	~를 알다, 알아차리다
therefore	그러므로
apologize	사과하다

inconvenience	불편, 귀찮은 일
offer	제안하다, 제공하다
either A or B	A혹은B(어느 한쪽의)
assistance	도움, 지원
matter	문제(일/사안)

07

determine	결정하다
forest	삼림의, 숲, 삼림
spread	확산, 전파, ~을 펴다
period	기간, 시기, 시대
drought	가뭄
occur	일어나다, 발생하다
grass	풀, 잔디
contribute to N	~에 기여하다
temperature	온도, 기온
humidity	습도, 습기
fuel	연료
oxygen	산소
source	원천, 근원
present	있는, 존재하는
burn	불에 타다
amount	양
determine	결정하다
bush	덤불
pine needle	솔방울
branch	나뭇가지
ignite	불을 붙이다

08

perhaps	아마, 어쩌면
urgent	긴급한
task	업무
postpone	연기하다
as long as possible	가능한 한 오래도록
phenomenon	현상
describe	묘사하다, 나타내다
procrastination	늑장 부림
unlike	~와는 달리
get used to N	~에 익숙해지다

laziness	게으름, 나태함
psychological	심리적인
priority	우선순위
proper	적절한
recover	회복하다
embrace	포옹하다, 받아들이다
at least	적어도
efficiency	효율(성), 능률
categorize	분류하다

09

application	응용프로그램, 적용
support	지원하다, 지지하다
participate in	참여하다
allow	허락하다, 용납하다
interaction	상호작용
capable	~를 할 수 있는
damage	손상, 피해
handle	다루다, 처리하다
carelessly	부주의하게
instantly	즉시
connect	연결하다, 이어지다

10

retail	소매의, 소매점
such as	~와 같은
grocery	식료품 잡화점
own	자신의
individual	개인
fulfill	충족시키다
livelong	평생의
independent	독립적인, 독립의
ownership	소유권, 소유
replace	대체하다
compete	경쟁하다
abandon	버리다, 떠나다
in contrast	그에 반해서
in addition	게다가
furthermore	뿐만 아니라, 더욱이
nevertheless	그럼에도 불구하고

11

occur	일어나다, 발생하다
foreign	이질적인, 외국의
object	물건, 물체
lodge	꽂히다, 박히다
block	막다, 차단하다
flow	흐름
swallow	삼키다, 넘기다
sore throat	인후통
heart attack	심근경색, 심장마비
choking	숨 막힘, 질식
food poisoning	식중독

12

no matter 의문사	~일지라도
at risk	위험에 처한
drowning	익사하는, 익사
consciousness	의식
superstition	미신
foundation	토대, 기초
collusion	충돌
supervision	감독, 관리

13

accident	사고
somewhere	어딘가에
unconscious	의식이 없는
bleeding	출혈

14

contain	억제하다, 억누르다
incident	사건
approach	접근하다, 다가오다
cordon	저지선
used to V	~하곤 했다
bomb	폭탄으로 공격하다
response	대답, 반응, 응답
invite	부탁하다, 청하다

15

surrender	항복(굴복)하다
troop	병력, 군대
battlefront	(최)전선, 전투지구
atomic bomb	원자폭탄
in an instant	곧, 즉시, 당장
cease to V	~를 끝내다, 중지하다
exist	존재하다, 살아가다
explosion	폭발
evaporate	증발하다, 사라지다
char	까맣게 타다

16

trivial	사소한, 하찮은
flexible	유연한, 신축성 있는
relationship	관계
colleague	동료
as well as	~에 더하여, 게다가
factor	요인, 요소
impact	영향(충격)을 주다
employee	고용된 사람, 직원
productivity	생산성
at the same time	동시에
manage to V	간신히 ~해내다
not only A but also B	A 뿐만 아니라 B도
treat	대하다, 다루다
pleasant	즐거운, 기분 좋은
in this regard	이와 관련하여
process	과정, 절차
deal with	~를 다루다, 대하다
unfairly	부당하게, 불공정하게
prone to	~를 잘하는, ~의 경향이 있는
and so on	기타등등

17

ravage	황폐화시키다
decade	10년
nationwide	전국적인
blaze	화재, 불길

deadly	치명적인
rage	맹렬히 계속 되다
deploy	배치하다
reservist	예비군
contain	억제하다, 억누르다
struggle	고군분투하다
assistance	도움, 지원
flame	불길, 불꽃
persistent	끊임없는
intensity	강렬함, 격렬함

18

especially	특히, 특별히
blanket	담요
comfortable	편안한
trick	비결, 책략
definite	확고한, 확실한
make sure to V	~를 확실히 하다
prevent	막다, 예방하다
rest	휴식, 휴식을 취하다

19

presence	있음, 존재
audible	들리는
detect	탐지하다, 발견하다
receive	받다
input	입력, 투입
device	장치, 기구
correspond	~에 해당(상응)하다
notification	알림, 통지
initiate	시작하다
adequate	충분한, 적절한
response	대응, 반응
measure	조치
requirement	요구, 요구조건, 필요
depend on	~에 달려있다
occupancy	용도별 분류
classification	
in question	논의가 되고있는
compliant	따르는, 준수하는

fire alarm system	화재 경보 장치
fire sprinkler	화재 스프링클러
standpipe	소화전, 수도
smoke control	배연설비
system	

20

judge	판사
much - needed	매우 필요한
shock treatment	충격요법
discriminate	차별하다, 구별하다
obstacle	장애물
abstract	추상적인
reasoning	추론
have to do with	~와 관계가 있다
ensure	보증하다
candidate	후보자, 지원자
be eligible to V	~할 자격이 있다
hire	고용하다

01

stuff	~를 채워넣다
wet	젖은
gap	틈
point out	가리키다
seal out	밀봉(밀폐)하다
look into	주의깊게 살피다
break into	침입하다, 진입하다

02

patient	환자
no longer	더 이상 ~않다
catch breath	숨을 고르다
extinguish	끄다, 없애다
caution	조심
cluster	무리
claim	주장
cough	기침

03

wildfire	산불
incinerate	소각하다
roughly	대략
demonstrate	입증하다
disapprove	안된다고 하다
discriminate	차별하다
devastate	완전히 파괴하다

04

immediately	즉시
float	뜨다
completely	완전히
at one's prime	한창때에, 최고의
throw away	버리다

05

come down with	(병에) 걸리다
recover	회복되다
give a hand	거들어주다
occasion	때, 일
appointment	약속
take place	개최하다

06

a wide range of	다양한
be linked to	~와 연관되다
mood based	기분에 근거한
gratitude	감사
be less likely to V	~할 가능성이 더 적다

07

a number of	많은
infection	감염
pneumonia	폐렴
declare	선언하다
claim	(목숨을)앗아 가다
prompt	촉발하다
authorities	당국, 관계자
disruption	붕괴, 중단, 혼란
invade	침입(침략)하다
outbreak	(전쟁·사고·질병등의)발생
quarantine	격리
breakthrough	돌파구
contaminate	오염시키다
extinction	멸종, 소멸

| discharge | 해고하다, ~를 해방하다 |

erode	침식하다
mineral	광물
destroy	죽이다, 파괴하다
soar	급증하다, 치솟다
contain	포함하다
penetrate	뚫고 들어가다
swallow	삼키다
collapse	붕괴되다, 무너지다
repair	수리하다
get stuck	꼼짝 못하게 되다

cause	~를 야기하다
reduce A to B	A를 B로 바꾸다
ruin	망치다
anything but	~이 결코 아닌
nothing but	오직, 그저~일 뿐

knee	무릎
injury	부상
nutrition	영양
effective	효과적인
vegetable	야채

first aid	응급 처치
assistance	도움
render	제공하다, 만들다
bystander	행인
professional	전문적인
life - threatening	생명을 위협하는
elementary	기본적인
choke	질식시키다, 숨이 막히다

cardiopulmonary resuscitation	심폐소생술
	소생, 의식의 회복
Heimlich maneuver	하임리히 구명법
disappear	사라지다
hinder	방해하다
terminate	종결하다
arrive	도착하다

reception desk	프런트
see to N	~를 처리하다
basin	세면대

detail	세부 사항
calm down	진정하다
lie	눕다
have a stroke	뇌졸중에 걸리다
beside oneself	이성을 잃고, 어찌할 바를 모르고
out of mind	제정신이 아니다

| stay on the line | 끊지 말고 기다리다 |

bug	벌레
web	거미줄
cockroach	바퀴벌레
insect	곤충
sweep away	쓸어버리다
useful	유용한
household	가정

MEMO

이아림 소방공무원 영어 기출문제집

초 판 발 행	2019년 12월 20일
개정1판1쇄	2021년 1월 20일
저 자	이아림
발 행 인	정용수
발 행 처	예문사
주 소	경기도 파주시 직지길 460[출판도시] 도서출판 예문사
T E L	031) 955 – 0550
F A X	031) 955 – 0660
등 록 번 호	11-76호
정 가	22,000원

홈페이지 http://www.yeamoonsa.com

ISBN   978-89-274-3728-4   [13740]

이 도서의 국립중앙도서관 출판예정도서목록(CIP)은 서지정보유통지원시스템 홈페이지(http://seoji.nl.go.kr)와 국가자료공동목록시스템(http://www.nl.go.kr/kolisnet)에서 이용하실 수 있습니다.
(CIP제어번호 : CIP2020043848)